RATHENOW/WEBER (Hrsg.)
ERZIEHUNG NACH AUSCHWITZ

Geschichtsdidaktik

Studien, Materialien. Neue Folge

herausgegeben von
Klaus Bergmann
Bodo von Borries
Hans-Jürgen Pandel
Jörn Rüsen
Gerhard Schneider

Band 4

Erziehung nach Auschwitz

Hanns-Fred Rathenow/
Norbert H. Weber (Hrsg.)

Centaurus-Verlagsgesellschaft
Pfaffenweiler 1989

Umschlagabbildung: *Das Konzentrationslager Auschwitz 1940* (Ausschnitt)

CIP-Titelaufnahme der Deutschen Bibliothek

Erziehung nach Auschwitz/ Hanns-Fred Rathenow; Norbert H. Weber (Hrsg.).
- Pfaffenweiler: Centaurus-Verl.-Ges., 1988
(Geschichtsdidaktik; (N.F., Bd. 4)
ISBN 3-89085-230-0
NE: Weber, Norbert H. [Hrsg.]; GT

ISSN 0933-047X

Umschlagentwurf: Wilfried Gebhard, Maulbronn
Druck: difo-druck schmacht, Bamberg

Inhalt

V. Medien/Bibliographie

Vorwort

Nachdenken über Auschwitz

Wolfgang Scheffler

Verstehen wir unter dem Lagerkomplex Auschwitz-Birkenau die Realität und das Symbol nationalsozialistischen Massenmordens, so wie es sich nicht nur an diesem Ort, sondern auch an vielen anderen Stellen während des Zweiten Weltkrieges ereignete - sei es in Gettos, in Konzentrationslagern oder anderen reinen Vernichtungslagern -, so sprechen wir über die stärkste Provokation der Menschheit in der ersten Hälfte dieses Jahrhunderts. Der Versuch und die Praxis, unerwünschte, als "minderwertig" diffamierte Teile der europäischen Bevölkerung aufgrund pseudowissenschaftlicher Abstammungs- und antisemitischer Irrlehren zu vernichten, ist ein historisches Geschehen sui generis. Zu keiner Zeit ist in der modernen Geschichte eine derartig totale Vernichtung gegenüber Nationen und Kulturen gefordert und realisiert worden. Die Folgen reichen weit über unsere Zeit hinaus.

Die durch die sogenannte "Endlösung der Judenfrage" - das herausragende Element nationalsozialistischen Rassenwahns - ausgelösten Konsequenzen sind derart vielfältig und schwerwiegend, daß sich Menschen trotz aller Bemühungen nicht nur in diesem Land nur zu oft den daraus zu gewinnenden Erkenntnissen für die Gegenwart und für die Zukunft zu verschließen suchen.

"Wir wissen genug über dieses Thema, es ist genug geschrieben worden, die Medien haben sich der Geschehnisse angenommen, die Gerichte haben immer noch damit zu tun, auch für die Wissenschaft ist hier nichts mehr zu holen...", so und in ähnlicher Weise kann man es mitunter hören.

Nachfolgende Generationen haben inzwischen zum Teil Schwierigkeiten, die zur Geschichte gewordene Vielfalt der Ereignisse zu verstehen, die Geschehnisse als auch sie betreffende Vorgänge zu begreifen.

Auschwitz, Birkenau, Monowitz: Stätten der Konzentration als Verwahrung für Juden und Nichtjuden, für sowjetische Kriegsgefangene, für Zigeuner und für Menschen aus den meisten europäischen Ländern, Stätten der möglichst perfekten Vernichtung und der industriellen Ausbeutung und Verwertung von Menschen! Kennt man das? Weiß man, worüber gesprochen wird?

Die Monstrosität der Vorgänge, die anonym wirkende Größe des Verbrechens, die vielfältigen Perversionen der Handlungen - decken sie nicht oft das zu, was Menschen anderen Menschen antaten, Menschen, die nur noch zu "behandeln, zu verwalten und zu beseitigen" waren? Je mehr das Geschehen individualisierbar wird, je personenbezogener das Morden begriffen werden soll, um so zurückhaltender werden das Verstehenwollen und die Kenntnis, um so tiefer wird die Kluft zwischen den Überlebenden, den Wissenden und denjenigen, die sich den Erkenntnissen bewußt oder unbewußt zu entziehen versuchen.

Über Auschwitz sprechen und nachdenken kann nicht bedeuten, über ein unbegreifliches, nahezu anonymes Geschehen zu reflektieren, sondern das Leiden und die Handlungen von Individuen, der Opfer wie der Täter, zu erkennen. Diese "Handlungen" begannen mitunter unbewußt oder gleichgültig hingenommen, vielleicht unter äußeren Zwängen stehend, Befehlen gehorchend mit der Diffamierung, Enteignung, Erfassung und Registrierung, mit den Deportationslagern und dem Abtransport. In der brutalen Wirklichkeit hieß das: am Montag benachrichtigt, am Dienstag ins Sammellager, am Donnerstag oder Freitag auf der Rampe in Birkenau. Für Alte, Kranke, Frauen und Kinder, Arbeitsunfähige, teilweise für alle Angehörigen eines Transportes bedeutete es dann am selben Tag den Tod in einem kahlen Raum.

Diese Abfolge des Schreckens gilt nicht nur für Auschwitz-Birkenau. Die deutschen Judentransporte im November und Dezember 1941 wurden auf den Abgangsbahnhöfen von den Betreuern noch mit warmen Getränken versorgt. Auf der Fahrt nach Osten fiel die Heizung aus, das Feuer in den Heizkesseln war wegen Brandgefahr gelöscht worden. Bei der Ankunft im Osten war ein Teil der Insassen bei Temperaturen bis zu 30 Grad Kälte erfroren, die Überlebenden wurden bei eisigen Temperaturen zu den Massengräbern getrieben. Ein Zugbegleiter schrieb nach der Rückkehr aus Riga einen offenen Bericht über die Mängel und Zwischenfälle während des Transportes, über die Stimmung in Lettland und erwähnte am Schluß die dort gestellte Frage: "Warum schlagt ihr sie nicht in Deutschland tot?" Nach dem Krieg befragt, hatte er alles vergessen, keinen Bericht verfaßt, es war eine Zumutung, ihm so etwas zu unterstellen.

Über Auschwitz nachdenken heißt aber auch, an Konstruktionsbüros zu erinnern, an Bautechniker, Zeichner, Architekten, denen Häftlinge als Zuarbeiter zur Verfügung standen, die damit ihr Leben zu verlängern suchten. Auschwitz-Birkenau war keine Phantomstätte, weit hinten im Osten, in den Wäldern versteckt, unerreichbar. Nein, es war ein Ort, für den Privatfirmen Arbeitskräfte stellten, aufgeteilt nach Baufunktionen.

Kostenvoranschläge wurden eingereicht, man bewarb sich um die Aufträge, und Spezialfirmen erprobten unter schwierigen Bedingungen den Bau von Krematorien mit Verbrennungsanlagen noch nie realisierter Größe.

SS-Baubüros in Auschwitz und Berlin erstellten Entwürfe, stritten sogar um Verbesserungen, verhandelten über die Kosten.

Die "Einmaligkeit" dieser Vorgänge führte nach dem Kriege dazu, daß man zwar versuchte, die Täter abzuurteilen, die Berichte der Überlebenden zu publizieren, die angefallenen Fakten, die leichter faßbar waren, in die Geschichtsschreibung einzubringen. Es gelang aber nicht, das Gesamtgeschehen und die Teilabschnitte systematisch aus der Zeit, den Motiven und dem Handeln der "Endlöser" heraus zu rekonstruieren. Hieraus erklären sich auch die Versuche der Apologeten - um es distanziert auszudrücken -, schon allein die Technik der Vernichtung gänzlich in Frage zu stellen, ihre Undurchführbarkeit zu behaupten. Werden die Dokumente jedoch systematisch gesammelt, ergänzt durch die Berichte der Beteiligten, der Überlebenden, so erweist sich die "Wissenschaftlichkeit" der Verneiner der Wahrheit als mehr oder minder gewollte Irreführung, als bewußte oder unbewußte Täuschung der Leser ihrer Publikationen. Der Bau des Krematoriums in Birkenau ist schon allein aufgrund dieser Unterlagen rekonstruierbar. Zyklon-B ist als Mordmittel in der geschilderten und überlieferten Weise angewendet worden. Man muß sich nur um die Dokumente und Zeugenaussagen bemühen. Es ist höchste Zeit, diese Quellen systematisch und lückenlos zu veröffentlichen, nicht, um Unbelehrbare zu bekehren - die wird es immer geben -, sondern um Schäden bei den Ahnungslosen zu verhindern.

Über Auschwitz zu reflektieren heißt nicht allein, an die Grausamkeit zu erinnern: "Vernichtung durch Arbeit", Selektion des "unbrauchbar" gewordenen Menschen, dessen Arbeitskraft für das Lager hätte nützlich sein können, zu deren Erhaltung aber nichts oder fast nichts getan wurde, war das Ziel. Menschen wurden zu Versuchsobjekten für den vorgeblich medizinischen Fortschritt: der Mensch als Nummer, ausgeliefert der Brutalität des Stärkeren, der gewaltsame Tod in jeglicher Gestalt, die Sinnlosigkeit menschlicher Existenz als Prinzip und bürokratischer Vorgang.

Diese "Behandlungsweisen" sind - wie der gesamte Vernichtungsprozeß - eine Zusammenfügung vieler Einzelhandlungen, Handlungen verschiedener Institutionen , Behörden, Organisationen. Neben tatsächlicher nationalsozialistischer Überzeugung stand die Gleichgültigkeit, neben angeblicher vaterländischer Pflichterfüllung stand die Gewöhnung an Brutalität und Gemeinheit. Auschwitz konnte ohne Funktionieren des staatlichen Apparates nicht existieren. Als Himmler in Lublin ein großes SS-Zentrum plante und die Reichsbahn ihm mitteilte, daß Aufbau und Versorgung einer derartigen Zentrale unmöglich seien, weil die Lösung der Nachschubprobleme für die Wehrmacht Vorrang habe, wich er dem Argument der eingleisigen Eisenbahn.

Viele Wege führten die Täter nach Auschwitz. Viele Umstände ermöglichten das heute vielen unbegreifliche Geschehen. Die massenhafte, vielfach motivierte Unterordnung humanitärer Überzeugungen und ethischer Grundvoraussetzungen unter nationalsozialistischen Vaterlandspatriotismus ermöglichte und erleichterte die Isolierung politischer Gegner und der jüdischen Bevölkerung nach 1933. Die "Verwaltung" der zunehmend isolierten Menschen, denen auch das Ausland Emigration und Flucht sehr oft unmöglich machte, förderte die Gewöhnung an inhumane Handlungsweisen. Auch in anderen Ländern war - wenn auch in abgestufter Form - die jüdische Minderheit Objekt von Racheakten. Erinnert sei an das Verhalten der lettischen Kollaborateure oder an die Tatsache, daß ausländische oder staatenlose Juden zum Schutze der eigenen jüdischen Bevölkerung als Handelsobjekt benutzt wurden, wie es z.B. in Frankreich geschah.

Auschwitz war aber in seiner ganzen schrecklichen Wirklichkeit nicht nur allein das Ergebnis einer mehr oder weniger "bewußten" Arbeitsteilung. Es ist auch das Ergebnis von Fehlhaltungen im staatlichen, politischen und menschlichen Bereich. Antisemitische Verhetzung, Indoktrination, Bedingungen eines totalitären Staates begründen dieses Fehlverhalten mitunter nur zum Teil. Oft sind es nur Schutzbehauptungen, um mangelnde menschliche Solidarität zu verdecken. Das Eis kann dünn sein, auf dem die Menschen gehen - oder in den Worten Kafkas: "Einmal dem Fehlläuten der Nachtglocke gefolgt, es ist niemals gutzumachen." Gleichgültigkeit und das Nicht-zur-Kenntnis-nehmen-Wollen gehören dazu.

Nachdenken über Auschwitz heißt aber vor allem auch, an die Entwürdigung des Individuums zu erinnern, an die Verlassenheit und Einsamkeit der Menschen im Leben und Sterben: Herausgerissen aus der meist schon eingeengten Häuslichkeit, je nach Herkunftsland mehr oder weniger an Verfolgung und Diffamierung, an die Kennzeichnung durch den Judenstern und Gettoisierung gewöhnt; transportiert, aus dem Zug geprügelt, der Kleidung, der Haare beraubt, buchstäblich auf die nackte Existenz zurückgeworfen, in Lumpen gehüllt, ausgeliefert einem handgreiflichen und doch kaum begreifbaren Geschehen. Daran sollte man denken, wenn man die Bilder der Menschen in Auschwitz betrachtet.

Als während des Eichmann-Prozesses die jüngere Generation in Israel den Vorwurf erhob, die jüdische Bevölkerung sei wie das Schaf zur Schlachtbank geführt worden, hatte man diesen "Entwürdigungsschock" so nicht vor Augen. Daß ein großes Kulturvolk die polnischen Lande zum Schlachthaus Europas machen würde, war gerade für das Ost-Judentum nicht voraussehbar gewesen. Den "Tod als Meister aus Deutschland" erkannte man zu spät.

Auschwitz bedeutet aber auch Solidarität unter Gefangenen. Neben Korruption, neben dem Mithäftling, der als Kapo zum Mittäter der Bewacher wurde, standen auch das Stützen der Gebrechlichen, die Hilfe für den erkrankten Leidensgefährten, das Eintreten für den Mitmenschen. Der Name Maximilian Kolbe ist ein Symbol der Solidarität, das unabhängig von politischen Überzeugungen, der Nationalität und den Religionen besteht.

Warum diese Erinnerungen heute? Mehr als vier Jahrzehnte sind vergangen, seitdem die Transporte nach Osten rollten, die Soldateska der "Aktion Reinhard" in den Gettos und in den Lagern wütete, seitdem in Auschwitz die Selektion über Leben und Tod entschied.

Die Verhältnisse von damals sind untergegangen. Sind sie es wirklich in allen ihren Ansätzen? Fühlen wir uns gefeit gegen Handlungsweisen anonymer Bürokratien und seelenlose Anwendung von Vorschriften? Sind wir sicher, daß unruhige Zeiten, ökonomische Verunsicherungen nicht zu neuer Verhetzung führen? Geben wir Erfahrungen und Erkenntnisse in der richtigen Weise an die nachfolgenden Generationen weiter? Erziehen wir die Bürokraten dazu, den Menschen als Mittelpunkt bei der Anwendung gegebener Vorschriften zu sehen? Erziehen wir zur Toleranz, zur selbstverständlichen Achtung gegenüber fremden Menschen? Wehren wir uns entschieden genug angesichts neuer Ansätze einer untergegangen geglaubten Gesinnung?

Das Geschehen in Auschwitz ist eine blutige Lehre der Geschichte über die Gefährdung menschlicher Existenz, über den Machtmißbrauch, den Menschen treiben können. Beantworte jeder selbst in seinem Bereich die aufgeworfenen Fragen!

Auschwitz ist ein bestimmender Teil *unserer* Geschichte, dem man nicht ohne Folgen ausweichen kann.

Stellen wir uns dieser Verantwortung.

I. Einleitung

Auschwitz - eine Herausforderung für die Pädagogik

Hanns-Fred Rathenow/Norbert H. Weber

I.

"Die Forderung, daß Auschwitz nicht noch einmal sei, ist die allererste an Erziehung. Sie geht so sehr jeglicher anderen voran, daß ich weder glaube, sie begründen zu müssen noch zu sollen."[1]

Mit diesen Sätzen leitet Adorno 1966 einen Rundfunkvortrag mit dem Titel "Erziehung nach Auschwitz" ein, dessen Inhalt seitdem Gegenstand zahlreicher Auseinandersetzungen im Bereich allgemeiner erziehungswissenschaftlicher wie fachdidaktischer Diskussionen der politischen Bildung geworden ist. Die vorliegende Publikation knüpft bewußt an diesen Vortrag an, da Adornos Thesen, wie zu zeigen sein wird, im Prinzip noch immer höchst aktuell sind.

Zwanzig Jahre nach der Befreiung vom Hitler-Faschismus legt Adorno, der nach dem Zweiten Weltkrieg aus dem Exil nach Frankfurt am Main zurückgekehrt war und als Mitbegründer der "Kritischen Theorie" gilt, dar, daß eine "Erziehung nach Auschwitz" die *"Kraft zur Reflexion, zur Selbstbestimmung, zum Nicht-Mitmachen"* entwickeln müsse. Keineswegs dürfe Auschwitz aus dem Bewußtsein verdrängt werden, keinesfalls dürfe man sich der *"Konfrontation mit dem Grauen entziehen"*. Er weist auf die Gefahr hin, Auschwitz könne sich wiederholen, wenn man das Grauen *"nicht an sich herankommen läßt ... und den, der auch nur davon spricht, von sich wegschiebt, als wäre er ... der Schuldige, nicht der Täter."*

Diese Reaktion, die "Verwechslung" der Täter mit den Opfern, ist in der Zeit nach dem Zweiten Weltkrieg nur zu geläufig und nicht nur in persönlichen Gesprächen immer wieder erfahrbar, sondern auch als politische Argumentationsfigur bekannt, denkt man etwa an die Äußerungen Heiner Geißlers (Generalsekretär der CDU), der in der Nachrüstungsdebatte des Deutschen Bundestages im Juni 1983 sagte: "Der Pazifismus der dreißiger Jahre ... hat Auschwitz erst möglich gemacht."

---

1 Adorno, Theodor, W.: Erziehung nach Auschwitz. In: Zum Bildungsbegriff der Gegenwart. Hrsg. von H.J. Heydorn u.a., Frankfurt a.M. 1967, 111-123. Sämtliche Textstellen aus diesem Aufsatz Adornos sind in diesem Beitrag kursiv gedruckt.

Warum wird gerade heute, mehr als vierzig Jahre nach der Befreiung vom NS-Regime, so leidenschaftlich und polemisch zugleich über die grausamste Epoche der deutschen Geschichte gestritten - eine Diskussion, die bereits Ende der siebziger Jahre einsetzte und 1986 durch Jürgen Habermas' Aufsatz "Eine Art Schadensabwicklung. Apologetische Tendenzen in der deutschen Geschichtsschreibung" über den Rahmen der reinen Fachwissenschaft hinaus eine breite Öffentlichkeit erreichte? Ausgelöst wurde diese Debatte durch die Frage, wie die Verbrechen und Mordtaten des NS-Regimes heute zu bewerten sind. Besonders umstritten sind Äußerungen des Berliner Faschismus-Forschers Ernst Nolte, der am 6. Juni 1986 in der Frankfurter Allgemeinen Zeitung (FAZ) unter dem Titel "Vergangenheit, die nicht vergehen will" für Außenstehende überraschend folgende Frage stellte:

> "Es ist ein auffallender Mangel der Literatur über den Nationalsozialismus, daß sie nicht weiß oder nicht wahrhaben will, in welchem Ausmaß all dasjenige, was die Nationalsozialisten später taten, mit alleiniger Ausnahme des technischen Vorgangs der Vergasung, in einer umfangreichen Literatur der frühen zwanziger Jahre bereits beschrieben war ... Vollbrachten die Nationalsozialisten, vollbrachte Hitler eine 'asiatische' Tat vielleicht nur deshalb, weil sie sich und ihresgleichen als potentielle oder wirkliche Opfer einer 'asiatischen' Tat betrachteten? War nicht gerade der 'Archipel Gulag' ursprünglicher als Auschwitz? War nicht der 'Klassenmord' der Bolschewiki das logische und faktische Prinzip des 'Rassenmordes' der Nationalsozialisten?"

Was Nolte mit dieser rhetorischen Frage beabsichtigte, ist offensichtlich: Die NS-Verbrechen, die in Auschwitz kulminieren, seien zu relativieren, da es einen ursächlichen Zusammenhang zwischen dem Archipel Gulag und dem Holocaust gebe. Die *Singularität* von Auschwitz bestehe einzig und allein im "technischen Vorgang der Vergasung". Empört wandte sich Habermas in seiner "Schadensabwicklung" gegen die Apologeten mit ihren "Entsorgungsversuchen" der deutschen Vergangenheit, gegen die Verharmlosung, die Relativierung des NS-Faschismus, gegen die Feststellung, Auschwitz schrumpfe "auf das Format einer technischen Innovation" und erkläre sich "aus der 'asiatischen' Bedrohung durch einen Feind, der immer noch vor unseren Toren" stehe[2]. Damit eröffnete er nicht nur eine wissenschaftliche, sondern zugleich auch eine politische Debatte, die unter der Bezeichnung "Historikerdebatte" in der Öffentlichkeit firmiert und nicht nur auf die Bundesrepublik Deutschland beschränkt blieb.

Wir sind der Meinung, daß Auschwitz in der Tat "einzigartig" ist, daß das, was unter der Herrschaft der Nazis geschehen ist, beispiellos in der Geschichte an Verbrechen gegen die Menschheit ist und auch nicht durch fachhistorische Vergleiche relativiert werden darf:

2 Habermas 1987, S. 131.

- Die Einzigartigkeit von Auschwitz besteht darin, daß bestimmte Menschengruppen (vor allem Juden, Polen, Kommunisten, Sinti und Roma, aber auch Geisteskranke) radikal objektiviert wurden zu "Untermenschen", zu "unwertem Leben", in dem "der Geist ... den Menschen nur als Objekt nimmt"[3]. Im Rahmen dieser Objektivierung erst konnte es eine Legitimierung dafür geben, jene Menschengruppen auch konsequent als Objekte zu behandeln, d.h. den Massenmord an ihnen als ein rein industrielles und bürokratisches Problem zu inszenieren.

- Die Einzigartigkeit von Auschwitz besteht deshalb auch darin, daß diese Objektivierung erstmals restlos betrieben wurde. Dafür stehen sowohl die medizinischen Experimente, die bis dato aufgrund humanethischer Vorbehalte verboten waren, als auch die Zerlegung der Leichname, mit der noch den Toten jede Form subjekthaften Respekts faktisch abgesprochen wurde, indem ihre "Einzelteile" als funktionale Elemente einem funktionalen ökonomischen System einverleibt wurden.

- Die Einzigartigkeit von Auschwitz wird auch nicht durch Noltes Vergleich eines Zusammenhangs zwischen dem Archipel Gulag und Auschwitz in Frage gestellt. Noltes Versuch, Auschwitz als eine Reaktion auf eine "asiatische" Tat zu definieren, hat eine ideologische Funktion. Damit soll der Eindruck erweckt werden, es handele sich hierbei "weder um eine genuin deutsche noch um eine genuin faschistische Tat"[4], sondern um eine Nazi-Kopie bolschewistischer(Un-)Taten.
  Selbst einmal außer acht gelassen, daß der Befund eines europäischen Historikers, eine Tat sei "asiatisch", immer den Verdacht der Abwälzung, der Abgrenzung zum Zwecke der Abwehr, provoziert, werden unsere Ausführungen zeigen, daß Auschwitz das konsequente Produkt einer Linie der europäischen, genauer: der deutschen Geistesgeschichte ist. Die Verwandlung ganzer Menschengruppen in Dinge, deren endgültiger Ausdruck die Buchhaltung ist, hat mit Asien aber auch nicht das geringste zu tun, sondern ist Teil jenes objektivierungs- und zerlegungswütigen Stranges der europäischen Aufklärung, für den die Trennung von Subjekt und Objekt immer schon zentraler war als ihr Zusammenhang (als historischer Protagonist sei hier Francis Bacon genannt). Insofern ist Noltes Vergleich zwischen dem Archipel Gulag und Auschwitz nicht nur methodisch, sondern auch moralisch verwerflich. Hinzu kommt, daß sich Hitlers militanter Antisemitismus und sein Antibolschewismus bereits vor 1918 gebildet hatten.

Noltes Argumentation, die hier nur angedeutet werden konnte, stellt nicht nur eine "abstruse Assoziationskette" (Jäckel) und "intellektuelle Bocksprünge" (W. Mommsen) eines "großen Eigenbrötlers der Zeitgeschichte" (Broszat) dar, sondern unterstützen auch die Argumentation der Rechtsradikalen und der Neonazis in der Bun-

3 Victor von Weizsäcker 1947, S. 91.
4 Kühnl 1987, S. 234.

desrepublik Deutschland[5]. Sie dienen jedenfalls "nicht der Aufklärung", sondern berühren vor allem "die politische Moral eines Gemeinwesens, das ... im Geiste des okzidentalen Verständnisses von Freiheit, Verantwortlichkeit und Selbstbestimmung errichtet worden ist"[6].

II.

Es besteht kein Zweifel, daß die Diskussion über die Singularität von Auschwitz verknüpft ist mit der Forderung nach einem *neuen deutschen Nationalbewußtsein*. Seit der "politischen Wende" in Bonn (1982) hat sich auch die politische Kultur in unserem Land verändert:

- Nach dem Verfassungsschutzbericht von 1987 ist in der Bundesrepublik ein zunehmender politischer Rechtsextremismus feststellbar. In 69 verschiedenen Organisationen - von denen die "Deutsche Volksunion" (DVU) mit nahezu 16000 Mitgliedern die stärkste rechtsextremistische Vereinigung ist - werden trotz aller verbalen Bekenntnisse zum Grundgesetz politische Ziele artikuliert, die in frappanter Weise denen der Nazis ähneln. Darüber hinaus verüben einige Organisationen kontinuierlich Gewalttaten gegen Personen und Einrichtungen des öffentlichen Lebens.
  In einem solchen politischen Klima ist es deshalb auch nicht außergewöhnlich, daß z.B. der 5. Strafsenat des Bundesgerichtshofs in Berlin den Rechtsanwalt Jürgen Rieger (Hamburg) von der Anklage der Beleidigung der Opfer nationalsozialistischer Gewaltherrschaft und Verunglimpfung des Andenkens Verstorbener freigesprochen hat. Rechtsanwalt Rieger stellte nämlich bei seiner Verteidigung des ehemaligen SS-Führers im Distrikt Warschau, Arpad Wiegand, im Jahre 1981 die Behauptung auf, der Grund für die Errichtung und Absperrung des Warschauer Gettos sei das Bestreben gewesen, den Flecktyphus einzudämmen; die Hungersnot unter den im Getto lebenden 260.000 Juden hätte "bei einem bißchen Solidarität" verhindert werden können. Dieser Freispruch, mag er formaljuristisch auch unangreifbar sein, bedeutet letztendlich eine Aufmunterung für rechtsradikale Kräfte.
  Der politische Erfolg der rechtskonservativen "Republikaner" bei den Wahlen in Berlin (West) Anfang 1989 mit 7,5% ist ein Indiz für die gegenwärtige politische Kultur der Bundesrepublik: Gastarbeiter, Asylbewerber und Aussiedler werden von dieser Partei zu Sündenböcken für Arbeitslosigkeit, zunehmende Verarmung und Wohnungsnot in den Ballungszentren gestempelt. Erstaunlicherweise wurden gerade viele Jungwähler (18 bis unter 24 Jahre) von der Propaganda dieser Partei angesprochen, die in dieser Altersgruppe mit 15% der

5 Vgl. Schoeps 1988.
6 Habermas 1987, S. 147 f.

Stimmen ihr Maximum erhielt und damit nur 5% unter dem Ergebnis der "Alternativen Liste" lag.

- Der in den letzten Jahren immer wieder auftretende Antisemitismus in der Bundesrepublik und Berlin (West) ist nach wie vor besorgniserregend, wie z.B. die jüngste Untersuchung des Allensbacher Instituts für Demoskopie (IfD) zeigt, die in Zusammenarbeit mit dem Zentrum für Antisemitismusforschung der Technischen Universität Berlin durchgeführt wurde. Nach dieser repräsentativen Studie über "Ausmaß und Formen des heutigen Antisemitismus in der Bundesrepublik Deutschland" (1988) sind etwa 7,8 Millionen Bundesbürger mit "ausgeprägten antisemitischen Vorurteilen behaftet". Besonders überraschend waren die Daten in bezug auf die Ermittlung eines "sekundären Antisemitismus": So sind 22% der Bevölkerung der Meinung, die Juden trügen eine Mitschuld am schlechten Gewissen der Bundesbürger und an ihrem Zwang zur Verarbeitung des Holocaust (IfD 1988). Insofern besteht - und zwar relativ unabhängig vom Alter - der Wunsch, das Verhältnis gegenüber den Juden und Israel zu "normalisieren". "Die Diskrepanz zwischen dem Normalisierungswunsch und seiner Nichterfüllung stellt heute offenbar ein Motiv für das Entstehen oder Weiterbestehen antisemitischer Vorurteile dar, so daß man von einem 'Antisemitismus wegen Auschwitz' sprechen kann."[7]

- Auch von politischer Seite will man endlich einen "Schlußstrich" unter die NS-Vergangenheit ziehen, wie z.B. die Äußerungen zweier prominenter CDU/CSU-Politiker belegen.
  Auf einem Parteitag der CSU im November 1986 erklärte der damalige bayerische Ministerpräsident Franz-Josef Strauß:

  > "Wir müssen auch schrittweise, ich darf sagen Meile für Meile auf einem Weg zurücklegen, in dem die Vergangenheit allmählich bewältigt und in der Versenkung, oder Versunkenheit besser gesagt, verschwindet. Denn die ewige Vergangenheitsbewältigung als gesellschaftliche Dauerbüßeraufgabe lähmt ein Volk!"

  Und Alfred Dregger, Fraktionsvorsitzender der CDU im Deutschen Bundestag, erklärte am 10. September 1986:

  > "Besorgt machen uns Geschichtslosigkeit und Rücksichtslosigkeit der eigenen Nation gegenüber. Ohne einen elementaren Patriotismus, der anderen Völkern selbstverständlich ist, wird auch unser Volk nicht überleben können. Wer die sogenannte 'Vergangenheitsbewältigung', die gewiß notwendig war, mißbraucht, um unser Volk zukunftsunfähig zu machen, muß auf unseren Widerstand stoßen."

  Und Strauß forderte in seiner bereits erwähnten Rede, mehr als vierzig Jahre nach Kriegsende sei es an der Zeit, daß "die Deutschen endlich aus dem Schat-

---

7 Frankfurter Rundschau, Nr. 149 vom 30.6.1988.

ten des Dritten Reiches" heraussträten. Insofern ist auch die Entscheidung des CSU-Stadtrates von Dachau nur konsequent, die Errichtung einer Internationalen Jugendbegegnungsstätte zu verhindern[8].

Damit wird der neue politische Trend offensichtlich: Es geht nicht mehr um "Aufarbeitung" und "Bewältigung" der Vergangenheit, sondern um "Vergessen"[9], letztlich um das Verdrängen von NS-Verbrechen und Völkermord, damit die "Zukunftsfähigkeit" der Deutschen gewährleistet bleibe. Michael Stürmer, dem Erlanger Historiker und Kanzlerberater, fällt es deshalb auch nicht schwer, in "nationaler Identität" das politische Ziel eines neuen Geschichtsbewußtseins zu sehen. Erst dadurch werde gesellschaftliche Integrität ermöglicht.

An dieser Stelle ist zu fragen, was mit dem Identitätsbegriff gemeint ist. Der aus den Sozialwissenschaften entlehnte Begriff[10] beinhaltet auch, Qualifikationen erworben zu haben, die den einzelnen zu "Selbstbestimmung", zu "Emanzipation" befähigen. Im Unterschied dazu verstehen die Neokonservativen unter Identität vor allem "die Übernahme stabilisierender Traditionen, die Verinnerlichung geglaubter Normen, die Aneignung überlieferter Werte", "ohne daß diese inhaltlichen Elemente von Identität durch den Filter prüfender Reflexion geleitet würden."[11]

Hinzu kommt, daß die Vorstellungen Stürmers in peinlicher Weise an eine Argumentation erinnern, wie sie in der ersten Hälfte der dreißiger Jahre verbreitet war. In diesem Zusammenhang ist beispielsweise der Psychologe C.G. Jung zu nennen, der in seinem Aufsatz "Zur gegenwärtigen Lage der Psychotherapie" (1934) die Freudsche Psychoanalyse als eine "negative Psychologie", als Wühlen in der Vergangenheit der Menschheit, das aus der kulturgeschichtlichen Tradition des Judentums verständlich sei, denunziert: "Das arische Unbewußte dagegen enthält Spannkräfte und schöpferische Keime von noch zu erfüllender Zukunft, die man nicht ohne seelische Gefährdung als Kinderstubenromantik entwerten darf"[12]. Auch hier ist die Denkfigur, man möge doch bitte die Vergangenheit ruhen lassen um der Zukunftsfähigkeit willen.

Jeismann, der sich kritisch mit dem Identitätsbegriff in der deutschen Geschichte auseinandergesetzt hat, weist auf die Gefahr hin, daß es hierbei nicht um eine "Harmonisierung des Geschichtsbewußtseins" gehen könne, "die die Gegensätze verdeckt und damit Geschichte belanglos macht"[13]. Das politische Bewußt-

---

8 Vgl. den Beitrag von Barbara Distel in diesem Band sowie die Pressedokumentation zur Stadtratssitzung am 13.10.1987 in Dachau zum Thema "Internationale Jugendbegegnungsstätte Dachau", hrsg. vom Förderverein der Begegnungsstätte.

9 Stürmer 1986.

10 Vgl. Erikson 1966, Krappmann 1969.

11 Wehler 1988, S. 143.

12 C.G. Jung 1934, S. 9.

13 Jeismann 1986, S. 15.

sein der Bundesbürger bedürfe jedenfalls keiner Wende von der "Emanzipation" zur "Identifikation", sondern liege vielmehr in der Spannung zwischen beiden, die es auszuhalten gelte.

Es kann also nicht darum gehen, daß wir die Verbrechen der jüngsten Vergangenheit durch fragwürdige Vergleiche "nivellieren" oder "vergessen machen", ebensowenig wie man unsere Großväter und Väter aus der Geschichte herauslösen kann. "Bewältigung der Vergangenheit" findet auch nicht durch spektakuläre Maßnahmen, wie z.B. das Bitburg-Szenario mit Bundeskanzler Kohl und Präsident Reagan oder durch die Errichtung zweier nationaler Museen statt. "Vergangenheitsbewältigung" wird ebenfalls nicht durch die "Gnade der später Geburt" (Bundeskanzler Kohl) aufgehoben, nach Ralph Giordano "die zweite Schuld" (1987), die zum Spiegelbild der ersten, der Deutschen unter Hitler, wird.

Die Vergangenheit der Täter und der Opfer kann niemals "bewältigt" werden, wenn dieses Wort suggeriert, die NS-Verbrechen ließen sich irgendwann ad acta legen. Vielmehr müssen wir alle, wie Bundespräsident von Weizsäcker in seiner denkwürdigen Rede vom 8. Mai 1985 ausführte, "ob schuldig oder nicht, ob alt oder jung, ... die Vergangenheit annehmen".

In diesem Sinne äußerte sich auch die ehemalige Bundesministerin Süßmuth bei der Einweihung der Internationalen Begegnungsstätte Auschwitz (Dezember 1986): "Wir Deutschen dürfen das Vergangene weder relativieren noch als zufälliges historisches 'Ausgleiten' begreifen, noch gar dem Vergessen anheim fallen lassen ... Die Völker, die durch uns so unsäglich gelitten haben - vor allem Juden, Polen und Russen -, sollen wissen, daß wir dies nicht verdrängen und ihre Opfer nicht vergessen." Mit anderen Worten: Vergangenheitsbewältigung heißt für die Pädagogik zunächst Erinnerungsarbeit.

III.

Will die Pädagogik jenen persönlichen, d.h. die Person anrührenden Appell realisieren, der mit dem Begriff der Erinnerung verknüpft ist, so kann sie bei Schülern 1988 nicht auf persönliche Erlebnisse mit dem Faschismus zurückgreifen, die es etwa zu memorieren gelte.

Eine Pädagogik, die Adornos Ziel, daß *"Auschwitz nicht noch einmal sei"*, heute verfolgen will, muß anstelle des 'Sich-Erinnerns an den Faschismus' mit einem 'Erinnern an den Faschismus' auskommen. Sie muß dies jedoch so realisieren, daß der Mangel an erlebnishafter Reflexion, der auch immer die Gefahr des Fremdbleibens in sich birgt, durch eine andere Form des Sich-Erinnerns gleichwertig, wenn auch nicht gleichartig, aufgewogen wird.

Medium dieses 'Umwegs' ist dabei die erschreckende, häufig mit moralisierender Entrüstung zurückgewiesene Tatsache, daß der Faschismus keineswegs das Produkt einiger Psychopathen und gewissenloser Polit-Terroristen war, sondern mit Versprechungen lockte (und sie zum Teil auch umsetzte), die weite Kreise der Bevölkerung Deutschlands faszinierten, weil deren eigene Wünsche und Tendenzen darin aufgegriffen waren: Versprechen völkischer Einheit, der Reinheit durch "Ausmerzung" des Unreinen usw., kurz das Versprechen, jegliche Komplexität und Widersprüchlichkeit des Lebens auszurotten.

Solche Tendenzen, die psychologisch als magisch, politisch als totalitär zu qualifizieren sind, haben selbstverständlich nicht aufgehört zu existieren, als das Dritte Reich unterging; das wäre auch psychisch gar nicht möglich. Sie sind heute noch - und nicht nur bei Rechtsradikalen, sondern in uns allen - vorhanden, wenn vielleicht auch weniger virulent als in den dreißiger Jahren, und sie sind das Medium einer Pädagogik, die eine Wiederholung von Auschwitz qua Erinnerungsarbeit verhindern will.

So enthüllt sich hier ein Paradox: Pädagogik muß, will sie, daß *"Auschwitz nicht noch einmal sei"*, genau jene Tendenzen aufgreifen, die einst zu Auschwitz geführt haben. Dabei sind zwei Anforderungen zu erfüllen. Zum einen gilt es zu erkennen, in welche zeitgemäßen Gewänder sich das Streben nach Totalität heute kleidet. Zum anderen aber - und das ist die schwierigere und sensu stricto pädagogische Aufgabe - verlangt die von uns intendierte Erinnerungsarbeit, anhand des Erinnerns an Auschwitz ein Sich-Erinnern an das, was auch heute in uns allen (fast immer unbemerkt) zu Auschwitz tendiert, um einem Auschwitz heute, in welcher Gestalt auch immer, entgegentreten zu können. Denn sicherlich ist der Holocaust das logische Produkt jeder sich selbst als *total* setzenden Rationalität, ebenso sicher ist er aber auch nicht an die konkrete Form des KZs, ja noch nicht einmal an die Ideologie "Reinheit durch Ausmerzung" in ihrer faschistischen Unverblümtheit gebunden, sondern kann heute an völlig anderen Orten und in völlig anderen politisch-wirtschaftlich-gesellschaftlichen und ideologischen Zusammenhängen geschehen.

Will Pädagogik also dazu beitragen, Erinnerungsarbeit zu leisten, muß sie u.E. den hier aufgezeigten Weg beschreiten, das historisch überpersönliche Faktum Auschwitz mit pädagogischen Mitteln für die Schüler zu einer persönlichen Angelegenheit zu machen. Das garantiert nicht, daß eine antifaschistische Haltung auch wirklich die Regel wird. Mit diesem Anspruch ist Schule überfordert, solange ein politisches Klima herrscht, wie es Dudek in seinem Beitrag beschreibt. Schon gar nicht kann Erziehung das Streben nach Totalität und Einheit in uns abschaffen, da es, solange durch anderes gebändigt, immerhin ein produktives Element jeder Kultur darstellt, auf das Schule nicht verzichten kann.

Auf diese Art hat Erinnerungsarbeit allerdings eine Chance, in eine Trauerarbeit zu münden, die schon so oft - und meist am falschen Ort - gefordert wurde. Denn so verstandene Erinnerungsarbeit heißt, *permanent* von jenen Tendenzen Abschied zu nehmen, die wir nicht *ungebrochen* zum Zuge kommen lassen dürfen, ohne sie doch je 'loswerden' zu können; um diese kann auch ein Schüler 1989 berechtigterweise "trauern".

Damit wird auch noch einmal das ideologische Potential jener Sätze von Strauß und Dregger (s.o.) beleuchtet, in denen eine "Bewältigung der Vergangenheit" entworfen wird, die doch schließlich einmal zu Ende sein müsse. Dieser Entwurf ist weniger gefährlich durch das, was er sagt, als durch das, was er verschweigt. Denn solange "Vergangenheitsbewältigung" eine doppelte Aufgabe war, erforderten schuldhafte Taten Buße und schmerzliche Erinnerungen Trauer. Mit zunehmender historischer Distanz zum Faschismus sinkt in der Tat die Bedeutung der Schuld für die Bewältigung, worauf Strauß und Dregger nicht ganz unberechtigt anspielen.

Mit einem von ihnen herbeigeredeten 'Ende der Schuld' (von dem sowieso nicht gesprochen werden kann) spiegeln sie aber gleichzeitig ein Ende der Erinnerung vor, indem sie sie verschweigen. So könne "Vergangenheit" endgültig irgendwann "bewältigt" sein, während unsere Darlegungen zeigen, daß "Vergangenheitsbewältigung", d.h. Erinnerungsarbeit, ein fortwährender Prozeß ist und sein muß. Zu groß ist die Gefahr, daß sonst für uns im Hinblick auf den Holocaust im historischen Rahmen die Erkenntnis aus der Psychoanalyse gilt: *Wer nicht erinnern will, muß wiederholen!*

IV.

Weil sich in der politischen Kultur der Bundesrepublik eine antifaschistische Tradition nie hat ausbilden können"[14], war "Vergangenheitsbewältigung" eher durch kollektives Vergessen, Verdrängen, Verleugnen und Vertuschen gekennzeichnet. Insofern leuchtet auch ein, daß die politische Bildung nur ein Abbild der politischen Kultur sein konnte, obwohl man der Schule - quasi als Alibi - die Aufgabe zuschrieb, die Jugendlichen zu befähigen, "die vollständige Umgestaltung der deutschen Lebensweise auf demokratischer und friedlicher Grundlage zustandezubringen", die "der nationalsozialistischen Ideologie unerbittlich entgegenstehen" sollten, wie § 1 des Berliner Schulgesetzes von 1948 belegt.

In diesem Zusammenhang ist danach zu fragen, ob politischer Unterricht unter den gegebenen Bedingungen überhaupt in der Lage war und ist, einer "Erziehung nach Auschwitz" im Sinne Adornos gerecht zu werden. Nach Peter Dudek ist "Auschwitz als Lerngegenstand unter den strukturellen Zwängen schulischer Instruktion mit dem Schielen nach Noten ... nicht begreifbar und schon gar nicht bewältigbar. Auschwitz ist kein Stoff, der behandelbar ist mit den gleichen curricularen Planungsstrategien, die quadratische Gleichungen und Hexameter zu Lernstoff modellieren."[15]

Das Dilemma bestand und besteht vor allem darin, politische Bildung und politisches Bewußtsein in der Schule vorwiegend über den Aufbau kommunikativer Strukturen zu bilden, wie die explorative Studie von Hage u.a. über das "Metho-

14 Vgl. Haug 1987 sowie die Beiträge von Gamm, Dudek, Reich/Stammwitz in diesem Band.
15 Dudek in diesem Band, S. #.

den-Repertoire von Lehrern" bestätigt. Ihre Ergebnisse unterstreichen, was seit Tausch und Tausch (1963) gängiger Unterrichtspraxis vorgeworfen wird: Sie zeichne sich durch "große Gleichförmigkeit und Lehrerdominanz der beobachteten Unterrichtsstunden über alle Schulformen und Fächer hinweg"[16] aus. Für die politische Bildung als Unterrichtsprinzip quer zu allen Fächern - und dies wäre notwendige Bedingung für die erfolgreiche Transformation politischer Kultur in die Schule - ist ihr Resultat kontraproduktiv, "daß in der Schule zu mehr als 75% direktiver Unterricht, Frontalunterricht, ausgeführt wird." Die methodische Grundform des "Katechisierens" finde sich in den Gesellschaftskundefächern im Gegensatz zu den übrigen Fächern überdurchschnittlich oft, "Demokratisierung der Schule durch eine stärkere Schülerorientierung" sei "in ihren Ansätzen steckengeblieben."[17]

Im Unterschied dazu hat es bereits in der amerikanischen und deutschen Reformpädagogik Ansätze zur Überwindung der Trennung von Schule und Leben, Theorie und Praxis, in Form von Projekten und Vorhaben gegeben. Solche erfahrungs- und handlungsorientierten Unterrichtskonzeptionen, zu denen u.a. Rollenspiele, szenische Darstellungen und Erkundungen, Workshops gehören, führen auch in der politischen Bildung kognitives, affektives und instrumentell-pragmatisches Lernen zusammen.

Wenn politische Bildung die Aufgabe hat, zeitgeschichtlich-politische Ereignisse nicht nur zu analysieren, sondern zugleich auch Bewußtsein herzustellen und zu verändern, dann hat dies - mehr als bisher praktiziert - etwas mit dem Akt des "Be-Greifens" zu tun. Die "Binsenweisheiten" der Pädagogik, jene so banal klingenden, jeden Unterrichtenden auf Anhieb überzeugenden Einsichten, daß Lernen am fruchtbarsten durch Anschauung (Pestalozzi) ermöglicht wird, können für die Didaktik des politischen Unterrichts nicht oft genug gefordert werden. Mit anderen Worten: Wir müssen auch im Rahmen politischer Bildung darauf Wert legen, "Bewußtsein in die Hände" zu bringen. Dies mag zwar ungewöhnlich sein, ist aber die notwendige Konsequenz aus dem Scheitern vieler Bildungsbemühungen nach Auschwitz. Wir können nicht erwarten, daß allein durch lehrbuchmäßige "Behandlung" zeitgeschichtlicher oder zeitgenössischer Ereignisse Impulse zur Entwicklung individuellen, geschweige denn kollektiven Bewußtseins entstehen.

Insofern ist der durch die "Aktion Sühnezeichen/Friedensdienste" (ASF) entwickelte Ansatz ein positives Beispiel für praktizierte politische Bildung. Entstanden aus dem Gedanken, Versöhnung und Frieden zwischen Menschen und Völkern zu fördern, leistet diese Organisation seit 1958 praktische Friedensarbeit in West- und Osteuropa sowie den USA und Israel in Form solidarischer Arbeit mit Randgruppen, z.B. Strafentlassenen, alten und kranken Menschen, geistig und körperlich Behinderten. Darüber hinaus betreut ASF jährlich ca. 50 Jugendgruppen und Schulklassen aus der Bundesrepublik, die nach Polen in die Gedenkstätten Auschwitz, Majdanek und Stutthof fahren, um dort zu arbeiten, damit "kein Gras darüber

16 Hage u.a., 1985, S. 147.
17 Hage u.a., 1985, S. 151.

wächst"[18]. Diese "Erinnerungsarbeit" ist in der Lage, den Zusammenhang zwischen intellektueller Auseinandersetzung mit der Geschichte und ihrem ergriffenen Ergreifen herzustellen. "Anschauung" vermittelnde Zeugnisse und Zeugen der jüngsten Vergangenheit, "originale Begegnung", ist eine der wesentlichen Grundlagen dafür, daß sich "der fruchtbare Moment im Bildungsprozeß", wie es Friedrich Copei vor mehr als 50 Jahren ausdrückte, auch tatsächlich ereignet. Daß zur Anschauung notwendigerweise auch der Begriff gehört, darauf hat schon Kant hingewiesen. Hierzu einige Beispiele:

- Wenn Schülerinnen und Schüler einer 10. Klasse den fünftägigen Aufenthalt im ehemaligen Konzentrationslager Majdanek im Geschichts- und Erdkundeunterricht, in Deutsch und Sozialkunde intensiv vor- und nachbereiten, so daß die Zehn-Tage-Reise in die Volksrepublik Polen selbst nur einen kleinen Teil eines umfangreicheren Projekts darstellt, dann sind äußere Rahmenbedingungen gegeben, die den Prozeß der Bewußtseinsentwicklung erheblich begünstigen. Schülerinnen und Schüler, die im Archiv von Majdanek an Originalunterlagen das Schicksal der Ermordeten nachvollziehen und mit körperlicher Arbeit zur Erhaltung und Pflege von Baulichkeiten und Gelände beitragen, dokumentieren, wovon Bundespräsident von Weizsäcker in seiner bereits erwähnten Rede am 8. Mai 1985 gesprochen hat: "Die Jungen sind nicht verantwortlich für das, was damals geschah, aber sie sind verantwortlich für das, was in der Geschichte daraus wird."

- Wenn FDJ-Jugendliche in der DDR bei Wiederaufbauarbeiten der Neuen Synagoge in der Oranienburger Straße in Berlin sich an der Beseitigung des Schutts beteiligen, leisten sie Erinnerungsarbeit "wider das Vergessen".

- Wenn es im Unterricht darum geht, Probleme des Alltags im Nationalsozialismus zu erörtern, ist Schulbuch-Lektüre häufig wenig ergiebig. Solange Zeitzeugen noch leben - die beispielsweise durch den "Verein der Verfolgten des Naziregimes/Verband der Antifaschisten (VVN) vermittelt werden können - sollten diese in den Unterricht miteinbezogen werden. Darüber hinaus haben sich Erkundungen vor Ort im Sinne einer Spurensuche/-sicherung bewährt, wie sie Preuschoff in seinem Beitrag beschreibt[19].

- Wenn Schüler der 12. Klasse einer Berliner Waldorfschule im Deutschunterricht das von Nelly Sachs 1943 nach der Flucht aus Deutschland geschriebene mittelalterliche Mysterienspiel "Eli" szenisch bearbeiten und aufführen, leisten sie zugleich eine Auseinandersetzung mit der NS-Zeit bzw., wie der Untertitel des Stückes besagt, mit den "Leiden Israels".

---

18 Vgl. den Bericht von Metzke in diesem Band.

19 Vgl. den Beitrag von Preuschoff in diesem Band.

- Wenn eine Jugendgruppe nach einer Gedenkstättenfahrt ihre Reiseeindrücke unter der Fragestellung, wie gegenwärtig "Auschwitz" noch heute sei, in Form einer "szenischen Reise" bearbeitet, so stellt auch dies den Versuch dar, aus der Geschichte zu lernen, sie nach-erlebbar zu machen[20].

Adornos Forderung, *"daß Auschwitz nicht noch einmal sei"*, kann sich nicht allein auf die sicher dringend erforderliche Erinnerungsarbeit beschränken. Angesichts der Fähigkeit der Menschheit, sich selbst, die eigene Gattung, und das Leben auf unserem Planeten auszulöschen, geht es zugleich auch darum, das Überleben der Menschheit zu gewährleisten und damit Zukunft zu ermöglichen.

In diesem Zusammenhang scheinen uns folgende Probleme vorrangig:

- die Gefahr eines weltweiten Nuklearkrieges (auch als "accidental nuclear war"),

- die lebensbedrohende Abhängigkeit der "Dritten Welt" von den Industrienationen und die damit verbundene Verelendung von Milliarden Menschen (Nord-Süd-Konflikt),

- die gewaltsame Zerstörung der Natur durch Eingriffe in Ökosysteme und der verschwenderische Umgang mit lebensnotwendigen Ressourcen (z.B. durch Abholzen tropischer Regenwälder) und

- der Glaube an den unaufhörlichen technischen Fortschritt und seine Beherrschbarkeit ohne notwendige kritische Folgenabschätzung (z.B. Reaktorkatastrophen).

Die Forderung an die Menschheit, sich selbst vor dem Untergang zu bewahren, *"als allererste an Erziehung"* zu betrachten, hieße allerdings, Schule und Unterricht eine Menschheitsaufgabe zuzuweisen, die sie realistischerweise nur begrenzt lösen kann. Vielmehr ist dies Aufgabe von Gesellschaft und Politik, und zwar in transnationalem, globalem Verständnis. Welche Rolle der Erziehung dabei zukommt, wollen wir an zwei Beispielen verdeutlichen:

Beispiel 1: Wie *"Nicht-Mitmachen"* gesellschaftlich sanktioniert wird.

> "Man wird ... nicht von sich abweisen können, daß die Erfindung der Atombombe, die buchstäblich mit einem Schlag Hunderttausende auslöschen kann, in denselben geschichtlichen Zusammenhang hineingehört wie der Völkermord."

In der jüngsten Diskussion um die Auswirkungen eines weltweiten Nuklearkrieges ist deutlich geworden, daß ein absichtlicher Einsatz atomarer Massenvernichtungsmittel oder auch nur ein "zufälliger" Atomkrieg zu einem Sterben nie ge-

20 Vgl. den Beitrag von Laengerer in diesem Band.

kannten Ausmaßes, zu einem Untergang der Menschheit überhaupt führen würde. Den nuklearen Genozid zu verhindern und damit das Überleben, das nackte Leben zu retten, gehört zu den Grundforderungen einer Erziehung nach Auschwitz. Die Planung des Genozids geschieht nach ähnlichen Merkmalen wie denen der faschistischen Vernichtungspolitik, lediglich noch differenzierter und subtiler den politischen, ökonomischen Verhältnissen entwickelter Industriegesellschaften angepaßt: Arbeitsteilung bis zur anonymen Unkenntlichkeit gehört dazu, Ausschaltung des Gewissens ebenso wie psychischer und sozialer Druck. In dieser Beziehung geht es darum, Jugendlichen den Eigenlauf technischer Entwicklung und die Erfahrung zu vermitteln, daß sich "Produktivkräfte in Destruktivkräfte, Planungskapazitäten in Störpotentiale verwandeln"[21]. Dabei ist zugleich die bedingungslose Pflichterfüllung in entfremdeten Tätigkeiten, für die die Reflexion über Voraussetzungen und Folgen unerwünscht ist und gegebenenfalls negativ sanktioniert wird, in Frage zu stellen. Adorno hält dabei nicht für gesichert,

> "Wie die Fetischisierung der Technik in der individuellen Psychologie der einzelnen Menschen sich durchsetzt, wo die Schwelle ist zwischen einem rationalen Verhältnis zu ihr und jener Überbewertung, die schließlich dazu führt, daß einer, der ein Zugsystem ausklügelt, das die Opfer möglichst schnell und reibungslos nach Auschwitz bringt, darüber vergißt, was in Auschwitz mit ihnen geschieht."

Wer in der gegenwärtigen politischen Kultur der Bundesrepublik gegen den Strom schwimmt, nicht mitmacht, Widerstand leistet, gar gegen die Staatsgewalt, gehört keineswegs zu den staatstragenden Elementen, im Gegenteil. Aber - er handelt damit im Sinne Adornos:

> "Die einzig wahrhafte Kraft gegen das Prinzip von Auschwitz wäre Autonomie ...; die Kraft zur Reflexion, zur Selbstbestimmung, zum Nicht-Mitmachen."

So haben zahlreiche Lehrer anläßlich der bundesweiten Friedensaktionen im Oktober 1983 gegen die Stationierung nuklearer Mittelstreckenraketen in Europa in Form einer halbstündigen Arbeitsniederlegung protestiert und ihren Schülern gegenüber ein Zeichen gesetzt, daß sie "nicht mitmachen" würden. Ein solch aufrechter Gang, der durch "Autonomie, Selbstbestimmung" und "Reflexion" gekennzeichnet ist, widerspricht jedoch der "Pflicht zur vollen Hingabe an den Beruf", wie es in einem Urteil des Berliner Verwaltungsgerichts heißt[22]. Hier handele es sich um ein "schuldhaftes Dienstvergehen", das, wie in Hunderten Fällen geschehen, mindestens eine beförderungsschädliche Eintragung in die Personalakte zur Folge hatte. Dennoch: Ein einmaliger Vorgang in der bundesdeutschen Nachkriegsschulpolitik: Lehrer und Schüler demonstrieren in gemeinsamen, unterrichtlich beglei-

---

21 Habermas 1985, S. 144.

22 DER TAGESSPIEGEL vom 6.10.1986.

teten Aktionen gegen existenzbedrohende politische Entscheidungen und machen ihr Verhalten zum Unterrichtsgegenstand[23].

Während Adorno in der *"Bereitschaft, mit der Macht es zu halten, und äußerlich dem, was stärker ist, als Norm sich zu beugen ..., die Sinnesart der Quälgeister, die nicht aufkommen soll"*, entdeckt, äußert sich das Berliner Oberverwaltungsgericht 1986 klar gegen die beiden Berliner GEW-Vorsitzenden, indem es dem Beamtenrecht und der Treuepflicht des Beamten gegenüber individueller Gewissensnot absoluten Vorrang einräumte. Widerstand, Mut zum Widerstand muß gelernt werden, aber lernen läßt er sich eigentlich nur dadurch, daß man ihn auch praktiziert - ein Problem für jede Erziehung. Eltern müssen lernen, den Widerstand ihrer Kinder anzunehmen, Lehrer, dafür Verständnis zu zeigen und ihn gelegentlich zu ermutigen, Schulaufsicht muß davon absehen, obrigkeitsstaatlich zu reagieren. "Practice what you preach" sollte Leitmotiv schul-alltäglich gelebter Friedenserziehung sein.

Beispiel 2: Was "Hamburger" mit dem tropischen Regenwald zu tun haben.

Wohin hemmungsloser Eingriff in gewachsene Ökosysteme und verantwortungsloser Umgang mit natürlichen Ressourcen führt, läßt sich besonders deutlich an der Vernichtung tropischer Regenwälder rings um den Äquator zeigen. Seit den fünfziger Jahren ist unter der Führung der Industrienationen damit begonnen worden, eines der wertvollsten Ökosysteme der Erde wirtschaftlich auszubeuten und letztendlich zu vernichten. Dadurch ist es bereits jetzt weltweit zu einer drastischen Reduzierung um mehr als 40% der ursprünglichen Fläche der tropischen Regenwälder gekommen. Die wesentlichen Faktoren sind vor allem im Holzraubbau, der Verwandlung von Regenwald in Weideland und Anbaufläche für Futtermittel zu suchen:

Der "Bedarf" an astfreiem Tropenholz für Türen, Fenster und Möbel in den Industrienationen führt zu *Holzraubbau* in den Regenwäldern. Da ausschließlich profitbringende Harthölzer (Teak, Meranti, Mahagoni etc.) "gewünscht" werden, ist dieser "selektive Holzeinschlag" zugleich die Ursache für die Vernichtung der dünnen Humusschicht des Waldes, der dadurch seine Speicherfunktion verliert. Erosion und - wie in Teilen Afrikas - Desertifikation (Verwüstung) stellen sich ein. Die in den Wäldern lebenden Menschen werden vertrieben, ihrer Existenzgrundlage beraubt oder sogar umgebracht. Multinationale Konzerne halten auf den so gewonnenen, aber bereits nach einigen Jahren wieder unfruchtbar gewordenen Weideflächen riesige Rinderherden, die u.a. den Fleischbedarf weltweiter Fast-Food-Ketten ("Hamburger") decken. Dadurch entstehen zugleich Anbauflächen, die paradoxerweise nicht für den Anbau von Nahrungsmitteln verwendet werden,

23 Vgl. Rathenow/Weber 1984.

sondern für *Futtermittel* der Industrienationen, die den "Entwicklungsländern" Devisen bringen.
Die "Verantwortung" der Industrienationen wird am Beispiel Brasiliens offensichtlich: Kommt das Land seinen Abzahlungsverpflichtungen nicht nach und beharren die Gläubigerländer auf Rückzahlung, bedeutet dies ein Schrumpfen der heimischen Wirtschaft, die zur Arbeitslosigkeit führt: Tausende suchen ihr Heil in den Regenwäldern. "Mit Brandrodungen legen sie (arbeitslose Brasilianer; Erg. d. Verf.) die Ränder des Regenwaldes frei, und jedesmal sterben der grünen Lunge dabei viele Kapillargefäße."[24]

Eine weltweite Katastrophe befürchten Experten nicht nur wegen der Vernichtung des für medizinische, biologische, ernährungswissenschaftliche und landwirtschaftliche Forschung einmaligen Artenreichtums der Regenwälder, sondern auch wegen des durch *Brandrodung* ansteigenden CO_2-Gehalts der Atmosphäre. Ihr Temperaturanstieg führt zu dem sogenannten "Treibhauseffekt", vor dem kürzlich die Internationale Weltklimakonferenz in Toronto in ihrer Schlußerklärung warnte: "Die Menschheit verfolgt ein enormes, global umfassendes Experiment, dessen letztendliche Konsequenzen nur noch von einem Nuklearkrieg übertroffen werden können."[25]

Die bei uns von vielen Menschen (noch) nicht wahrgenommene schleichende Zerstörung unserer Lebensbedingungen, verbunden mit Mord und Vertreibung der Regenwaldbewohner aus grenzenloser Gewinnsucht, ist ein Paradebeispiel menschenverachtender "Entwicklungs"politik einerseits und menschheitsverachtender Eingriffe in globale Lebensbedingungen andererseits.

Die hier lediglich skizzierten Zusammenhänge gilt es, für Politische Bildung als Unterrichtsprinzip fruchtbar zu machen, d.h. lokale Probleme unter globaler Perspektive bzw. globale Tendenzen daraufhin zu untersuchen, welche lokalen Auswirkungen sie haben.[26] In der britischen und US-amerikanischen Literatur finden sich Ansätze (z.B. in *Global Education* und *World Studies*), den Zusammenhang zwischen Wettrüsten und Armut, Umweltzerstörung und Schuldenkrise oder wirtschaftlicher Ausbeutung und Menschenrechtsverletzungen in der Dritten Welt unterrichtlich zu erarbeiten.[27]

"Regenwald tot durch Fastfood" reimten kürzlich Berliner Schülerinnen und Schüler einer 8. Klasse am Bahnhof Zoo vor der Filiale einer weltweiten "Hamburger"-Imbißkette. Sie hatten sich im Unterricht intensiv darauf vorbereitet, die "Sucht" nach Billigbulletten als eine der wesentlichen Ursachen für das Sterben lateinamerikanischer Regenwälder öffentlich anzuprangern und Hamburger-Kunden sowie Passanten mit einer kleinen Ausstellung über den von ihnen erkannten Zusammenhang zwischen der Vernichtung des Regenwaldes und Fastfood-Pro-

---

24 Myers 1988.
25 SÜDDEUTSCHE ZEITUNG vom 2./3. Juli 1988.
26 Vgl. z.B. Weinbrenner 1981.
27 Vgl. Rathenow/Steinbach 1987.

dukten zu informieren. War das Ganze bereits informativ und anschaulich nachvollziehbar, boten sie den interessierten Passanten einen weiteren, weithin unbekannten Sachverhalt auf "geschmackvolle Weise" dar: Um eine Kalorie Fleisch für uns zu erzeugen, müssen in der Regel mindestens 10 Kalorien pflanzlicher Nahrung eingesetzt werden, und dies geschieht - aus Preisgründen - häufig auf gerodeten Regenwaldflächen. Diese 10 Kalorien werden für den Export in Form von Futtermitteln und nicht - was der Ernährungslage der Dritten Welt helfen könnte - als Nahrungsmittel hergestellt. Daß man auch aus politischem Protest heraus Vegetarier werden kann, veranschaulichten die Schülerinnen und Schüler durch das Angebot eines Rohkost- und Salatbüffets. Die Verbindung zwischen sinnlicher Erfahrung und intellektueller Durchdringung ermöglichte hier politische Bildung und politisches Bewußtsein auf einem Niveau, das allein durch Lehrbuchwissen nicht zu erzielen ist.

Reflektiertes handlungs- und erfahrungsorientiertes Lernen stellt die notwendige Ergänzung zu Adornos Forderung nach Aufklärung dar. In diesem Sinne bewirkte "Bildung des Menschen zur Menschheit" läßt die Hoffnung zu, "die Kontinuität der Kathederpädagogik"[28] zu durchbrechen.

Literatur

ADORNO, Theodor W.: Erziehung nach Auschwitz. In: Zum Bildungsbegriff der Gegenwart. Hrsg. von HEYDORN, H.J. u.a., Frankfurt/M. 1967, S. 111-123

COPEI, Friedrich: Der fruchtbare Moment im Bildungsprozeß. Heidelberg 1963[7]

ERIKSON, Erik H.: Identität und Lebenszyklus. Frankfurt/M. 1966

GAMM, Hans-Jochen: Die Kontinuität der Kathederpädagogik. In: Demokratische Erziehung, 1987, H. 2, S. 14-18

GIORDANO, Ralph: Die Zweite Schuld oder Von der Last Deutscher zu sein. Hamburg 1987

HABERMAS, Jürgen: Die Neue Unübersichtlichkeit. Frankfurt/M. 1985

ders.: Eine Art Schadensabwicklung. Apologetische Tendenzen in der deutschen Geschichtsschreibung. Kleine Politische Schriften VI, Frankfurt/M. 1987

HAGE, Klaus/BISCHOFF, Heinz/DICHANZ, Horst/EUBEL, Klaus-D./OEHLSCHLÄGER, Heinz-Jörg, SCHWITTMANN, Dieter: Das Methodenrepertoire von Lehrern. Eine Untersuchung zum Unterrichtsalltag in der Sekundarstufe I. Opladen 1985

HAUG, Wolfgang Fritz: Vom hilflosen Antifaschismus zur Gnade der späten Geburt. Hamburg 1987

INSTITUT FÜR DEMOSKOPIE ALLENSBACH: Ausmaß und Form des heutigen Antisemitismus in der Bundesrepublik. Allensbach 1988

JEISMANN, Karl-Ernst: "Identität" statt "Emanzipation"? Zum Geschichtsbewußtsein in der Bundesrepublik. In: Aus Politik und Zeitgeschichte. Beilage zur Wochenzeitung DAS PARLAMENT. Bd. 20-21/86 vom 17. Mai 1986, S. 3-16

JUNG, Carl Gustav: Zur gegenwärtigen Lage der Psychotherapie. In: ZENTRALBLATT FÜR PSYCHOTHERAPIE; Bd. 7, 1934, S. 1-16

28 Gamm 1987.

KRAPPMANN, Lothar: Soziologische Dimensionen der Identität. Strukturelle Bedingungen für die Teilnahme an Interaktionsprozessen. Stuttgart 1969

KÜHNL, Reinhard (Hrsg.): Streit ums Geschichtsbild. Die "Historiker-Debatte"; Dokumentation, Darstellung und Kritik. Köln 1987

MYERS, Norman: Tropischer Regenwald. In: "GREENPEACE", 1988, H. 2, S. 8-18

RATHENOW, Hanns-Fred/STEINBACH, Sylvia: Person-Planet-School. Neue Tendenzen der Politischen Bildung in den USA und Großbritannien. In: Englisch Amerikanische Studien, 1987, H. 3/4, S. 541-559

RATHENOW, Hanns-Fred/WEBER, Norbert H. (Hrsg.): Friedenstage an Berliner Schulen. Berlin 1984

RATHENOW, Hanns-Fred/WEBER, Norbert H.: Methodische Ansätze in der Friedenserziehung. Ein Beitrag zur Lehrerbildung. In: dies. (Hrsg.): Der Workshop - eine Methode zur Friedenserziehung in der Lehrerbildung. Berlin 1988, S. 9-33

SCHOEPS, Julius, H.: Treitschke redivivus? Ernst Nolte und die Juden. DER TAGESSPIEGEL in Deutschland. München 1986

STÜRMER, Michael: Dissonanzen des Fortschritts. Essays über Geschichte und Politik in Deutschland. München 1986

TAUSCH, Reinhard/TAUSCH, Annemarie: Erziehungspsychologie. Göttingen 1963

WEHLER, Hans-Ulrich: Entsorgung der deutschen Vergangenheit? Ein polemischer Essay zum "Historikerstreit". München 1988

WEINBRENNER, Peter: Zukunftssicherung und Zukunftsgestaltung als pädagogische Aufgabe. In: Politische Bildung, 1981, H. 3, S. 65-86

WEIZSÄCKER, Victor von: "Euthanasie" und Menschenversuche. In: Psyche, 1947, H. 1, S. 68-102

Schwieriger Umgang mit Tradition
Die jungen Deutschen und ihre Zeitgeschichte

Hans-Jochen Gamm

Wann immer eine Zeitgenossenschaft sich mit ihrer Tradition einig wußte, bestand nicht der geringste Zweifel, daß die Nachwachsenden eine lange Reihe positiv abgestimmter Ereignisse, die bejahte Überlieferung schlechthin, zu internalisieren und sich darin in überprüfbarem Sinne auszukennen hatten. Dabei wurde selbstverständlich vorausgesetzt, daß die jeweils nächste Generation die Leistungen der Väter - pietätvoll getönt auch die der Mütter - würdigte und sich freimütig und stolz zur notwendigen Fortführung von deren Werk bekannte.

Auch das Deutsche Reich hatte einst an der wohltuenden Normalität der Völkerfamilie teil, in der sich mehr oder weniger eng Verwandte wechselseitig dulden, wobei jeder zumeist von der eigenen Vortrefflichkeit und von einer gewissen Schäbigkeit der anderen überzeugt bleibt. Lediglich kritische Intelligenz läßt sich in die Konformität des eigenen Verbandes nicht zwingen, legt vielmehr dar, wie die vermeintlichen Flecken im Erscheinungsbild der anderen mit mindestens ebenso üblen Traditionsbestandteilen der eigenen Seite zu verbinden sind. Sie legt mithin bloß, welche geheimen Verdrängungen allenthalben wirken und macht sich damit im eigenen Verband unbeliebt oder zweideutig. Die im Nationalsozialismus als "zersetzende Kräfte" denunzierten unabhängigen Intellektuellen stehen immer noch im Widerschein dieses Verrufs. Die Deutschen finden sich aber, seit sie einen Hitler zu ihrem Führer machten und ihm zwölf Jahre lang folgten, entblößt vom schützenden Mantel der Selbstverständlichkeit. Sobald sie sich darin verhüllen möchten, werden dessen Risse erst recht kenntlich. Davon zeugen manche peinlichen Vorgänge, die den Zeitgenossen von den politischen Funktionären nicht erspart blieben und die zeigten, wie wenig gefestigt ein neuer kritischer Umgang mit eigener Geschichte bisher ist. Freilich konnte er auch nicht zustandekommen, da die harte und herausfordernde intersubjektive Verständigung nicht eingeübt wurde; geschichtliche Bildung und politische Kultur sind Kümmerformen geblieben. So ist zunächst angezeigt, die Unverträglichkeit des Nationalsozialismus mit jeder Form oder Analogie von "Schadensabwicklung" aufzuweisen, wie Habermas sie in der Historikerdebatte über die deutsche Vergangenheit umschrieben hat. Unverkennbare Signale einer politischen Tendenzwende seit Ende der siebziger Jahre haben nämlich zu Versuchen geführt, unerwünschte Belastungen durch die Verbrechen der Nationalsozialisten gleichsam auf eine "Normal Null"-Stellung zurückzudrängen, um sich im moralischen Bewußtsein der eigenen Zeit nicht mehr von Schattengestalten bedrängt, von realen Zeitgenossen dafür aber unentwegt erpreßt zu sehen. Ein Kommunalpolitiker hat bekanntlich in diesem Sinne formuliert, wenn die Juden Geld in den Kassen klimpern hörten, fänden sie sich als geborene Nutznießer geschwind ein. Jener Politiker hat das Unbehagen der geschichtslosen Mehrheit auf den Begriff gebracht; viel verdeckte Sympathie war ihm gewiß, die aus schierem Opportunismus freilich unausgesprochen blieb.

Was hält den Nationalsozialismus aus den üblichen Verjährungen heraus? Er ist gekennzeichnet durch die grundsätzliche Leugnung der humanen Überlieferung. Was seit der europäischen Antike als der uns verpflichtenden Tradition das Bild des Menschen aufscheinen ließ - hellenisches, jüdisches, christliches Erbe - ist verraten worden. Die Idee der Humanitas wurde außer Kraft gesetzt, und es wird generationenlanger Anstrengungen bedürfen, ihr erneut Kraft zu verleihen. Der Glaube an die Güte des Menschen, sein sittliches Entfaltungsvermögen hat nachhaltig gelitten, Glaube aber ist nicht schlicht wiederherzustellen, er zehrt aus bestandener Geschichte, die erst neu zu gliedern und anzueignen ist. Hatte uns Adorno bereits die primäre Aufgabe einer Erziehung nach Auschwitz zugewiesen, der alle pädagogischen Kräfte dienstbar zu machen sind, so kompliziert sich die Aufgabe mehrere Jahrzehnte später um so mehr, als die spezifischen Fehlleistungen deutscher Nachkriegserziehung, das Schweigen der betroffenen Generation, zu einem bösen Vermächtnis aufgelaufen sind. Wo immer nämlich die Wahrheit zwischen den Generationen nicht zur Sprache kommt, wird Wahrheit auch nicht gelernt. Wo nämlich sollte sie im Vorgang der Individuation anders erfahren werden als in der Familie, im Kommunikationsprozeß zwischen Eltern und Kindern? "Die Wahrheit wird euch freimachen" (Joh. 8,32) heißt es in der Bibel, und wie immer man zu religiösen Dokumenten persönlich stehen mag, so ist in ihnen zweifellos unabhängig vom metaphysischen Anspruch auch zwischenmenschliche Erkenntnis und Weisheit von Jahrhunderten aufbewahrt. Darauf wird noch einmal zurückzukommen sein. Vorerst gilt die Verständigung lediglich der These, daß die deutsche Jugend nach 1945 nicht in gebührendem Maße von der älteren Generation auf den unerbittlichen Ernst des geschichtlichen Erbes verwiesen und also in einem gefährlichen Grad von Unwissenheit belassen wurde. Mithin ist die pädagogische Situation heute komplizierter als etwa im ersten Nachkriegsjahrzehnt. Das Versäumnis einer grundlegenden Erziehung nach Auschwitz wird potenziert durch jahrzehntelange weitere Verschleppung praktisch-pädagogischer Maßnahmen. Die deutschen Nachwachsenden sind ähnlich wie ihre Vorfahren eine betrogene Generation. Der Blick in die Herkunft wurde ihnen weithin verstellt; soll aber Zukunft gestaltet werden, ist Vergangenheit in jeweiliger Gegenwart aufzuarbeiten. Die Unterbrechung objektiver Zusammenhänge gefährdet stets auch die Kontinuität im subjektiven Bereich.

Die junge Generation in Deutschland hat, abgesehen von wenigen Notjahren unmittelbar nach dem Ende des Zweiten Weltkriegs, im ganzen den ungemeinen Aufschwung der deutschen Industrieproduktion miterlebt. Im Zuge des "Wirtschaftswunders" konnte mehr konsumiert werden als je zuvor. Mit der optimistischen Formel vom stetigen weiteren Wachstum wurden zugleich alle verfügbaren Energien einem Ziel untertan, den privaten Wohlstand zu steigern, Waren immer rascher auszuwechseln, den Weg in eine "Wegwerfgesellschaft" unbekümmert einzuschlagen. Innerhalb eines solchen Wirtschaftsdynamismus waren die Jugendlichen gleichsam bestochen, sich jeweils die neuesten Artikel zu wünschen, die der Markt bot: anspruchsvolle technische Spielzeuge, Sport- und Freizeitartikel, Fahrräder, Mopeds, Motorräder, Autos. Es wurde für sie selbstverständlich, von günstigen Reiseangeboten ins Ausland unbeschwert Gebrauch zu machen und sich vor allem stets sättigen zu können. Hunger, der zumindest für die Arbeiter und nicht selten auch für die kleinbürgerlichen Schichten früherer Epochen zur ständigen Begleitung des Lebens gehört hatte, blieb dieser Generation unbekannt. Kartoffeln und Brot als Grundnahrungsmittel waren stets vorhanden. Erfahrungen des unablässigen Kampfes mit der Natur zur Sicherung notwendiger Nahrung blieben aus, alles schien im Überfluß käuflich. Diese Generation konnte sich mit ihren Vorgängern nicht auseinandersetzen. Als reichlich beschenkte Nachkömmlinge wurden sie trotz scheinbarer emotionaler Nähe objektiv auf Abstand gehalten. Das Unmaß an Süßigkeiten, dessen Folgen die Schulzahnärzte bei Reihenuntersuchungen feststellten, bot auch einen Hinweis auf verworrene intergenerative Beziehungen.

Die Überfütterung der Nachwachsenden hängt aber wiederum mit der kaum aufgearbeiteten Notzeit der letzten Kriegsjahre, Flucht, Vertreibung und Kriegsgefangenschaft der älteren Generation zusammen. Daß Kinder es einmal "besser haben" sollten als man selbst, ist prinzipiell erst in der Dynamik der bürgerlichen Produktionsweise in den Horizont getreten. Agrarische Gesellschaften und die feudale Sippe mußten unter den Kindern teilen, d.h. das Erbe beschränkter hinterlassen, als es zur Zeit der Erblasserschaft war, denn Grund und Boden läßt sich bekanntlich nur bedingt teilen, wenn er als Nahrungsgrundlage weiteren Familien dienen soll. Erst die Entfesselung der Produktivkräfte konnte die Utopie fördern, die Ressourcen seien unbeschränkt erweiterungsfähig und zur Elternmoral zähle es, den Kindern alle künftige Bequemlichkeit vorzubereiten. Dagegen hätte es zur Moral der im Nationalsozialismus mißbrauchten Generation gerechnet, die in der eigenen Existenz erfahrene Not auf ihre Ursachen zurückzuführen, Konsequenzen zu ziehen und dem eigenen Nachwuchs zu verdolmetschen, wie bedachtsam man mit Nahrungsmitteln umzugehen habe, daß man sie auf keinen Fall verderben lassen dürfe. Die zertretenen Brote auf deutschen Schulhöfen signalisieren jedoch, daß in Hinsicht auf Verantwortung kaum etwas gelernt wurde. Freilich sind die Impulse der Lebensmittelindustrie nicht zu vergessen, deren Konjunktur die üppige "Freßwelle" der fünfziger Jahre in Gang brachte.

Bei den Elementarbedürfnissen und Verbrauchergewohnheiten hob also an, was sich außerhalb des materiellen Bereichs als Diskontinuum fortsetzte und das Bewußtsein durchwirkte. Freilich sollte nicht übersehen werden, daß in den langen

Ketten der Vorfahren, die durch den Nationalsozialismus verstörte Generation eine psychische Leistung zu erbringen hatte, die sich konträr zu den üblichen Traditionsvorgängen anließ. In der Geschichte bisheriger Kriege, wenn die europäische Überlieferung so gefaßt werden soll, konnte die ältere Generation ihrer nachwachsenden stets von Heldentaten berichten und den Ruhm für sich in Anspruch nehmen, Feinden standgehalten, das Vaterland und seine Ehre tapfer verteidigt zu haben. Selbst noch am Ende des Ersten Weltkrieges wurde der geschlagenen deutschen Armee versichert, sie sei "im Felde unbesiegt" geblieben und lediglich von Revolutionären in der Heimat, von verführten Arbeitern - durch Marxisten und Juden angestiftet - in die Knie gezwungen worden, als der Nachschub an Waffen, Munition und Verpflegung, durch die Streikbewegungen veranlaßt, ausblieb. Die gebührende Rache an den Verrätern war darum ein beständiges Thema rechter Gruppierungen in der Weimarer Republik.

Zu reflektieren gilt, daß die Generation des Nationalsozialismus trotz ihrer militärischen Bravour, das halbe Europa zeitweise unter deutsche Kommißstiefeln gezwungen zu haben, keinerlei Anlaß hat, stolz auf ihre Taten zu verweisen, denn militärische Leistung gilt nicht an sich, wenn Zwecke und Zusammenhänge ungenannt bleiben. Das militärische Funktionssystem des Nationalsozialismus überzog Europa sogleich mit einer Schreckensherrschaft, die mit der Ortsbezeichnung Auschwitz symbolisiert ist. Die geforderte Leistung der Kriegsteilnehmer hätte also darin bestanden, ihren eigenen Beitrag zum europäischen Holocaust auch noch in ihrer damaligen möglicherweise "rein" militärischen Funktion zu erkennen. Selbst Soldaten von Marine oder Luftwaffe haben indirekt daran mitgewirkt, daß die Vernichtungspraktiken ermöglicht, die Befreiung hinausgezögert wurde. Jene erforderte moralische Rückbesinnung ist nur von wenigen Eltern erbracht worden. In ihrer erdrückenden Mehrheit ist Verbitterung und Schweigen an die Stelle von Aufklärung getreten. Im ganzen ist die deutsche Nachkriegsgeneration ohne sittlichen Beistand geblieben, der über den bürgerlichen Verhaltenskomment hinausreichte. Darin allerdings wurden zumeist wieder die Werte gepflegt, die als zwischenmenschliche Regulation bis an die Schwelle des Nationalsozialismus gegolten hatten, ehe die mörderischen Abgrenzungen gegen bestimmte Bevölkerungsteile zur Regulative eines nationalen Sozialismus erhoben wurden.

Moralische Impulse über die bürgerlichen Verkehrsformen hinaus waren denen zu danken, die durch ihren militärischen Sieg den Deutschen zur Befreiung vom Nationalsozialismus verhalfen. Die drei westlichen Alliierten hatten unter Führung der USA bereits vor der Kapitulation Pläne ausgearbeitet, wie die Deutschen nach ihren unsäglichen Verirrungen in die Reihe der gesitteten Völker zurückzuführen seien. Ansätze, Verlauf und Konsequenzen der sogenannten Re-education sind für die westlichen Besatzungszonen dokumentiert und erforscht. Den Initiatoren war daran gelegen, die zutage getretenen Übel an der Wurzel zu bekämpfen: Militaristisches, rassistisches und nationalistisches Gedankengut sollten durch einen gründlich veränderten Erziehungsprozeß getilgt, Achtung vor dem eigenen Volk wie vor fremden Nationen gefördert werden. An die großen humanistischen Traditionen der deutschen Geschichte sei anzuknüpfen.

Re-education und Entnazifizierung als gleichzeitig geübte Praktiken bei unterschiedenen Generationshorizonten vertrugen sich indessen schlecht miteinander. Während die Väter nach dem Grad ihrer Mittäterschaft am politischen System von den "Spruchkammern" mit abgestuften Sanktionen belegt wurden, sollten die Kinder den Geist der Völkerverständigung kennenlernen. Immerhin hatten die Väter gemeint, Europa vor dem Bolschewismus bewahren zu müssen. Diese und manche anderen Kontroversen stießen während einer bestimmten Zeitspanne aufeinander, stifteten Verwirrungen bei vielen Betroffenen, die den Weg zur rücksichtslosen Analyse der verbrecherischen Umstände, an denen sie mitgewirkt hatten, nicht einschlagen wollten oder konnten. Die intergenerative Kommunikationssperre in Hinsicht auf den politischen Bereich folgte. Eine Mauer des Schweigens wurde aufgerichtet.

Von dieser doppelseitigen "Klagemauer" aus - wenn man so sagen will - hat sich eine eigentümliche Spaltung der deutschen Nachkriegsgenerationen vollzogen, die sich zwischen Geschichte und Zukunft gestellt fanden. In diesem Sinne wurde in der Studentenbewegung der sechziger Jahre ein Höhepunkt an Selbstbefreiung aus unaufgeklärten Überlieferungen erreicht. Jene Studentengeneration hat eine bewundernswerte Leistung verbracht, die einschränkenden Bedingungen des deutschen Milieus gedanklich zu übersteigen, sich die Forschungsmethoden materialistischer Wissenschaft anzueignen.

Mit Hilfe ökonomischer Kategorien begann man damals, Traditionen neu zu vermessen und entdeckte die wohlgehüteten Geheimnisse der Herrschaft. Sie wurden alsbald publikationsfähig und erregten Aufsehen. Vorgeschossenes Vertrauen der Bürger in die Lauterkeit des politischen Systems, in die Integrität der staatlichen Mandatsträger verringerte sich. Kräftige Impulse von Distanz bis Mißtrauen gegenüber dem Apparat wirkten sich aus. Von der gerichtlichen Praxis über die Familiengesetzgebung bis zum Sexualstrafrecht wurden Reformen eingeleitet. Das Bildungssystem erhielt bedeutende neue Akzente. Die Gruppenuniversität trat an die Stelle der Ordinarienregierung im Wissenschaftsbetrieb. Eine außerparlamentarische Opposition sorgte dafür, daß die im Deutschen Bundestag herrschende Einmütigkeit der etablierten Parteien fortan weniger sicher war. Bald wurden auch die Konturen einer ökologischen Gruppierung kenntlich, die politische Alternative formierte sich, die "Grünen" wuchsen zur beachtlichen Partei, Frauenemanzipation und Friedensbewegung gestalteten die politische Szene in beträchtlichem Maße mit. Alle diese Leistungen des kritischen Bewußtseins sind ohne jene 68er Generation, wie man sie genannt hat, nicht denkbar.

Was sich auf der anderen Seite der "Klagemauer" formiert, ist nicht weniger durch die Elterngeneration veranlaßt, und ein gewisser Charakterzug von Protest eignet auch ihm. Nachdem die Hauptakteure des Regimes - Hitler, Goebbels, Himmler und Göring - durch Selbstmord verschwanden, eine Anzahl anderer am Ende der Nürnberger Kriegsverbrecherprozesse hingerichtet war, entstand aus dem nachfolgenden Vakuum eine Aura erneuerter Führergläubigkeit, weil die Attitüden in ihrer verbrecherischen Schäbigkeit nicht wirklich aufgedeckt wurden. Dubiose Memoirenliteratur wucherte, die deutsche "Soldatenzeitung", später "Nationalzeitung", verwarf ungeniert zeitgeschichtliche Forschungsresultate. Die in Millionenauflage verbreiteten Landser-Hefte beschworen das Kameradschaftserlebnis, rühmten die heroischen Taten gegen vielfache feindliche Übermacht, Befehl und Gehorsam, Opfermut und Waghalsigkeit dienten darin als Eckwerte, um ein vermeintlich unvergängliches, wiewohl noch unbesungenes Epos auszugestalten. So hat ein profitabler und durch die "Bundesprüfstelle für jugendgefährdende Schriften" zunächst wenig sondierter politischer Markt legendäre deutsche Soldatentugenden wieder aufschimmern lassen, unkorrigiert von denen, die das Morden überstanden und gegen die neue kultische Einfassung des ihnen angetanen Mißbrauchs sich hätten geschlossen verwahren müssen. Schweigen jedoch herrschte, sieht man auf die Generation als ganze.

Wurden die Deutschen von ihren einstigen Kriegsgegnern gleichsam in die Demokratie vorangestoßen, so entfaltete dieses komplizierte Gefüge von Rechten und Pflichten, parlamentarischer Repräsentanz und legislativen Hürden eher Unbehagen bei denen, die gemäß sozialpsychologischer Forschung unter das Autoritätssyndrom zu rechnen sind und deren Vorgruppierung bereits in der Weimarer Republik mit demokratischen Spielregeln nichts zu beginnen wußte. Gegenüber den aufreibenden, aber unergiebigen Debatten, dem offensichtlichen Interessenklüngel, der notwendige Veränderungen blockierte, wurde die starke Persönlichkeit ersehnt, letztlich wieder der charismatische Führer, der auf das vermeintlich Wesentliche zu dringen wußte. Daß Führertum aus solchen obskuren Quellen aber zur Lüge und Vergewaltigung führt, konnten nur diejenigen aus eigener Erfahrung glaubwürdig bezeugen, denen die entsprechende geschichtliche Lektion zuteil geworden war.

Unausgeräumt blieb, was die Initiatoren der Umerziehung hatten vordringlich beseitigen wollen: Militarismus, Rassismus, Nationalismus. Indessen wurden dergleichen Doktrinen fortan nicht durch das öffentliche Bildungssystem vermittelt, wenn auch einzelne bornierte Lehrer sich dessen schuldig machten. Nicht der offene Nationalsozialismus also hat in unserer Republik je sprechen dürfen, das ist zur Ehre des Staatswesen festzuhalten. Aber das Zwielicht einer Vergangenheit, in der doch nicht alles mit einem Makel belegt werden dürfe, in der zweifellos auch imposante Leistungen aufzuweisen blieben, förderte die rechtsradikalen Kräfte. Sie fühlten sich gleichsam in die Rolle der Ehrenretter versetzt, da sozusagen eine Verschwörung gegen Deutschland vorliege, die es zu bekämpfen gelte. Auch dies ist eine Folge des Schweigens, daß die Söhne ihre Väter und deren Taten rechtfertigen, geschehene Beleidigungen zu rächen vorgeben.

Das rechtsradikale Milieu gibt sich ebenso unfähig wie unwillig, anspruchsvollere Gedankengänge nachzuvollziehen, sich überhaupt auf Abstraktionen einzulassen. Der Antiintellektualismus in der deutschen politischen Geschichte ist bekannt. Von den vermeintlichen "zersetzenden Kräften" war bereits die Rede. Die Judenfeindschaft unseligen Andenkens als Element des Rechtsradikalismus fügt sich in die Wiederkehr des Gestrigen - bis hin zu der absurden These, das "Weltjudentum" habe den Zweiten Weltkrieg planmäßig vorbereitet. Unbezweifelbar sind manche verdienstlichen Initiativen im öffentlichen Bildungswesen von Gewerkschaften, Kirchen, Parteien und Verbänden ausgegangen, das antisemitische Stereotyp zu überwinden, Vorurteile durch sachliche Informationen zu korrigieren. Im Vakuum entschwundener Führerschaft ließ sich aber erst recht der heimtückische Drahtzieher unterbringen; als die jüdische Figur wurde sie erneut kenntlich. Da die jüdische Minorität in Deutschland heute jedoch mit einer gewissen Sensibilität umgeben ist, verlagert sich der Haß auf die türkischen Arbeiter in Bundesrepublik Deutschland, die kaum Ansehen genießen. Wie sie am Arbeitsplatz behandelt werden, hat uns die Reportage Wallraffs bekannt gemacht. Aus Gerichtsverhandlungen wissen wir zudem, daß rechtsradikale Jugendliche hier und dort bereits zu Mordpraktiken geschritten sind. Die in Deutschland besonders ausgeprägte Fremdenfurcht - Xenophobie - spielt in diese Verbrechen hinein.

Das dritte Element des Rechtsradikalismus ist damit berührt, die Neigung sich zu bewaffnen, militärische Rituale zu übernehmen, Kommandostrukturen aufzubauen, gewaltförmige Verkehrsformen zu schaffen. Zu erinnern ist dabei an die Femeideologie verschiedener nationaler Bünde in der jungen Weimarer Republik, deren Mitglieder zur späteren Kaderbildung des Faschismus nicht wenig beigetragen haben. Unter der Drohung, daß Verräter auf jeden Fall ihr Leben verwirkt hätten, ließ sich ein düsteres Ritual beschwören, das angesichts der oft zitierten Schicksalsgläubigkeit in Deutschland resonanzfähig blieb. Auch dafür haben die Väter den Nachwachsenden die Lektion vorenthalten, daß Waffen die gefährlichste Gewaltsteigerung und aktuelle Verführung des jeweiligen Trägers hervorrufen. Niemals zuvor wurden in Deutschland so viele Waffen produziert und getragen wie im Nationalsozialismus. Bereits der zehnjährige "Pimpf" der Hitler-Jugend trug den Dolch mit der Gravur "Blut und Ehre". Nachdem die Wehrmacht zerschlagen war, galt es eine geschichtliche Bilanz aufzumachen. Sie hätte lauten müssen: Waffen lösen keine Probleme. Sie funktionieren allein im Schema von Sieg oder Niederlage; beide Konsequenzen sind freier Menschen unwürdig.

Die mit der Waffe verbundene primitive Omnipotenz füllt einen Teil des rechtsradikalen Spektrums in der Bundesrepublik. Das Faszinierende der Schußwaffen besteht ja darin, über kleinere und größere Distanzen verletzen oder töten zu können und dabei möglicherweise unsichtbar und unerkannt zu bleiben. Diese Umstände entrücken leicht in die Rolle von Göttern, die Leben auslöschten, wie es ihnen gefiel, deren Willkür niemand einzudämmen vermochte. Da nun aber gerade die Väter-Generation die Grausamkeit des Waffenhandwerks jahrelang erfahren und erlitten hat, ist es wesentlich ihrem Versagen zuzuschreiben, daß Deutschland nicht exemplarisch sämtliche Waffen ächtete, den Weg zur gänzlichen Beseitigung militärischer Potentiale einschlug, den Nachwachsenden gleichsam von Kindesbeinen an Abscheu vor Instrumenten vermittelte, mit denen Menschen einander umbringen und quälen. Ehrfurcht vor dem Leben ist nicht aufgebaut worden, weil die Reue über die Verfehlungen am Leben durch die Nationalsozialisten keinen Ausdruck fand, die Trauer der Eltern sich ihren Kindern nicht mitteilte.

Der Erklärungsansatz über das verderbliche Schweigen der belasteten Elterngeneration gegenüber ihren Kindern ist durch eine Untersuchung überraschend bestätigt worden. Peter Sichrovsky hat Kinder und Enkel führender Nationalsozialisten auf ihre Daseinsinterpretation hin befragt; er stellte fest, daß die Selbstzurücknahme ihrer belasteten Vorfahren sich für die um Identität ringenden jungen Menschen zerstörerisch anließ. Keiner der Befragten ist mit der Tatsache fertiggeworden, daß einer seiner Vorfahren als Kriegsverbrecher oder Mörder zu kennzeichnen war. Nicht das Maß der Schuld war es, das die Kinder jener oberen Funktionäre um ihre Identität brachte, sondern die Verweigerung personaler Repräsentanz, die Verflüchtigung der Vorfahren zu Schatten. So boten sie die Veranlassung, daß ihre Nachkommen das Leben verfehlten. Leben muß offenbar nicht nur biologisch weitergegeben werden, es kommt auch darauf an, daß sich Eltern personal darstellen, um den menschlichen Erweckungsvorgang bei ihren Kindern voranzubringen und nicht nur einen moralischen Torso in die Gesellschaft zu tragen.

Auf die Bibel war bereits Bezug genommen worden, um die Kraft der Wahrheit zu kennzeichnen. In diesem Zusammenhang darf es noch einmal geschehen. Im 2. Buch Mose (20,5) findet sich der Satz, der Väter Missetat solle an den Kindern bis ins dritte und vierte Glied heimgesucht werden. Deutsche zeitgeschichtliche Erfahrung eröffnet dazu eine bedrückende Folie, die gleichwohl nicht als vermessene Analogie und nicht als nachträgliches Aufgebot religiöser Betrachtung (im Sinne von "die Bibel hat doch recht") zu mißdeuten ist.

Wird über die junge Generation nachgedacht, so ist eine sozialkritische Erläuterung unerläßlich, denn nur mit ihrer Hilfe lassen sich größere Zusammenhänge herstellen. Was über den historischen Typos Jugend beiderseits der "Klagemauer" ausgeführt wurde, darf nicht ohne den Hintergrund interpretiert werden, daß die Generationen seit Beginn der siebziger Jahre nicht mehr vom konjunkturellen Auftrieb begünstigt werden, sondern sich von der stillen Demontage der gesellschaftlichen Verheißung bedrängt sehen. Hatte die Wirtschaft bis dahin die Nachwachsenden umworben und ihnen vielfältige Aufstiegschancen eröffnet, so wurde die Auslese alsbald härter, der Konkurrenzkampf bereits in die Bildungseinrichtungen vorverlegt; das Lernen gegeneinander begann, der Kampf um Notendurchschnitte charakterisierte bereits Schullaufbahnen. Eine neue Einteilung der Jugendlichen nach solchen äußeren Kriterien hat begonnen. Auf der einen Seite stehen diejenigen, denen ein erfolgverheißender Ausbildungsplatz nicht zuteil wurde, auf der anderen jene, die einträgliche Beschäftigungen gefunden haben und sich entsprechend das Konsumangebot voll erschließen können. Für diese Gruppe läßt sich an der Modewerbung aufweisen, wie man wohlgekleidet und schick auftritt, die elegante Note in jeder Hinsicht wiederkehrt. Die kapitalistische Entwicklung mit ihren Langzeitkrisen und die Tatsache, daß Investitionen zur Rationalisierung der Produktion dienen und nicht etwa neue Arbeitsplätze schaffen, werden längerfristig die Gesellschaft in zwei Gruppen spalten. Ein Drittel Arbeitslose steht dann vermutlich zwei Dritteln Beschäftigten gegenüber, denen es relativ gutgeht, während das unbeanspruchte Drittel die klassische industrielle Reservearmee stellt. Dieses neue Glücksroulette, das die Stelle vernünftiger Wirtschaftsplanung einnimmt, wirkt auf die Lebenserwartungen der Jugendlichen ohne Arbeit deprimierend, denn ihre Form sozialer Verwirklichung bleibt unbestimmt.

Nun besagen allerdings neue empirische Untersuchungen, die den Wertwandel der Jugend zum Gegenstand haben, daß die in den fünfziger Jahren noch vorherrschende autoritär-konservative Gesinnung in den achtziger Jahren einem kritischen Bewußtsein gewichen ist und etwa die Notwendigkeit der Gewerkschaften und des Streikrechts mehrheitlich außer Frage stehen. Elemente demokratischer Wertorientierung lassen sich wahrnehmen. Andererseits wird aber die "Wende-Jugend" mediengerecht in Szene gesetzt und entfaltet ihre Attraktivität, so daß von den "neuen Unberechenbaren" gesprochen wurde. Da die beruflichen Ausbildungen oft bis ans Ende des dritten Lebensjahrzehnts reichen, ist eine verlängerte Phase der Unentschiedenheit vorgegeben, in welcher die soziale Selbstrepräsentanz nicht voll wahrgenommen wird, wirtschaftliche Eigenständigkeit noch unerreicht ist. Dieser Zustand der sozialen Offenheit muß grundsätzlich reflektiert werden.

Die Wiederberufung konservativer Werte, die erklärte Absicht, von kritischen Bestandsaufnahmen deutscher Geschichte freizukommen und endlich wieder stolz der Vergangenheit zu gedenken, zeichnet sich als Versuchung ab. Damit würde auch der Nationalsozialismus gleichsam als historisch erledigt betrachtet.

Versöhnung mit der eigenen Geschichte ist nur über die Bildung zu vollziehen, indem der einzelne im Zusammenhang seiner Familiengeschichte erkennt, daß die unbedacht in Anspruch genommene "Gnade der späten Geburt" eher als eine "Ungnade" zu kennzeichnen wäre (Adolf Muschg), denn dem einzelnen fällt, je länger desto mehr, die gesamte Last seiner Tradition anheim. Durch Bildung gelangen diese Vorgaben in die Einheit des Bewußtseins. Bei hinreichender Anstrengung kann das Individuum erkennen, daß es als integrierender Bestandteil seiner Gesellschaft Veränderungen zu vollziehen vermag, die auch seiner Gesellschaft dienlich sind. Diese Einsicht ist indessen ungemein schwer aufrechtzuerhalten, da der einzelne nicht bemerkt, ob und wie er tatsächlich seinen Verband positiv verändert, sich aber die Wahrnehmung vielfacher gegenläufiger Tendenzen aufdrängt. Wenn jedoch die Kräfte geformter Identität wachsen, sich der unbeschönigten deutschen Geschichte zu stellen, dann wird Erziehung nach Auschwitz im Sinne Adornos fortgesetzt. Sie schließt die Chance ein, daß unsere Nation im Zuge weiterer Bemühungen mit der Vergangenheit sensibler als andere Völker umzugehen lernt, die sich gelegentlich noch in pharisäerhafter Unbetroffenheit wähnen.

Unter dieser Perspektive steht nicht nur die junge Generation vor ihrer Geschichte, sondern jeder nationale Verband hat Probleme mit den eingangs erwähnten Traditionsbestandteilen, die sich unterschiedlich fügsam für das jeweils geltende Selbstbild darbieten. Der kollektive Bildungsprozeß entscheidet, ob die kritischen Kräfte der Gruppe als autorisiert gelten dürfen, unterschwellige Tendenzen zum Verschweigen oder zum Verändern von historischen Fakten und Zusammenhängen unerbittlich bloßzulegen und ob sie dafür von der Mehrheit mitgetragen werden.

Literatur

ADORNO, Theodor W.: Erziehung zur Mündigkeit. Frankfurt/M. 1977.

BRUDER-BEZZEL, Almut/BRUDER, Kluas-Jürgen: Jugend. Psychologie einer Kultur. München 1984.

BUNGENSTAB, Karl-Ernst: Umerziehung zur Demokratie? Re-education-Politik im Bildungswesen der US-Zone 1945-1949. Düsseldorf 1970.

DÖRRE, Klaus: Die neuen Unberechenbaren. In: Demokratische Erziehung, 1987, H. 1, S. 5-10.

DUDEK, Peter: "Verschlossen bis zur Verbissenheit": Jugend nach '45. In: päd. extra, 1986, H. 1, S. 24-29.

GIESECKE, Hermann: Veränderungen im Verhältnis der Generationen. In: Neue Sammlung, 1983, H. 1, S.450-463.

HABERMAS, Jürgen: Eine Art Schadensabwicklung. Die apologetischen Tendenzen in der deutschen Zeitgeschichtsschreibung. Die Zeit, Nr. 29/1986, S. 40.

HAFENEGER, Benno/LOCHMANN, Walter: Rechtsextreme Jugend. Zu einigen aktuellen Entwicklungen. In: Vorgänge, 1986, Nr. 84, S. 7-11.

HEINEMANN, Manfred (Hrsg.): Umerziehung und Wiederaufbau. Die Bildungspolitik der Besatzungsmächte in Deutschland und Österreich. Stuttgart 1981.

MUSCHG, Adolf: Die Ungnade der späten Geburt. Überlegungen zu Peter Sichrovskys Gesprächen mit Kindern aus Nazi-Familien. In: Frankfurter Rundschau vom 21.Februar 1987.

PAKSCHIES, Günter: Umerziehung in der britischen Zone 1945-1949. Untersuchungen zur britischen Re-education-Politik. Weinheim/Basel 1979.

RUGE-SCHATZ, Angelika: Umerziehung und Schulpolitik in der französischen Besatzungszone 1945-1949. Frankfurt/M. 1977.

SCHLANDER, Otto: Reeducation - ein politisch-pädagogisches Prinzip im Widerstreit der Gruppen. Frankfurt/M. 1975.

SICHROVSKY, Peter: Schuldig geboren. Kinder aus Nazi-Familien. Köln 1987.

WALLRAFF, Günter: Ganz unten. Köln 1985.

II. Geschichtsbewußtsein - eine gesellschaftliche Aufgabe

Auschwitz 1940 bis 1945 - eine Landschaft des Terrors[1]

Jochen August

Die polnische Stadt Oświecim - deutsch: Auschwitz - liegt etwa 60 km westlich von Krakau und 30 km südöstlich von Katowice (Kattowitz) in dem Teil Oberschlesiens, den das Deutsche Reich im Oktober 1939 annektierte. Der Plan, hier zur Bekämpfung der polnischen Widerstandsbewegung ein Konzentrationslager zu errichten, entstand noch 1939 im Amt des höheren SS- und Polizeiführers Breslau. Nach vorbereitenden Sondierungen ordnete daraufhin der Reichsführer SS und Chef der deutschen Polizei, Heinrich Himmler, am 27. April 1940 an, in früheren Kasernengebäuden bei Oświecim ein Konzentrationslager für zunächst 10 000 Häftlinge zu errichten. Mit Häftlingen aus dem Konzentrationslager Sachsenhausen und 300 jüdischen Zwangsarbeitern aus der Stadt Oświecim begann der am 4. Mai 1940 zum Kommandanten ernannte SS-Führer Rudolf Höß, bis dahin Schutzhaftlagerführer in Sachsenhausen, den Aufbau des Lagers. Der erste Transport polnischer Häftlinge traf am 14. Juni 1940 ein. Die Vernichtung der polnischen Führungsschicht und der Aufbau des Lagers durch die Häftlinge selbst bestimmten in dieser ersten Phase die Bedingungen im Konzentrationslager Auschwitz, in das bis Herbst 1941 fast ausschließlich Häftlinge aus Polen eingeliefert wurden. Ende Januar 1942 waren von den bis zu diesem Zeitpunkt eingelieferten über 36 000 Häftlingen, darunter nahezu 10 000 sowjetische Kriegsgefangene, bereits mehr als 22 000 nicht mehr am Leben.

---

1 Dieser Abriß beruht, soweit nicht anders angegeben, auf den Forschungen der Gedenkstätte Auschwitz. Vgl. mit weiteren Hinweisen: Auschwitz. Geschichte und Wirklichkeit des Vernichtungslagers, Reinbek bei Hamburg 1980, sowie die in der Auswahlbibliographie dieser Publikation genannten Veröffentlichungen.

KZ Auschwitz II/Birkenau

- **A** Hauptwache mit Turm
- **BI** erster Lagerbauabschnitt
- **BII** zweiter Lagerbauabschnitt
- **BIII** dritter Lagerabschnitt im Bau (Mexiko)
- **BIa** Frauenlager
- **BIb** anfangs Männerlager, ab 1943 Frauenlager
- **BIIa** Quarantäne
- **BIIb** Familienlager für Juden aus Theresienstadt (Terezin)
- **BIIc** Lager für ungarische Juden
- **BIId** Männerlager
- **BIIe** Zigeunerlager
- **BIIf** Häftlingskrankenbau
- **C** Kommandantur und SS-Baracken
- **D** Effektenlager für geraubte Effekten der Ermordeten (Kanada)
- **E** Rampe, Ausladungsort für Transporte, an dem Selektionen durchgeführt wurden
- **F** Saunen
- **G** Scheiterhaufen, auf denen Leichen verbrannt wurden
- **H** Massengräber sowjetischer Kriegsgefangener
- **I** erste provisorische Gaskammer
- **J** zweite provisorische Gaskammer
- **KII** Gaskammer und Krematorium II
- **KIII** Gaskammer und Krematorium III
- **KIV** Gaskammer und Krematorium IV
- **KV** Gaskammer und Krematorium V
- **L** Latrinen und Waschräume

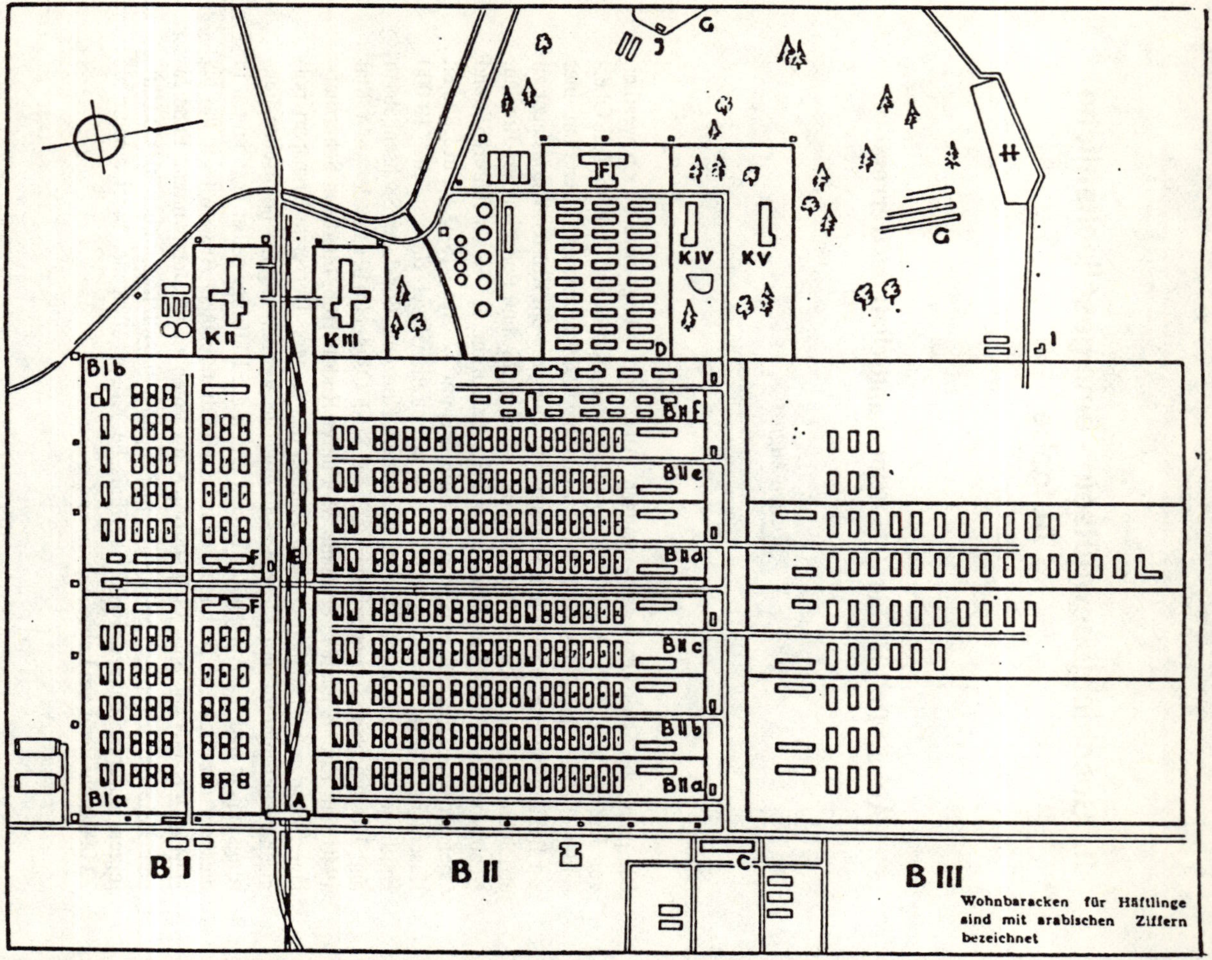

Die in der Umgebung des Lagers wohnende Bevölkerung mußte ihre Häuser verlassen. Das Gelände wurde beschlagnahmt und als "Interessengebiet" des Konzentrationslagers Auschwitz zum Sperrgebiet erklärt.

Die SS- und Polizeiführung hatte bereits Ende 1940 beabsichtigt, das Konzentrationslager Auschwitz zu vergrößern und in seinen Funktionen zu erweitern. Eigene wirtschaftliche Planungen Himmlers und die Absicht der I.G. Farben, in Oberschlesien eine neue Fabrik zur Herstellung künstlichen Kautschuks zu errichten, führten ab Frühjahr 1941 zum weiteren Ausbau des "Stammlagers" Auschwitz (für nunmehr 30 000 Häftlinge) und zum Aufbau des etwa 3 km entfernt liegenden Lagers Birkenau, das ursprünglich für 100 000 sowjetische Kriegsgefangene bestimmt war. Gleichzeitig begann die Abstellung von Häftlingen zum Aufbau der I.G. Farben Industriewerke.

Seit Sommer 1941 entstanden auf dem ehemaligen Kasernengelände des "Stammlagers" acht weitere einstöckige Ziegelgebäude und eine Häftlingsküche: Vierzehn vorhandene Gebäude wurden aufgestockt. Anfang Oktober 1941 trennte die SS neun Blöcke des Stammlagers ab, in die 10 000 sowjetische Kriegsgefangene eingeliefert wurden. Sie sollten das Lager Birkenau bauen. Die 925 sowjetischen Kriegsgefangenen, die am 1. März 1942 noch lebten, wurden an diesem Tag zusammen mit anderen Häftlingen in den Abschnitt B I b des Lagers Birkenau[2] verlegt. Im März 1942 mußten Häftlinge die Blöcke 1 bis 10 des Stammlagers durch eine Mauer abtrennen, und am 26. März 1942 kam der erste Transport mit 999 Häftlingen aus dem Frauen-KZ Ravensbrück in die so geschaffene "Frauenabteilung" des Lagers. Noch am gleichen Tag sowie zwei Tage später wurden zwei Transporte mit 999 bzw. 798 slowakischen Jüdinnen eingeliefert - die ersten registrierten geschlossenen Transporte von Juden, die auf Veranlassung des Judenreferats IV B 4 des Reichssicherheitshauptamts nach Auschwitz deportiert wurden. Mitte August 1942 erfolgte die Verlegung der zu diesem Zeitpunkt etwa 13 000 weiblichen Häftlinge aus dem Stammlager in den Bauabschnitt B I a von Birkenau. Bauabschnitt B I b war noch bis Juli 1943 Männerlager. In beiden Bauabschnitten mußten die Häftlinge in primitiven Ziegelbaracken, später auch in zusätzlichen Holzbaracken leben. Während des Jahres 1943 bauten Häftlinge die einzelnen Abschnitte des Lagers B II auf; als Häftlingsunterkünfte dienten dort zerlegbare Pferdestallbaracken. Abschnitt B II e war vom Februar 1943 an das "Zigeunerlager"; es bestand bis zum 2. August 1944, dem Tag, an dem die zu diesem Zeitpunkt dort noch lebenden 2 897 Sinti und Roma in den Gaskammern ermordet wurden. Im Juli 1943 waren Abschnitt B II d als neues Männerlager und Abschnitt B II f als Krankenlager für Männer fertig. Im Bauabschnitt B II g "Kanada", nach dem sagenhaften Reichtum des Landes benannt, lagerte die SS die den Ermordeten abgenommene persönliche Habe. Abschnitt B II a, das "Quarantänelager", war ab Au-

2 Die Abbildung des Lageplans vom Konzentrationslager Auschwitz II/Birkenau erfolgt mit freundlicher Genehmigung des Verlages Interpress, Warszawa.

gust 1943 mit Häftlingen belegt. Im Abschnitt B II b, dem "Theresienstädter Familienlager", lebten ab September 1943 jüdische Häftlinge - Männer, Frauen, Kinder - aus dem Getto Theresienstadt, im Abschnitt B II c ab Juni 1944 als arbeitsfähig selektierte jüdische Frauen aus Ungarn. Der dritte Bauabschnitt B III - in der Sprache der Häftlinge "Mexiko" genannt - wurde nicht mehr vollständig mit Baracken bebaut; ab Juni 1944 befanden sich dort jüdische Frauen aus Ungarn, die noch nicht selektiert waren.

Die Lebens- und Arbeitsbedingungen der Häftlinge waren von Anfang an mörderisch, und schon 1940 war Auschwitz auch Hinrichtungsort für Zivilisten, die von außerhalb in das Lager gebracht wurden. Im Verlauf des Jahres 1941 machte die SS das Lager jedoch zu einem besonderen Zentrum des Massenmordes.

Die zwischen Mai und Juli 1941 im Rahmen der Aktion "14 f 13" - ein Tarnname für die Fortsetzung der Euthanasiemorde in den Konzentrationslagern - selektierten behinderten, kranken und arbeitsunfähigen Häftlinge wurden am 28. Juli 1941 noch unter dem Vorwand, in ein Sanatorium verlegt zu werden, abtransportiert und in der "Euthanasie"-Anstalt Sonnenstein in Pirna mit Giftgas getötet. Ab August 1941 wurden kranke und arbeitsunfähige Häftlinge in Auschwitz mit Phenolinjektionen in das Herz umgebracht. Wie Höß in polnischer Haft berichtete, hat ihn Himmler im Sommer 1941 den Auftrag erteilt, in Auschwitz Vorbereitungen für die "Endlösung der Judenfrage" zu treffen. Am 3. September 1941 tötete die SS etwa 600 sowjetische Kriegsgefangene und 250 kranke Häftlinge im Keller von Block 11 des Stammlagers gewissermaßen "zur Probe" mit dem Giftgas Zyklon B, einem hochgiftigen gängigen Desinfektionsmittel, das die "Deutsche Gesellschaft für Schädlingsbekämpfung" - eine Tochterfirma der I.G. Farben und der Deutschen Gold- und Silberscheideanstalt (Degussa) - für die besonderen Zwecke der Menschenvernichtung ohne den vorgeschriebenen, zur Warnung dienenden Geruchsstoff lieferte. In den folgenden Monaten wurden weitere Transporte sowjetischer Kriegsgefangener in der Leichenhalle des beim Stammlager gelegenen Krematoriums mit Giftgas getötet.

Im Frühjahr 1942 ließ das Reichssicherheitshauptamt - RSHA - die ersten Transporte mit Juden nach Auschwitz deportieren, die nicht mehr als Häftlinge registriert, sondern sogleich nach ihrer Ankunft mit Giftgas umgebracht wurden. Die Menschen wurden anfangs in der gasdicht gemachten Leichenhalle des Krematoriums beim Stammlager, dann in provisorischen Gaskammern in Birkenau, zwei umgebauten Bauernhäusern, getötet. Ein besonderes Häftlingskommando mußte die Leichen vergraben und später in Gruben verbrennen. Im März, April und Juni 1943 wurden schließlich die vier eigens für diese Mordaktion errichteten Gebäude mit Krematorien und Gaskammern in Birkenau in Betrieb genommen. Die ankommenden RSHA-Transporte endeten ab 1942 an einer außerhalb des Lagers gelegenen Eisenbahnrampe, wo die Selektion stattfand. Nachdem ein Nebengleis von der Hauptstrecke bis in die unmittelbare Nähe der Krematorien II und III geführt worden war, fanden die Selektionen ab Mai 1944 an dieser Rampe zwischen den Bauabschnitten B I und B II des Lagers Birkenau statt. Die Menschen mußten die Waggons verlassen und sich nach Männern und Frauen getrennt - die kleinen Kinder bei den Frauen - aufstellen. Dann entschied ein SS-Mann, meist ein Arzt, ob sie sofort in den Gaskammern getötet oder als Häftlinge in das Lager eingewiesen werden sollten. Je nach dem Zustand, in dem die Menschen bei ihrer Ankunft waren, und dem Bedarf an Arbeitskräften wiesen die Selektionsärzte meist einen kleineren Teil als Häftlinge in das Lager ein - diese Menschen bekamen Häftlingsnummern - und ließen den größeren Teil, manchmal auch alle, zu den Gaskammern bringen. Dort mußten sich die Menschen ausziehen und wurden unter dem Vorwand, gebadet oder desinfiziert zu werden, in die Gaskammern geführt; regten sich unter den Menschen Mißtrauen und Widerstand, trieb die SS sie mit Gewalt in die Gaskammern. Mit Hilfe von Zyklon B wurden die Menschen in wenigen Minuten ermordet.

Ein aus jüdischen Häftlingen bestehendes Sonderkommando entfernte dann die Leichen aus der Gaskammer, durchsuchte sie nach versteckten Wertgegenständen, brach die Goldzähne aus und schnitt den Frauenleichen die Haare ab, die industriell verarbeitet wurden. Die Leichen wurden in den Krematorien oder, wenn diese überlastet waren, auf Scheiterhaufen bzw. in Verbrennungsgruben verbrannt. Das eingeschmolzene Zahngold ging, ebenso wie die aufgefundenen Wertgegenstände und Geldbeträge, an das SS-Wirtschaftsverwaltungsamt; die persönliche Habe der Ermordeten und der in das Lager eingelieferten Häftlinge wurde in das zwischen den Krematorien III und IV gelegene Effektenlager B II g - "Kanada" - gebracht, sortiert und zur weiteren Verwendung in das Reichsinnere versandt. Die Kleidung der Ermordeten wurde zum Teil an Umsiedlungslager und die Nationalsozialistische Volkswohlfahrt abgegeben und z.B. an deutsche Bombenopfer, Umsiedler und ausländische Zwangsarbeiter verteilt.

Neben den RSHA-Transporten brachten die Besatzungsbehörden auch immer wieder kleinere Gruppen von polnischen Zivilisten nach Birkenau, die nicht in den Häftlingsbestand aufgenommen und sofort in einem der Krematorien getötet wurden.

Um die Spuren der Verbrechen zu verwischen, hat die SS den größten Teil der Dokumente vernichtet, die Auskunft über die in Auschwitz ermordeten Menschen geben könnten. Von den etwa 405 000 Menschen, denen eine Häftlingsnummer zugeteilt wurde, haben 360 000 nicht überlebt. Wie viele Menschen in den Gaskammern von Auschwitz ermordet wurden, ohne erst als Häftlinge registriert zu sein, kann auf der Grundlage der erhaltenen Dokumente nur annähernd festgestellt werden. Erste Ermittlungsergebnisse 1945 und 1946, die u.a. von der Kapazität der Gaskammern und der Krematorien ausgingen, ergaben zwischen drei und vier Millionen Opfer der Massenvergasungen in Auschwitz. Neuere, noch nicht abgeschlossene Forschungen, die auf der Grundlage der feststellbaren Deportationen in die anderen Vernichtungslager zusammenstellten, wie viele Menschen in den Gettos verhungerten und bei "Gettoräumungen" umkamen, von den Einsatzgruppen 1941 und 1942 in den besetzten Gebieten der Sowjetunion umgebracht wurden und ab Dezember 1941 in Chelmno sowie 1942 und 1943 in den Tötungszentren der "Aktion Reinhard" in Treblinka, Belzec und Sobibór ermordet wurden, lassen jedoch erkennen, daß diese Zahl niedriger ist[3]. Das Gesamtbild bleibt jedoch unverändert; es zeichnet sich sogar deutlicher ab, daß Auschwitz-Birkenau, nachdem die Tötungsanlagen in Belzec, Treblinka und Sobibór 1943 abgerissen worden waren, zum Zentrum der Vernichtung wurde. 1944 deportierten die Nationalsozialisten zwischen Mai und Ende Oktober 500 000 ungarische Juden nach Auschwitz, von denen etwa 400 000 in den Gaskammern dort ermordet wurden; weitere mehr als 60 000 Juden wurden von Juni bis September 1944 aus dem Getto Litzmannstadt sowie 18 400 zwischen dem 30. September und dem 30. Oktober 1944 aus Theresienstadt nach Auschwitz gebracht und dort bis auf wenige vergast.

Mit den RSHA-Transporten, also den Transporten mit zur Vernichtung bestimmten Juden aus der Slowakei, aus dem besetzten Polen, dem Protektorat Böhmen und Mähren, aus Deutschland, den Niederlanden, Frankreich, Belgien, Jugoslawien, Griechenland und Ungarn, und mit der Bildung des "Zigeunerlagers" wurde vor allem Birkenau der Zusammensetzung seiner Häftlinge nach ein internationales Lager, in dem Juden aus den verschiedensten Ländern Europas den überwiegenden Teil der Häftlinge bildeten. Ende 1942, Anfang 1943 wurden im Rahmen der Eindeutschungspolitik aus der Region Zamość ausgesiedelte Frauen und Kinder, im Verlauf des Jahres 1943 dazu Frauen und Kinder aus Teilen Belorußlands eingeliefert.

Insgesamt bestanden in der Umgebung von Auschwitz-Birkenau mehr als 40 Nebenlager, die teils einige wenige, teils mehrere hundert oder tausend Häftlinge umfaßten. Waren die von den Nebenlagern aus eingesetzten Häftlinge nicht mehr arbeitsfähig oder war anzunehmen, daß sie erst nach längerer Zeit wieder arbeitsfähig würden, überstellte die SS sie in das Stammlager bzw. nach Birkenau. Dies bedeutete den sicheren Tod. Vor allem das Lager Birkenau war 1943 und 1944 ein Arbeitskräftereservoir für den Wirtschaftsraum Oberschlesien. Die SS nahm keine Rücksicht auf "Verschleiß". Sie konnte den oberschlesischen Betrieben auf Anfrage Arbeitskräfte zur Verfügung stellen und doch - "Vernichtung durch Arbeit" -

3 Vgl. Nationalsozialistische Vernichtungslager im Spiegel deutscher Strafprozesse. Belzec, Sobibór, Treblinka, Chelmno. Hrsg. von Adalbert Rückerl, München 1977; Ino Arndt u. Wolfgang Scheffler. Organisierter Massenmord an Juden in nationalsozialistischen Vernichtungslagern. In: Vierteljahreshefte für Zeitgeschichte 24. 1976, S. 105-135; Der Mord an den Juden im Zweiten Weltkrieg. Hrsg. von Eberhard Jäckel u. Jürgen Rohwer, Stuttgart 1985, S. 164 ff., 174 ff.

ihrem Endziel gemäß aus rassischen oder politischen Gründen Menschen umbringen.

Die beschriebene Ausweitung des Lagers hatte eine Reihe von organisatorischen Veränderungen zur Folge. Im November 1943 wurde sein Kommandant Rudolf Höß als Amtschef in die Amtsgruppe D I (Politische Abteilung) der Inspektion der Konzentrationslager nach Oranienburg versetzt; sein Nachfolger in Auschwitz war SS-Obersturmbannführer Arthur Liebehenschel, der am 22. November 1943 die Aufteilung des Lagers mit seinen zu diesem Zeitpunkt knapp 90 000 Häftlingen verfügte. Das Konzentrationslager Auschwitz I bestand jetzt aus dem sog. Stammlager, also dem ausgebauten ehemaligen Kasernengelände; zum Konzentrationslager Auschwitz II (Kommandant bis zum 8. Mai 1944 SS-Sturmbannführer Fritz Hartjenstein, bis zum 25. November 1944 SS-Hauptsturmführer Josef Kramer) gehörten alle Lager in Birkenau sowie die Nebenlager bei den landwirtschaftlichen Betrieben der SS; das Konzentrationslager Auschwitz III umfaßte die übrigen Nebenlager einschließlich des Buna-Lagers an der Baustelle der I.G. Farben in Auschwitz-Monowitz. Dem Kommandanten von Auschwitz I unterstanden als Dienstältestem auch die anderen Lager. Als Standortältester des SS-Standorts Auschwitz verfügte er gleichzeitig über alle dort stationierten SS-Einheiten. Auch die Verwaltung der Lager erfolgte weiter aus Auschwitz I. Am 25. November 1944, also wenige Monate vor der Befreiung des Lagers, reorganisierte die KZ-Verwaltung das Lager erneut: Das Stammlager und Birkenau firmierten fortan als "Konzentrationslager Auschwitz". Auschwitz III wurde in "Konzentrationslager Monowitz" umbenannt und umfaßte auch die in ganz Oberschlesien gelegenen Nebenlager bei Industriebetrieben. Vom 11. Mai 1944 bis zur Befreiung war SS-Sturmbannführer Richard Baer Kommandant des Konzentrationslagers Auschwitz.

Zur Führung des Lagers bediente sich der Kommandant des Apparats der Kommandantur und einer Reihe weiterer Einrichtungen, voran der sog. Politischen Abteilung, der Geheimen Staatspolizei im Lager: Sie führte die Akten der Häftlinge, hier fanden die Verhöre statt, wurde gefoltert, gingen die Befehle der einweisenden Gestapostelle ein, daß z.B. ein Häftling zu exekutieren sei; hier war auch das Standesamt vertreten. Die Abteilung Schutzhaftlagerführung organisierte den unmittelbaren Betrieb des Lagers, ihr Chef, der 1. Schutzhaftlagerführer, war der Stellvertreter des Lagerkommandanten. Die Abteilung Arbeitseinsatz führte die Arbeitseinsatzkartei aller Häftlinge, organisierte die Aufstellung der Arbeitskommandos und rechnete mit den Firmen ab, bei denen KZ-Häftlinge arbeiteten. Die Abteilung Verwaltung des Lagers war für Wirtschafts- und Versorgungsangelegenheiten zuständig. Dem SS-Standortarzt unterstanden sowohl die SS-Truppenärzte, als auch die SS-Lagerärzte. Schließlich gab es noch eine Abteilung Truppenbetreuung, die die SS-Truppen in Auschwitz versorgte. Der SS-Wachtruppe, die den Lagerkomplex bewachte, gehörten 1944 insgesamt 2 430 SS-Männer und SS-Führer an.

Um angesichts der verhältnismäßig kleinen Zahl von Bewachern und Lagerfunktionären die Häftlinge kontrollieren und organisieren zu können, bediente sich die SS eines hierarchisch aufgebauten Apparats aus sog. Funktionshäftlingen, über die sie ihre Befehle weitergab. Dieses System, die sog. Selbstverwaltung, war bereits in den innerdeutschen Konzentrationslagern der Vorkriegszeit entwickelt worden und setzte die Macht der SS in das Lager hinein fort. An seiner Spitze stand der Lagerälteste eines Lagers bzw. Lagerabschnitts; ihm unterstanden die Blockältesten, diesen wiederum die Stubenältesten. Der Rapportschreiber leitete die Häftlingsschreibstube und bereitete für den Rapportführer die Angaben über den Häftlingsstand vor; entsprechend gab es Blockschreiber und die Schreiber in den Krankenbau-Blöcken. Der Arbeitsdienst teilte die Häftlinge den einzelnen Arbeitskommandos zu, Kapos und Vorarbeiter waren die Funktionshäftlinge in den Arbeitskommandos.

Eine entscheidende Rolle hatten in Auschwitz-Birkenau die SS-Ärzte. Unter der Leitung des SS-Standortarztes arbeiteten die SS-Lagerärzte, SS-Sanitätsdienstgrade und die SS-Lagerapotheker. Die SS-Lagerärzte leiteten die Selektion der Kranken und Arbeitsunfähigen. Erst nach und nach mußten sie medizinisch ausgebildeten Häftlingen erlauben, als Hilfspersonal zu arbeiten, später auch Häftlingsärzte und Häftlingspfleger beschäftigen, um der katastrophalen sanitären Verhältnisse Herr zu werden. Letztlich trug das Häftlingspersonal die medizinische Versorgung, soweit von einer solchen überhaupt gesprochen werden kann.

Das SS-Sanitätspersonal war dagegen, von Ausnahmen abgesehen, Teil des Vernichtungssystems. Es bestimmte bei den Selektionen innerhalb der Lager, welche Häftlinge getötet werden sollten, selektierte an der Rampe, an der ab 1942 die Transporte mit den Juden ankamen. SS-Ärzte erfanden die Methode, mit Phenolinjektionen in das Herz zu töten, und überwachten die Vergasungen mit Zyklon B. Mit mehr oder weniger genauen Arbeitshypothesen und Versuchsanordnungen machten die SS-Ärzte Auschwitz ferner zu einem Ort hemmungsloser Menschenexperimente, durch die viele Menschen verstümmelt oder getötet wurden: Es gab Experimente an Zwillingen und Fleckfieberversuche sowie pharmakologische Experimente, bei denen Häftlinge künstlich infiziert wurden, um anschließend die Wirkung neuer Präparate auszuprobieren. Sterilisierungs- und Kastrationsversuche durch Einspritzen einer Flüssigkeit in die Gebärmutter bzw. durch Röntgenstrahlen hatten zum Ziel, eine billige und in großem Umfang anwendbare Methode zu entwickeln, mit der den Angehörigen der zum Untergang verurteilten Völker die Fortpflanzungsmöglichkeit genommen werden sollte. Einzelne SS-Ärzte operierten an Häftlingen, um ihre Operationsfertigkeiten zu vervollkommnen. Auch wurden Häftlinge getötet, um anschließend die Leichen sezieren zu können oder um anatomische Präparate herzustellen.

Ungeachtet des Terrors der Lageraufsicht bildeten sich von Anfang an unter den Häftlingen Gruppen - meist nach den politischen Orientierungen der Vorkriegszeit, aber auch nach der gemeinsamen Herkunft -, die ihren Zusammenhalt wahrten, sich gegenseitig unterstützten und auch konspirative Verbindungen zum polnischen Untergrund außerhalb des Lagers aufbauen konnten. Trotz vieler Mißerfolge entstand Anfang 1943 eine internationale Gruppe, die sich im Mai 1943 mit den polnischen Häftlingen zur "Kampfgruppe Auschwitz" zusammenschloß und ihr Zentrum im Krankenbau des Stammlagers hatte. Aufbau von Außenverbindungen, Medikamenten- und Lebensmittelschmuggel, Informationen über die Massenvernichtungen nach außen, Fluchthilfe usw. waren die Schwerpunkte dieser Arbeit. Als die im Krematorium IV arbeitenden Häftlinge des damaligen jüdischen Sonderkommandos am 7. Oktober 1944 befürchteten, umgebracht zu werden, setzten sie sich zur Wehr, steckten das Krematorium IV in Brand und machten es funktionsunfähig. Die Vorbereitungen für einen allgemeinen Aufstand wurden vor allem dadurch vereitelt, daß im zweiten Halbjahr 1944 als erster Schritt zur Auflösung des Lagers die polnischen und sowjetischen Häftlinge in Lager des Reichsinnern verlegt wurden.

Die wichtigsten Widerstandsaktivitäten bestanden jedoch in der Unterstützung anderer Häftlinge, in der Wahrung des Zusammenhalts angesichts des schrankenlosen Terrors.

Nachdem die Rote Armee im Juli 1944 das Konzentrationslager Majdanek in Lublin, für die dortige Lagerführung überraschend, befreit hatte und dabei auf die un übersehbaren Spuren der Verbrechen gestoßen war, begann die SS, in Auschwitz die Spuren ihrer Verbrechen zu verwischen und die Auflösung des KZs vorzubereiten. Zwischen August 1944 und Mitte Januar 1945 trafen zwar noch immer neue Häftlingstransporte in Auschwitz ein, gleichzeitig wurden jedoch etwa 65 000 Häftlinge in weiter westlich gelegene Lager verlegt.

Ab Ende Juli 1944 verbrannte die SS nach und nach den größten Teil der belastenden Dokumente, darunter auch die Transportlisten über die nach Auschwitz deportierten Menschen. Im November 1944 wurden in Auschwitz die Vernichtungsaktionen in den Gaskammern eingestellt. Das Krematorium IV, das bei dem Aufstandsversuch am 7. Oktober 1944 erheblich beschädigt worden war, wurde in der zweiten Oktoberhälfte abgebrochen. Die technischen Anlagen der Krematorien II und III wurden im November und Dezember 1944 demontiert und abtransportiert (gesprengt wurden sie am 20. Januar 1945). Das Krematorium V blieb dagegen weiter betriebsfähig und wurde erst am 26. Januar 1945 gesprengt.

Mitte Januar 1945 befanden sich in Auschwitz, Birkenau, Monowitz und den oberschlesischen Nebenlagern noch ca. 67 000 Häftlinge. Zwischen dem 17. und dem 23. Januar 1945 wurden fast 60 000 von ihnen "evakuiert", das heißt auf Fußmärsche getrieben und nach einigen Tagen auf den oberschlesischen Straßen mit zum Teil offenen Güterzügen in weiter westlich gelegene Konzentrationslager transportiert. Zwischen 9 000 und 15 000 überlebten diese Todesmärsche nicht. Wer nicht weiter konnte, wurde erschossen. Am 27. Januar befreite die Rote Armee in Auschwitz-Birkenau und den Nebenlagern schließlich etwa 7 000 bis 8 000 Häftlinge. Viereinhalbtausend von ihnen wurden in sowjetische und polnische Feldlazarette und in weitere Krankenhäuser in der Umgebung gebracht, wo sie oft noch mehrere Monate lang behandelt werden mußten. Für Hunderte von ihnen kam diese Hilfe zu spät: Sie starben in den ersten Wochen nach ihrer Befreiung. Daß auch für die, die das Lager überlebten, die Leiden nicht am Tage der Befreiung endeten, belegen die zahllosen Erinnerungen und Berichte, die inzwischen publiziert worden sind.

"Die sehen aus, wie man sie uns immer beschrieben hatte..." Zur Perversion von Erziehung

Gertrud Hardtmann

Das Zitat stammt aus einem Interview, das im Rahmen einer "pilot study" (H. Friedrich, H. Funke, G. Hardtmann sowie J. und M. Kestenberg) aufgenommen wurde, die 1986 in Göttingen, Oberhausen, New York und Berlin durchgeführt wurde. Der Interviewte, ein gut situierter Mann, Jahrgang 1930, berichtete über ein Erlebnis als 14jähriger 1944:

> "Aber ich wollte ihnen noch eine Geschichte von Neu-Wandlitz erzählen. Das war auf der Strecke nach Krakau. Wir waren im Zug, mußten warten, standen auf einem Nebengleis. Neben uns war ein Güterzug mit vergitterten Fenstern. Da waren Menschen, die nach Wasser und Brot schrien. Die waren halb verhungert. Die Gesichter waren fürchterlich, kahlgeschorene Köpfe, tiefliegende Wangen - Gestalten, die furchterregend waren. Da habe ich das erstemal nachgedacht darüber - ich war 14 Jahre alt -, was da zugrunde liegen konnte. Nach der Physiognomie der Menschen, die ja auch in Zeitungen und Zeitschriften immer wieder abgebildet waren, waren das Nicht-Deutsche, Nicht-Arische; alles Nicht-Deutsche, Nicht-Arische wurde ja verteufelt. Die Menschen sah ich plötzlich in Natur - kannte die sonst nur aus Zeitungen und Zeitschriften in einer fürchterlichen Verfassung. Die haben ja Deutsch gesprochen, das waren Juden. Die sahen aus, wie man sie uns immer beschrieben hatte...
> Unter meinem Fenster stand ein junger Mann, Waffen SS, mit einer Maschinenpistole. Ich hatte das Fenster aufgemacht, weil eine Salve aus einer Maschinenpistole zu hören war oder aus einem Maschinengewehr, jedenfalls ein Schnellfeuer. Ich fragte: Was ist los? - Da verwies er mich auf ein paar Wagen weiter, da hatte jemand von den Leuten die Hand rausgestreckt und dem haben sie den Arm abgeschossen. Das hat der mit einer Freude mir gezeigt. Der Arm hing blutend im Stacheldraht an dem Wagen. Das veranlaßte mich zu der Frage: Was sind denn das für Leute hier? - Da sagte der: Das sind Sträflinge, vorwiegend Juden. - Nun hatte die alle blauweiß- oder grauweiß-gestreifte Kleidung an und - soweit nicht nur die kahlen Köpfe - eigenwillige Mützen ohne Schirm, so'ne Kappen. Die wollten Wasser und Brot, weil mein Fenster auf war. Wir hatten aber nichts. Da habe ich zu dem gesagt unten: Die Leute haben doch Hunger, die wollen was essen, kriegen die denn nichts? - Da sagte der: Doch, aber zu ihrer Zeit, wenn se dran sind."

Es ging uns in der Vorstudie darum, herauszufinden, wie die NS-, Kriegs- und Nachkriegszeit von der zwischen 1920 und 1930 geborenen Generation erlebt und verarbeitet worden ist. Inzwischen wurden etwa 70 Interviews aufgenommen.

Angesichts der Verbrechen des Holocaust, aber auch angesichts der schrecklichen Erlebnisse dieser Heranwachsenden während des Zweiten Weltkriegs stellt sich die Frage, ob solche traumatisierenden Ereignisse überhaupt seelisch verarbeitet oder - im psychoanalytischen Sinne[1] - durchgearbeitet werden können. Versteht man unter *Verarbeitung* die affektive, emotionale und reflektierte Aufarbeitung eines seelischen Traumas, die zur Integration des *gesamten* traumatischen Geschehens in seinen realen, moralischen, emotionalen und affektiven Aspekten führt, so kann aus den Interviews geschlossen werden, daß diese nicht stattgefunden hat. Bei dem oben zitierten Interviewten war z.B. eine fehlende affektive Verarbeitung zu beobachten: Das Erlebnis hatte sich eingeprägt, war in der Erinnerung frisch und lebhaft wie am ersten Tag, konnte weder vergessen noch in einen Gesamtkontext eingeordnet werden. Während einerseits der Schrecken, die Rat- und Hilflosigkeit auch heute noch spürbar waren, gelang es andererseits dem Interviewten nicht, diese in eine Gesamterfahrung zu integrieren. So war es ihm möglich, zu einer nach wie vor positiven Einschätzung des "Führers" zu kommen, obgleich er heute aus religiösen Gründen jeden Rassismus ablehnt und seine schrecklichen persönlichen Kriegserfahrungen eine andere Beurteilung nahelegt.

> "Wenn der Krieg nicht gekommen wäre? Ich kann mir die Frage gut beantworten. Es gab doch auch viel Gutes bei Hitler: Die Menschen hatten Arbeit. Der hat Deutschland großgemacht. Er war doch eine heroische Figur, wie er so auftrat."

Diese Einschätzung zeigt aber auch, daß eine innere Auseinandersetzung mit den Leiden der Opfer noch immer nicht stattgefunden hat. Die Leiden wurden beobachtet, sie sind registriert und aufgenommen worden, können mithin auch reproduziert werden wie Bilder, die man in einem Film gesehen hat. Aber sie haben zu keiner inneren Veränderung geführt. In diesem Fall - und er steht nicht allein - hat eine Trauerarbeit nicht stattgefunden.

Was heißt *Trauerarbeit*? In seiner Arbeit über "Trauer und Melancholie" schreibt S. Freud während des Ersten Weltkrieges 1915, daß Trauerarbeit Erinnerungsarbeit ist. Der Trauernde erinnert sich des Verlorenen, um von ihm Abschied nehmen zu können. Trauerarbeit ist Reproduktionsarbeit, aber eine, die nicht bei der bloßen äußeren, bildhaften Erinnerung stehenbleibt, sondern die das äußerlich Sichtbare in Verbindung bringt mit innerem Erleben, mit Einfühlung in die Opfer. Das Interview zeigt, daß die Einfühlung nicht völlig versagt; sie ist da intakt, wo weniger bedrohliche Aspekte berührt werden, z.B. der Hunger und Durst der Gefangenen - ein Aspekt, der gemildert wird durch den Hinweis darauf, daß sie später schon etwas bekommen würden. Aber sie versagt, wo etwas Entsetzliches und nicht Wiedergutzumachendes berührt wird. Der blutende Arm im Stacheldraht kann durch keinen Hinweis - auch wenn dieser nur eine Illusion sein sollte - wieder geheilt werden. Die Unfähigkeit des Interviewten, sich damit emotional auseinan-

1 Vgl. Freud 1914.

derzusetzen, zeigte sich während des Interviews in einer sehr kindlichen Reaktion, einem völlig unangepaßten Verlegenheitslächeln.

Die *Einfühlungsverweigerung* glich der Reaktion von Kindern, die bei ernsten Anlässen lachen, weil sie ihnen affektiv und emotional noch nicht gewachsen sind. Hier handelt es sich aber nicht um Kinder, sondern um Erwachsene. Die fehlende emotionale Antwort war auch dann zu beobachten, wenn die Interviewten von Erlebnissen berichteten, bei denen sie selbst beinahe oder tatsächlich Opfer waren. So kam z.B. der oben zitierte Interviewte 1945 als HJ-Führer mit seiner Einheit in der Nähe von Prag in einen Tieffliegerangriff. Er erzählte:

> "Oft habe ich von den blutigen Geschichten mit den Tieffliegern und dem Granatbeschuß geträumt: Die offenen Wunden, da kamen die ganzen Därme raus, die haben wir wieder reingedrückt. Was sollten wir denn machen?"

Über vierzig Jahre nach Kriegsende ist zu beobachten, daß eine Verarbeitung keinesfalls stattgefunden hat. Der Schrecken, die Rat- und Hilflosigkeit, die Unfähigkeit, das, was erlebt wurde, auch emotional und affektiv zu verarbeiten, hinterlassen Spuren in der Person, der es nicht gelingt, die Erlebnisse in eine Gesamterfahrung zu integrieren. Das zusammenhanglose Nebeneinander von heroischer Idealisierung und kindlichen Entwertungstendenzen -

> "Andererseits habe ich mir die Menschen - gerade die in Uniform immer wieder ohne Uniform vorgestellt, so in Badehose oder so, und dann war plötzlich der ganze Nimbus weg - so ohne Säbel und Waffen."

- Ausdruck von nach wie vor ungehemmter Bewunderung und Neid, ist nur möglich, wenn die Opfer keine innere Repräsentanz und Stimme haben. Sie werden nicht lebendig, melden sich nicht zu Wort; ihre Leiden sind zwar gesehen und registriert worden, aber ihre Schmerzen werden nicht gefühlt.

Fast teilnahmslos berichtete der Interviewte von seinem Vater, mit dem er während der kriegsbedingten Evakuierung 1944/45 einen regelmäßigen Briefwechsel unterhielt. Wenn er dem Vater von seinen Kriegserlebnissen berichtete, von seinen Ängsten und Unsicherheiten, bekam er die eigenen Briefe mit korrigierter Rechtschreibung und Zeichensetzung zurückgeschickt. Während der 14jährige erlebte, wie neben ihm Kameraden verbluteten, sorgte sich der Vater darum, daß er "später" im Beruf über perfekte Rechtschreibkenntnisse verfügte. Eine derart massive emotionale Zurückweisung kann Bitterkeit hervorrufen. Sie kann jedoch auch verstanden werden als eine Ich-Schwäche des Vaters, die verschiedenen Aspekte der Situation zu integrieren: Während der Sohn in einer tödlichen Gefahr schwebte, verhielt er sich, als ob dieser eine normale Zukunftserwartung hätte. Die Gefahr wurde also verleugnet. Den Bedürfnissen des Kindes nach Verständnis zu entsprechen, hätte ebenfalls bedeutet, die Bedrohung zu akzeptieren. Die Ohnmacht des Vaters, für sein Kind nichts tun zu können, wurde kompensiert durch einen - zwar angesichts der Situation sinnlosen - Einsatz verstärkter zwanghafter Kontrolle über das Kind, wodurch aber auch der moralische Anspruch, ein guter Vater sein zu wolen, befriedigt wurde. Es war dem Vater anscheinend nicht möglich, auf das seelische Erleben des Kindes einfühlend einzugehen und - Prioritäten setzend - stellvertretend und wegweisend die *Integrationsarbeit* zu leisten, zu der der 14jährige noch nicht fähig war. Daß ihm etwas gefehlt hat, war dem Interviewten inzwischen annäherungsweise bewußt geworden. Angesichts der eigenen Kinder versuchte er unbeholfen zu beschreiben, was das sein könnte:

> "Selbständig, verantwortlich, tüchtig sind wir ja gewesen. Aber eine Kindheit, haben wir das überhaupt gehabt? Ich habe mich gewundert, daß meine Kinder da etwas haben, wovon sie sich schwer trennen wollen, also doch irgendetwas Positives."

Wie groß die Enttäuschung am Vater gewesen sein muß, zeigt sich in der späteren, vom Elternhaus nicht direkt vorgegebenen sektiererisch religiösen Entwicklung des Interviewten. Nach Freud ist eine Wurzel des Bedürfnisses nach Religion der Wunsch nach einem allmächtigen und allgegenwärtigen Vater und das Motiv der Vatersehnsucht identisch mit dem Bedürfnis nach Schutz gegen die Folgen menschlicher Ohnmacht.[2]

Bei vielen Interviewten und ihren Eltern ließ sich eine Regression der Ich-Entwicklung beobachten: Die Kontrolle über bestimmte, angesichts der Gesamtsituation unwesentliche Teilfunktionen rückte in den Mittelpunkt des Interesses, verstellte somit den Blick für das Ganze. Es handelte sich dabei um Teilfunktionen, die in einer gegen Ende des Zweiten Weltkrieges täglich chaotischer werdenden Welt noch beherrscht werden konnten. Damit wurde die Illusion aufrechterhalten, daß die Welt in Teilbereichen noch überschaubar und geordnet sei, die Einsicht in die tatsächliche Hilflosigkeit jedoch verstellt.

Es führen viele Wege nach Auschwitz

Das Wort "Auschwitz" oder "Holocaust" wurde in den Interviews als Reizwort erlebt. Spontan wurde die Judenverfolgung in der Regel nicht angesprochen. Da die Interviewten sich freiwillig bereit erklärt hatten, über ihre Erlebnisse während der NS-, Kriegs- und Nachkriegszeit zu berichten, war es ihnen freigestellt, auszuwählen, was sie für mitteilenswert hielten und was nicht. Viele von ihnen hatten die Zeit im nachhinein idealisiert oder verniedlicht. Sie erinnerten sich an "schicke Uniformen", beeindruckende Aufmärsche, Kriegshelden, Führerreden, Wohlstand, Nationalstolz und Siegermeldungen und meinten, daß damals mehr Gleichheit, Gerechtigkeit, Ordnung und Sauberkeit geherrscht habe. Einige äußerten auch Unverständnis darüber, daß die Amerikaner nicht 1945 sofort mit den Deutschen als Verbündete den Krieg gegen die Sowjetunion fortgeführt hätten. In einer solchen In-

2 Vgl. Freud 1927.

terviewatmosphäre wirkte bereits das Wort "Auschwitz" mitunter wie eine Provokation, auf die einige unwillig reagierten wie Träumer, die aus dem Schlaf gerissen werden. Die Konfrontation verdarb die gute Laune, erzeugte Schuldgefühle, provozierte Rechtfertigungen, Beteuerungen der Unschuld und des Nichtwissens. Die *Betroffenheit* war jedoch bei allen zu beobachten, sie zeigte sich in den Affekten. Aber nicht jeder hatte selbst viel gehört oder gesehen - nicht etwa, weil es nichts zu hören oder sehen gab, sondern weil man auch das Sehen und Hören vermeiden konnte.

Es blieb nicht unbemerkt, daß Klassenkameraden, Nachbarn, der Kaufmann oder der Zahnarzt plötzlich verschwanden, daß Diskriminierungen oder Gewalttätigkeiten in aller Öffentlichkeit stattfanden und Gerüchte umgingen, die die Illusion in Frage stellten, alle Juden seien nach Amerika ausgewandert. Da aber bereits die Weitergabe von Informationen bestraft wurde, *"versandeten"* viele im engsten Freundes- oder Bekanntenkreis. Entgegen dem ersten Anschein verfügten fast alle über Kenntnisse aus erster Quelle, d.h. aus eigenen Beobachtungen oder solchen von unmittelbaren Verwandten oder Freunden: Ein Verwandter wurde als SS-Mann ins KZ abkommandiert und beging nach einigen Wochen Selbstmord; vor Kriegsbeginn wurden HJ-Gruppen zur Besichtigung in Konzentrationslager eingeladen, um die "Umerziehung" mit eigenen Augen zu sehen; ein Vater nahm seinen Sohn an die Hand und zeigte ihm an einem Sonntag seinen "Arbeitsplatz", ein KZ (in der kindlichen Erinnerung ist haftengeblieben, daß alles so "sauber" aussah); 9- und 10jährige liefen einem Mann hinterher, der ein Schild trug: "Ich heiße Jude Koppel und bin ein fieser Moppel".

Körperliche Gewalt und Diskriminierungen gegen Juden gehörten zum Alltag längst vor dem Beschluß der "Endlösung". Große Unterschiede in der aktiven und passiven Wahrnehmung gab es am 9. November 1938: Während ein leicht verwahrloster Junge neugierig, wach, lebhaft minutiös beobachtete, welche Zerstörungen an jüdischen Geschäften in seinem Viertel in Berlin-Neukölln stattfanden, wer abgeholt wurde und wohin, hatte ein gleichaltriges Mädchen aus einem bürgerlichen Elternhaus nur eine Straße weiter "nichts" gesehen und gehört, weil die Eltern es an diesem Tag nicht aus dem Haus gelassen hatten. An den brennenden oder ausgebrannten Synagogen war allerdings keiner blind vorbeigegangen. Rückblikkend wurden sie als ein Fanal erlebt, daß die Nazis entschlossen waren, mit den Juden Ernst zu machen. Man phantasierte, daß ihnen nun die letzte Zuflucht genommen sei und sie sich nirgendwo mehr verkriechen und verstecken könnten.

Die Betroffenheit der Interviewten, ihre auf Befragen zunächst zögernd, dann aber doch recht detailliert gegebenen Schilderungen ließen erkennen, daß sie alle während der NS-Zeit im konkreten und im übertragenen Sinn am Rande irgendeiner Straße gestanden hatten, die nach "Auschwitz" führte. Das Gefühl, das Wissen, das Halbwissen, daß mit den Juden etwas nicht in Ordnung sei, daß Worte wie "Auswanderung nach Amerika", "Arbeitslager" und "Umsiedlung" nicht geeignet waren, die leise Stimme des Zweifels völlig zu beschwichtigen, hatten sie nicht vergessen. Die meisten erinnerten sich daran eher mit Scham- als mit Schuldgefühl, da sie in der Regel Zeugen und Zuschauer, aber nicht aktiv Täter gewesen waren.

Die Angst, der Wahrheit ins Gesicht zu sehen, zeigte sich auch noch bei den Erwachsenen: Einige gaben offen zu, nicht genau wissen zu wollen, was da passiert war. Soweit die eigenen Väter in der SS und aktiv an den Morden beteiligt gewesen waren, wollten sie nicht wissen, was man ihnen später vorgeworfen hatte. Eine Trauerarbeit, die Einsicht in den Verlust des Bildes, das man sich vom Vater gemacht hatte, oder ein Wissen von den Leiden, die den Opfern zugefügt worden waren, voraussetzt, konnte so nicht geleistet werden. Wenn man ihren Standort bestimmen wollte, müßte man sagen: Sie standen, immer noch schweigende Zuschauer, an den Straßen, die nach "Auschwitz" führten, auf die Stimmen der Opfer mit Stummheit reagierend.

Die Liquidierung des Gewissens

Schuld und Unschuld lassen sich nicht vererben. Die Schande der Eltern färbt auf die Kinder ab. Schuld- und Schamgefühle sind Leistungen des Ich, sind Antworten des Über-Ich auf aggressive und destruktive (Schuldgefühle) oder schmutzige und beleidigende (Schamgefühle) Gedanken, Worte und Handlungen. Die Nazis wußten, daß sie mit solchen Reaktionen rechnen mußten, und nahmen sie trotz aller ideologischen Rechtfertigungen ernst. Für die Massenmorde an hilflosen Zivilisten mußten erst Strategien gefunden werden, die es möglich machten, ohne persönliche Motive zu morden *und nicht* unter der Last von Scham- und Schuldgefühlen zusammenzubrechen.

Es gab Vorbilder: die Kriege. Und es gab eine Propaganda, die ihre Wirkung auf die Massen - bis heute - nicht verfehlte: die Propaganda vom Juden als Feind und "Gegner". Aber wie konnte man Zivilisten zu Kriegsgegnern stilisieren, insbesondere wenn es sich dabei um Frauen, Kinder und alte Leute handelte? Wie wurden Scham- und Schuldgefühl liquidiert? Der Chef des Sicherheitsdienstes (SD), Otto Ohlendorf, gab hierüber 1945, als er über die Massenmorde an Juden und kommunistischen Funktionären in den besetzten Gebieten der Sowjetunion berichtete, eine Erklärung ab:

> "Die dazu ausersehene Einheit pflegte in ein Dorf oder in eine Stadt zu kommen und den führenden jüdischen Bewohnern den Befehl zu erteilen, alle Juden zwecks Umsiedlung zusammenzurufen. Sie wurden aufgefordert, ihre Wertgegenstände den Führern der Einheit zu übergeben und kurz vor der Hinrichtung ihre Oberkleidung auszuhändigen. die Männer, Frauen und Kinder wurden zu einem Hinrichtungsort geführt, der sich meist neben einem vertieften Panzerabwehrgraben befand. Dann wurden sie erschossen, kniend oder stehend, und die Leichen in den Graben geworfen. Ich habe in der Gruppe D das Erschießen durch Einzelpersonen nie genehmigt, sondern be-

fohlen, daß mehrere Leute gleichzeitig schießen sollten, um *direkte persönliche Verantwortung* zu vermeiden."[3]

Es wird dargestellt, wie versucht wurde, das Gewissen auszutricksen: Auf persönliche Verantwortung angesprochen, konnte keiner der Beteiligten sagen, ob seine Kugel den Mord verursacht hatte oder nicht. Insofern wurde jeder unter dem Gesichtspunkt einer ebenfalls verengten, d.h. das Ganze aus dem Blick verlierenden Verantwortung, zum *Verbrecher ohne Schuldgefühl*. Daß das nicht unbeabsichtigt, sondern eine politische Strategie war, zeigen Äußerungen von Hitler in "Mein Kampf". Nach seiner Meinung leistet z.B. das parlamentarische System der Korrumpierung des Gewissens Vorschub, weil es keine klaren, individuell abgrenzbaren Verantwortlichkeiten kennt.

"Ist denn nicht der Gedanke jeder Verantwortlichkeit an die Person gebunden? Kann man aber praktisch die leitende Person einer Regierung haftbar machen für Handlungen, deren Werden und Durchführung ausschließlich auf das Konto des Wollens und der Geneigtheit einer Vielheit von Menschen zu setzen sind?"[4]

Im Gegensatz dazu stellte er allerdings den Grundsatz einer absoluten Verantwortung für die mit absoluter Autorität ausgestatteten Führer auf:

"Der Grundsatz unbedingter Verbindung von absoluter Verantwortlichkeit mit absoluter Autorität wird allmählich eine Führerauslese heranzüchten, wie dies heute im Zeitalter des verantwortungslosen Parlamentarismus gar nicht denkbar ist."[5]

Mit dieser Verantwortlichkeit und Autorität wurde auch jeder Jungenschaftsführer und HJ-Führer, jede Jungmädel- und BDM-Führerin ausgestattet. Wie ihre großen Vorbilder gaben auch sie diesen Worten ihre jeweils eigene, dem Entwicklungs- und Reifestand angemessene Interpretation. Während insbesondere mit dem beginnenden Erfolg das Alter der Führer und Führerinnen laufend sank - Vierzehnjährige konnten schon die "Verantwortung" für zwanzig Jüngere übernehmen -, wurde gleichzeitig der Druck und der Zwang zur Eingliederung in die NS-Jugendorganisationen stärker. Da diese "Führer" außer der durch die Uniform repräsentierten Staatsgewalt, die allerdings ihre äußere Wirkung nicht verfehlte, keine innere Autorität besaßen, wurde damit der Autoritätsbegriff selbst ausgehöhlt und leer. Ein Schüler einer Adolf-Hitler-Schule berichtete:

Dann waren (nach einem Bombenangriff - Erg. d. Verf.) so Notverpflegungsstellen eingerichtet. wenn man dahin kam, dann mit einem Waschkorb, dann gab's Stellen vom Roten Kreuz oder von der NS-Frauenschaft oder vom BDM oder von der Feu-

3 Lasachitzka/Vietzke 1964, zit. nach Kühnl 1975, S. 389.
4 Hitler 1939, S. 86.
5 Ebd., S. 502.

erwehr, die schmierten Tausende Brötchen mit tausend Sorten Wurst und Käse, um die Leute zu verpflegen. Da mußte man seine Ausweise zeigen und sagen, für wieviele Personen. Ich war stolz: Uniform, Adolf-Hitler-Schule - für 60... Ich wurde nicht gefragt: Wo sind die 60? - Wenn ich das sage, stimmt's... Der war ein Kind Adolf Hitlers', der lügt nicht..."

Daß diese "Führer" der Verantwortung nicht gewachsen waren, blieb selbst den Nazis nicht verborgen. Am 11.7.1944 wandte sich Lina Heydrich mit folgendem Brief an Himmler:

> "Wie sie aus der Anlage ersehen, habe ich mit der HJ einen Kummer. Bedingt durch den frühzeitigen Einsatz der 16jährigen muß die HJ heute mit Führern vorliebnehmen, die wohl nicht immer geeignet sind, das kostbarste Gut der Familie, die Kinder, so zu leiten, wie wir es wünschen. Sie wissen, Reichsführer, daß ich meinen Heider stolz zu den Pimpfen tat und daß Heider freudig mitmachte. In dieser kurzen Zeit vom 20. April bis jetzt habe ich leider so oft erfahren müssen, daß, wenn außergewöhnliche Anforderungen an die Jungens gestellt wurden, sei es Lagerleben, Aufmarsch oder Geländespiel, das Ganze überhaupt nicht vorbereitet, geschweige denn wohl durchdacht war... (H. berichtet dann von einem Pfingstlager ohne Wasser und Stroh, von Geländespielen in unwegsamem und unbekanntem Waldgelände usw. und schließt:) Abends um halb zehn Uhr haben wir dann den Heider in einer Prager Straßenbahn sitzend wiedergefunden... Nach dem, was ich gehört habe, sind die sogenannten Führer der beiden Fähnlein zusammen nach Hause gegangen und haben es nicht für nötig befunden, sich wenigstens nach dem Verbleib ihrer Schutzbefohlenen umzusehen. Mich hat die mangelhafte Pflichtauffassung der Jungen mehr auf die Palme getrieben als die Tatsache, daß deutsche kleine Jungen in Uniform mutterseelenallein in Prag umherirren."[6]

Auf diesen Brief antwortete Himmler am 20.4.1944 u.a.:

> "In Ihrer Ansicht stimme ich Ihnen völlig zu, daß man unter diesen Umständen eine weitere Teilnahme am HJ-Dienst für die Dauer des Krieges nicht verantworten kann. Ich verbiete daher Heider, in meiner Eigenschaft als sein Vormund, für die Kriegsdauer die Teilnahme am HJ-Dienst."[7]

Die von Himmler ergriffene Maßnahme hatte offensichtlich nur das Ziel, das eigene Schäflein ins Trockene zu bringen. Mit den übrigen ihnen anvertrauten Kindern konnten die HJ-Führer weiterhin wie gehabt verfahren. Es wurde lange der Schein aufrechterhalten, als sei der Schutz für alle, die nicht aus der Volksgemeinschaft ausgegliedert waren, gewährleistet. Die damals Heranwachsenden haben zum Teil bis heute nicht wahrgenommen, daß sie mißbraucht worden sind und ihre Vernichtung in Kauf genommen wurde. Im März 1945 standen allein in Berlin 5000 17jährige Hitlerjungen offiziell unter Waffen. Ein 16jähriger ehemaliger Napola-Schüler befehligte im Rang eines Hauptmanns ein Bataillon von 3000 Hitler-

---

6 Zitiert nach Heider 1968, S. 270 f.

7 Ebd., S. 270/271.

jungen, von denen nach schweren Kämpfen noch 50 überlebten. Noch am 6. März 1945 äußerte Himmler gegenüber General Busse seine Bedenken, daß die Kampfbegeisterung der Hitlerjungen durch den "Landsergeist" und die "Landserschliche" der älteren Soldaten gedämpft werden könne. In Absprache mit dem Reichsjugendführer Axmann wurde deshalb beschlossen, Hitlerjungen nur in geschlossenen Einheiten unter ihren HJ-Führern zum Einsatz kommen zu lassen [8]

Ein ehemaliger Schüler einer Adolf-Hitler-Schule, Jahrgang 1928, berichtete:

> "Die ein Jahr älter waren als ich, wurden mit 17 Jahren freiwillig zu irgendwelchen SS-Verbänden überstellt, hatten irgendeine Zwischenprüfung, wurden aber aufgrund der Zugehörigkeit zur Adolf-Hitler-Schule direkt Fahnenjunker, identisch heute mit Unteroffizier. Das war absoluter Wahnsinn, vielleicht, um uns das schmackhaft zu machen und dem in uns wohnenden Enthusiasmus und diesem ewigen Glauben an den Endsieg noch ein bißchen Nachdruck zu verleihen. Da kriegte man dann endlich ein bißchen Silberlitze dahin, wo die anderen das nicht hatten, und schon waren wir wieder befriedigt, schon sahen wir wieder gut aus."

Ein anderer, ebenfalls Jahrgang 1928, der sich noch freiwillig zur Panzertruppe gemeldet hatte und auch genommen worden war, versuchte seine Illusionen gegen die ernüchternden Argumente seiner älteren, erfahreneren Frontkämpferkameraden zu verteidigen.

> "Die Meldung von Hitlers Tod - "Auf den Trümmern der Reichskanzlei gefallen..." - das habe ich mir so richtig bildlich vorgestellt, wig er mit den Panzern vorgestürmt ist, in Deckung, die Potsdamer, die Leipziger Straße lang. Eine graue Uniform trug er ja schon von Anfang des Krieges an, mit Stahlhelm. - Was soll nun werden? - Da sagten zwei Berliner: Ich soll zufrieden sein, daß der Verbrecher tot ist. - Da war der Krieg noch nicht einmal aus. Der eine war Obergefreiter, der andere Unteroffizier. Ich sagte, sie sollten das sofort zurücknehmen und sich beim Leutnant entschuldigen, ich mache Meldung. Der Feldwebel hat mich gehalten: Bist du verrückt? Das kann dich Kopf und Kragen kosten! - Das war mir recht: Wo ist mein Gewehr? - Ich wollte auf die schießen."

Das war das Endergebnis einer Umerziehung, die darauf zielte, zärtliche, liebevolle und warme Gefühle, die in der Primärsozialisation entstanden waren, "wegzuhämmern", Menschen zu schaffen, die bereit waren, für ihre Illusionen und Ich-Idealvorstellungen alles zu opfern.[9]

Der "Heldenführer" kam vor allem *den* Jugendlichen entgegen, die in ihrem Selbstwertgefühl unsicher und schwankend waren, unter ihrer Schwäche litten und diese durch besonderen Schneid zu kompensierten suchten. So hatte der oben zitierte Junge wegen seiner geringen Körpergröße keine Chance, zur SS, der auch sein Vater angehörte, zu kommen und sich deshalb freiwillig zur Panzertruppe gemeldet. Mütterlicherseits aus einer streng katholischen Familie stammend und bis

8 Vgl. Rose 1980, S. 114.
9 Rauschning 1940, S. 237.

zum 10. Lebensjahr als Meßdiener tätig, geriet er nach der Pubertät zunehmend unter den Einfluß des als SS-Angehöriger in einem KZ tätigen Vaters. In seiner Seele zerrissen zwischen einer sehr intensiven mütterlichen Bindung und einem zwiespältig, innerfamiliär eher als schwach erlebten Vater, klammerte er sich an den Führer und den Endsieg wie ein Ertrinkender an einen Strohhalm. Die Angst vor einer völligen Entwertung des Vaters und die Unfähigkeit, den *realen* Vater akzeptieren zu können, führte zu diesen verzweifelten illusionären Abwehrversuchen, die unter den damaligen Kriegsumständen leicht tödlich für seine Kameraden hätten enden können.

Man wird diesen Jugendlichen keinen Vorwurf machen können, daß sie so verblendet oder auf Äußerlichkeiten ansprechbar waren und ihre "Macht" altersgemäß für ihre Zwecke ausnutzten. Jugendliche heute würden wahrscheinlich, gäbe man ihnen Macht, nicht anders verfahren. In einem Alter, in dem andere von Macht und Einfluß träumen, gab man ihnen reale Macht, ohne sie aus ihren Träumen aufzuwecken. Sie mußten ihr Gewissen nicht "liquidieren", weil sie mehr in ihren Illusionen lebten als in der Realität. Sie waren auch die letzten, die an den Endsieg glaubten. Während sie für den "Führer" kämpften, nahmen sie an, daß er für sie sein Leben opfern würde.

Die ältere Generation jedoch suchte sich ihrer Schuld zu entledigen durch trickreiche Winkelzüge und Begrenzungen der moralischen Verantwortlichkeiten und Zuständigkeiten. 1943 sagte Himmler zu den Reichs- und Gauleitern der NSDAP über die "Endlösung":

> "Für die Organisation, die den Auftrag durchführen mußte, war es der schwerste, den wir bisher hatten. Er ist durchgeführt worden, ohne daß - wie ich glaube sagen zu können - unsere Männer und unsere Führer einen Schaden an Geist und Seele erlitten hätten. Die Gefahr lag sehr nahe. Der Weg zwischen den beiden bestehenden Möglichkeiten, entweder roh zu werden, herzlos zu werden und menschliches Leben nicht mehr zu achten, oder weich zu werden und durchzudrehen bis zu Nervenzusammenbrüchen - der Weg zwischen dieser Scylla und Charybdis - ist entsetzlich schmal... Ich glaube, es ist besser, wir - wir insgesamt - haben das für unser Volk getragen, haben die Verantwortung auf uns genommen (die Verantwortung für eine Tat, nicht für eine Idee) und nehmen das Geheimnis mit in unser Grab."[10]

Eine Wahrnehmung dafür, daß es besser sei, die Morde geheimzuhalten, scheint vorhanden gewesen zu sein. Die Aufspaltung der Verantwortung in die Verantwortung für die Tat und die Verantwortung für die Idee begrenzt bereits die moralische Zuständigkeit erheblich: Die Täter sind nicht für die Idee haftbar zu machen. Aber auch das scheint die letzten Zweifel nicht behoben zu haben. Auf dem einen Auge blind und auf dem anderen sehend, nimmt Himmler richtig die Abgründe, die sich angesichts der Verbrechen auftun, wahr: Herzlosigkeit und Grausamkeit - *Seelenmord*[11]- auf der einen Seite und Nervenzusammenbruch und Einstellung der

10 Himmler am 6.10.1943 in Posen, zit. nach Smith/Peterson (Hrsg.) 1974, S. 169 ff.

11 Vgl. Niederlande 1968.

kritischen Selbstwahrnehmung - *Seelenblindheit* - auf der anderen Seite. Statt dessen klammerte er sich an die Illusion eines dritten Weges - eine Gratwanderung, die schließlich in Selbstmord endete. Die trickreich aufgebaute Abwehr brach in dem Moment zusammen, als er damit konfrontiert wurde, daß man ihn voll verantwortlich machen würde.[12] Als Himmler die oben zitierte Rede hielt, meldete sich kein Widerspruch. Die Komplizenschaft bestand in der gemeinsamen Abwehr und Verleugnung der Stimme des Gewissens.

Über Gewalt als Mittel, politische Ziele durchzusetzen, hatte Hitler schon in "Mein Kampf" geschrieben, daß sie um so notwendiger werde, je weniger Anziehungskraft von den politischen Ideen ausgehe. Nach einem Gestapo-Lagerbericht im Januar 1936 traf dies für Teile der Berliner Bevölkerung zu:

> "Viele Volksgenossen, die ohne sich zum Nationalsozialismus zu bekennen, nach der Machtübernahme eine loyal abwartende Haltung gegenüber dem Dritten Reich einnahmen, haben inzwischen den Glauben an die Verwirklichung gerade der sozialistischen Punkte des Parteiprogramms verloren. Das Sinken des Ansehens der NSDAP in der Bevölkerung kann nicht mehr übersehen werden."[13]

Hitler beschäftigte sich bereits 1925 mit dem Gedanken, was zu tun sei, wenn die Popularität eines politischen Führers oder einer politischen Idee nachlasse, und kam zu dem Schluß, daß dann nur Gewalt und Zerstörung zum Ziel führe:

> "Die Anwendung von Gewalt allein ohne die Triebkraft einer geistigen Grundvorstellung als Voraussetzung kann niemals zur Vernichtung einer Idee und ihrer Verbreitung führen, außer in Form einer restlosen Ausrottung aber auch des letzten Trägers und der Zerstörung der letzten Überlieferung."[14]

Die zunehmende Brutalisierung des NS-Regimes ist danach eher ein Zeichen seiner ideologischen Schwäche als seiner Stärke. Die überlieferten Wertvorstellungen und Normen, die tradierte und im Strafgesetzbuch verankerte Achtung vor dem Leben des anderen, denen sich viele verpflichtet fühlten, mußten *innerlich* und *äußerlich* in einer radikalen Weise zerstört werden. Diese Zerstörung begann in der Sprache und im Denken: Von Mord durfte nicht gesprochen werden, wenn gemordet wurde. Mit dem Verlust der inneren Realität ging auch die äußere Realität verloren. So konnte sich Himmler wenigstens zeitweise der Illusion hingeben, daß es überhaupt möglich wäre, die Morde an mehr als 6 Millionen Menschen mit "ins Grab" zu nehmen. Andererseits zeigte sich die Brüchigkeit dieser Verleugnung in der empfindlichen Reaktion, als der Bischof Graf von Galen bei der Staatsanwaltschaft beim Landgericht und beim Polizeiprädidenten in Münster Anzeige wegen "Mordes" an Geisteskranken erstattete und diese in seiner Predigt am 3. August 1941

---

12 Vgl. Fraenkel/Manvell 1965, S. 229 f.

13 Zit. nach Kühnl 1975, S. 403.

14 Hitler 1939, S. 187.

öffentlich bekanntmachte.[15] Sie zeigte sich auch, als am 16. April 1943 der SS-Obersturmbannführer Dr. Schwab, Leiter des Lebensbornheimes "Wiener Wald", bei der Zentrale in Berlin anfragte, was mit einer Mutter geschehen solle, die im Heim von Massenhinrichtungen an Juden in Polen und von Ermordungen von Säuglingen durch Genickschüsse erzählt habe, weil solche Mitteilungen nicht in den "Rahmen eines Entbindungsheimes" gehörten.[16] Nach einer mündlichen Mitteilung wurde diese Mutter anschließend in eine Nervenheilanstalt eingewiesen.

Der Umgang mit der *Wahrheit* wird deutlich durch die "vornehme" Art, wie man sich unangenehmer Wahrheiten entledigte: Man faßte sie sozusagen mit Glacéhandschuhen an, als handele es sich um eine Entgleisung des guten Geschmacks, geeignet, den idyllischen Frieden eines Entbindungsheimes zu stören. Der Brief ist so abgefaßt, daß man den Ärger und die Wut der so Denunzierten und Entlarvten nicht herauslesen kann. Diese Affekte zeigen sich allenfalls in der Härte der Reaktion. Es ist jedoch offen, inwieweit den Beteiligten selbst klar war, was sich in ihrer Seele abspielte. Bion schreibt, daß die Wahrheit für die seelische Gesundheit essentiell sei wie das Essen für den Körper. Die Seele könne nur wachsen, wenn sie Wahrheit aufnehmen und verdauen könne.[17]

Die Briefwechsel der Nazis, ihre Tagebücher und autobiographischen Notizen zeigen viele nachweisbare Ungenauigkeiten, Widersprüche, offene oder versteckte Lügen, mit denen sie sich und anderen ständig etwas vormachten. Gemessen an der Menge der Wahrheit, die die Nazis aufgenommen und verdaut haben, muß man annehmen, daß sie seelisch *magersüchtige* Kinder geblieben sind - ihre späteren Epigonen stehen ihnen darin nicht nach. Wahrheit als emotionale Erfahrung heißt, Erfahrung mit der eigenen Liebe und dem eigenen Haß machen und beide zum Aufbau der Persönlichkeit verwenden, Haß, der nicht wahrgenommen wird, entfaltet seine destruktive Wirkung unkontrolliert. Die leise Stimme des Zweifels - wieviele mögen sie überhört haben? Ein späterer HJ-Führer berichtet aus seiner Kindheit:

> "Unsere frühen jüdischen Beziehungen wurden immer stärker verdrängt durch die politischen Ereignisse. Meine Eltern wurden vorsichtig, haben mich nicht mehr in ihre Gespräche einbezogen. Aus Zeitungen und Radiomeldungen wußte ich, daß das Judentum für alles verantwortlich gemacht wurde. Dazu äußerten meine Eltern: Wofür die alles herhalten müssen. - Die konnten ja nicht an allem schuld sein."

15 Vgl. Hofer 1977, 163 f.
16 Hillel 1975, S. 85.
17 Vgl. Bion 1962.

Alexander und Margarete Mitscherlich vermuten einen Motivzusammenhang zwischen der Nazivergangenheit der Deutschen und einem, wie sie meinen, spürbaren Mangel an sozialer Gestaltungskraft in der Gegenwart.[18] Durch Abwehrmechanismen, insbesondere durch Verleugnung und Verharmlosung werden die NS-Zeit nicht als Teil der eigenen Geschichte und der geschichtlichen Identität anerkannt. Die Abwehr verhindert das Leiden an der eigenen Geschichte.

> "Wo Schuld entstanden ist, erwarten wir Reue und das Bedürfnis der Wiedergutmachung. Wo Verlust erlitten wurde, ist Trauer, wo das Ideal verletzt, das Gesicht verloren wurde, ist Scham die natürliche Konsequenz."[19]

Die Regeln treffen auf den intakten Seelenhaushalt zu, in dem Erfolge und Mißerfolge, Stärken und Schwächen, Peinlichkeiten und Schuld ehrlich aufgezeichnet werden. Wenn aber das Gewissen ausgetrickst, abgepalten, korrumpiert oder in seiner Zuständigkeit eingeschränkt wird, treten keine Schuldgefühle auf. Wenn Verluste geleugnet werden, bleibt die Trauer aus. Und wenn das reale Selbst illusionär verkannt wird, meldet sich kein Scham.

Die Fähigkeit des Menschen, der Stimme des Gewissens zu folgen, ist kein Naturereignis, sondern das Ergebnis einer politischen Kultur. Diese Fähigkeit scheint unter extremen Bedingungen eher abzunehmen. Der Seelenhaushalt bricht dann zusammen, wenn das, was der Seele zur Verarbeitung zugeführt wird, affektiv nicht mehr "verdaut"[20] werden kann. Es setzt eine Regression auf kindliche Vorstufen des Gewissens ein: Die emotionale Anteilnahme sinkt, und mit dem Sinken der emotionalen Anteilnahme bekommt auch das Leiden des anderen keine innere Repräsentanz mehr - es wird nicht mehr gefühlsmäßig erlebt und nachvollzogen, nur noch registriert.

Obgleich Führung, Autorität und Verantwortung bei den Nazis häufig gebrauchte Vokabeln waren, scheinen sie von ihrer tatsächlichen Verantwortung keine Vorstellung gehabt zu haben. Teilweise haben sie sich durch Selbstmord der Verantwortung entzogen, teilweise mußte ihnen erst durch Gerichtsurteil die Verantwortung auferlegt werden. Wie steht es mit der Verantwortung der vielen "Volksgenossen", ohne deren Handlangerarbeit die Verbrechen nicht hätten durchgeführt werden können? Allein im Konzentrationslager Sachsenhausen wurden nach Auskunft des Kommandanten Anton Kaindl in der Zeit vom 22. August 1942 bis Ende April/Anfang Mai 1945 etwa 4700 Angehörige der Waffen-SS beschäftigt.[21]

18 Vgl. A. und M. Mitscherlich 1976, S. 23.
19 Ebd., S. 36.
20 Vgl. Bion 1962.
21 Vgl. Hofer 1979, S. 116.

Die Protokolle der Verhöre Eichmanns zeigen, daß er selbst auf seine Verantwortung angesprochen, nicht antworten konnte:

> "Ich bin verantwortlich für das, was ich zu ... für Dinge, die ich laut Befehl zu tun gehalten gewesen bin. Ich habe gleich zu Anfang gesagt, Herr Hauptmann, daß ich mich da in keiner Weise zurückziehen möchte, weil ich das gar nicht kann. Aber auf der anderen Seite weigere ich mich, für etwas verantwortlich gewesen zu sein, wofür ich keine Befehle hatte und wofür ich nicht zuständig gewesen bin."[22]

Während er sich einerseits auf seine Zuständigkeit beruft, besteht diese andererseits nur darin, Befehle ausgeführt zu haben, wie er am Ende des Verhörs entschuldigend sagt. Wer bei ihm eine "Antwort" im Sinne einer Reaktion auf die Leiden der Opfer erwartet, wird enttäuscht. Selbst die Sühnegeste, sich selbst öffentlich zu erhängen, gerät zu einer heroischen Pose, zu der ein Mensch nicht fähig wäre, der wirklich trauernd an den Gräbern der Opfer steht.

Im "Schuldbekenntnis" der Evangelischen Kirche in Deutschland wurde 1945 die gemeinsame Verantwortung öffentlich bekannt.[23] Aber eine Antwort, wie es zu dem religiösen Antisemitismus kam, der sich in den fehlenden oder vergleichsweise schwachen Protesten gegen die Judenverfolgung zeigte, steht bis heute noch aus. Es scheint fast unmöglich zu sein, sich in die Lage der Opfer zu versetzen, wenn man selbst Täter oder Mittäter gewesen ist. Das wäre jedoch die Voraussetzung für Trauerarbeit und innere Veränderung. Wenn Trauerarbeit Erinnerungsarbeit ist, müßte man die Toten noch einmal innerlich lebendig werden lassen, was verknüpft wäre mit Schuld- und Schamgefühl wegen mangelnder Zivilcourage, unterlassener Hilfeleistung und Haß.

Der Psychoanalytiker Karl Landauer, selbst ein Opfer des Holocaust und aufgrund einer zunächst geglückten frühen Emigration nach Holland 1933 aufmerksamer und gleichzeitig distanzierter Beobachter der Vorgänge in Deutschland, schrieb 1939 in einer Arbeit über die "Gemütsbewegungen der Affekte":

> "Bei den seelischen Behandlungen vieler Störungen ist es wichtig, daß der Kranke wieder fühlen lernt: Wirkliche Wut, wirkliche Trauer; dann erst kehrt wirkliche Freude, wirkliche Liebe bei ihm ein. Auch muß man sich darüber klar sein, daß nicht die Erinnerung an ein früheres schädliches Geschehen genügt, um die Genesung herbeizuführen. Die Ereignisse müssen durchlebt, ja vielleicht zum ersten Mal zu Ende gelebt werden, d.h. vor allem gefühlt werden können."[24]

Erst wenn man erkennt, wie sehr man hassen kann, kann man auch lieben. Die Unterdrückung von Haß steht der Liebe im Weg, verhindert wirkliche Liebe, die die Voraussetzung für Trauer ist. Eine Affektstörung scheint für viele Nazifamilien typisch zu sein. Sie äußert sich in politischen unvorhersehbaren jähzornigen Reak-

---

22 Zit. nach von Lang 1982, S. 181 f.

23 Vgl. Brunotte/Weber (Hrsg.) 1959, Sp. 1185-1187.

24 Landauer 1939, zit. nach Rothe 1987, S. 76.

tionen oder in einer Affektlahmheit, die bis zur Affektsperre geht. Manche Eltern erscheinen ihren Kindern unverwundbar wie Siegfried nach dem Kampf mit dem Drachen und dem anschließenden Blutbad. In der Regel unerreichbar konnten sie sich jedoch - ebenfalls wie Siegfried - plötzlich und unvermutet tief verletzt zeigen.

Gleichfalls aus dem Umkreis der Überlegungen von Landauer stammt eine Arbeit von Le Coultre,[25] die sich mit dem Phänomen des "Außersichgeratens", der "Depersonalisation" befaßt - also mit Zuständen, in denen sich die Person selbst fremd wird, in denen sie zerfällt, aufgespalten wird und die in Zusammenhang mit schizophrenen Gemüts- und Geisteszuständen beschrieben worden sind: Das Auseinanderfallen, das bedrohlich erlebt wird und Angst macht, kann verhindert werden, indem man sich gefühllos und unempfindlich macht für unlustvolle Erlebnisse, sich mit einem undurchdringlichen Panzer umgibt. Es handelt sich dabei um eine Affektstörung, bei der der eigene Anteil an Haß und destruktiver Aggressivität nicht gesehen und verarbeitet werden kann. Unter solchen psychologischen Voraussetzungen kann auch Himmler in der zitierten Rede 1943 wenigstens zeitweise annehmen, trotz der millionenfachen Morde ohne Schaden an Geist und Seele davongekommen zu sein. Wenn es ihm nicht gelungen wäre, sich gegen das Eindringen der emotionalen und affektiven Anteile zu wehren, hätte er das nur mit einer Spaltung verarbeiten können. Die Auswirkungen dieser affektiven Panzerung zeigen sich noch heute darin, daß die Opfer mehr Erinnerungsarbeit leisten als die Täter, daß vor allem die Nachkommen der Täter von "Vergessen" sprechen und sich damit auch moralisch als "Nachkommen" im Sinne einer Seelenverwandtschaft zeigen. Sie nehmen nicht oder nur andeutungsweise die Leiden der Opfer und die seelischen Narben, die die Wunden hinterlassen haben, wahr.

Einer, der seine Eltern durch den Holocaust verloren hatte und nicht vergessen konnte - Paul Celan -, hat Tätern und Opfern ein Denkmal gesetzt. Ich zitiere aus einem Gedicht:

> "Schwarze Milch der Frühe wir trinken dich nachts
> wir trinken dich mittags der Tod ist ein Meister aus Deutschland
> wir trinken dich abends und morgens wir trinken und trinken
> der Tod ist ein Meister aus Deutschland sein Auge ist blau
> er trifft dich mit bleierner Kugel er trifft dich genau
> ein Mann wohnt im Haus dein goldenes Haar Margarete
> er hetzt seine Rüden auf uns er schenkt uns ein Grab in der Luft
> er spielt mit den Schlangen und träumet der Tod ist ein Meister aus Deutschland
> dein goldenes Haar Margarete
> dein aschenes Haar Sulamith"

Während den einen alle Bitterkeit des Lebens (die schwarze Milch) vorgesetzt wird, sie heimatlos gemacht, gehetzt, getötet, verbrannt werden, leben die anderen in festen Häusern, spielen mit dem Gift und träumen von den goldenen Haaren ih-

---

25 Vgl. Le Coultre 1941.

rer Liebsten. Der ungestörte Genuß der einen wird mit der Asche der anderen bezahlt.

Erziehung für Auschwitz?

Wenn die Nazis selbst ihre Erziehung im wesentlichen als Umerziehung verstanden haben, die die Spuren der frühkindlichen Sozialisation auslöschen und vernichten sollte, so müssen in dieser frühen familiären Sozialisation auch die psychologischen Kräfte zu finden sein, die Auschwitz verhindern. Die Furcht der Nazis, daß die SS bei der Durchführung der Verbrechen "weich" werden könne, hat sich weitgehend als unbegründet erwiesen. Die Propaganda sorgte dafür, daß die Opfer von vornherein nicht als gleichwertig angesehen wurden. Die Opfer wurden sogar zum "Weltfeind Nr. 1", zum "Drachen" stilisiert. Wenn ihnen überhaupt ein Lebensrecht zugestanden wurde, dann nur in einer dienenden und abhängigen Position. Diese Propaganda fand bereitwillige Ohren und Herzen und muß mithin auch einem inneren Bedürfnis entsprochen haben, ohne Schuldgefühle - denn es war ja Notwehr - den Juden all das Bittere zu trinken zu geben - in der Sprache Celans -, was man selbst nicht trinken wollte: Verachtung, Abscheu, Erniedrigung, Demütigung und Kränkung. Zweifellos sind die Massen in der NS-Zeit manipuliert worden. Man wollte sie sich gefügig machen.

Hitler hat in "Mein Kampf" von der Masse immer in Verachtung gesprochen. Sie erschien ihm "wie eine Frau"; sie sei manipulierbar, beeinflußbar, leichtgläubig, verführbar, unkritisch und leicht zu entflammen. Ihrer Launenhaftigkeit Rechnung tragend, müsse man immer wieder geschickt versuchen, sie in die richtige Richtung zu drängen, ihre aggressiven destruktiven Kräfte und ihre blinde Begeisterungsfähigkeit zu kanalisieren. Die Masse erscheint in diesen Bildern als eine blindwütige Furie, der man die Juden zum Fraß vorwerfen müsse. Man müsse ihren ständigen Hunger nach Versprechungen und Sensationen stillen, denn in ihrem Kern sei die Masse gefühllos, sei ihr Feuer Strohfeuer. Sie sei nicht an echtem Glanz und Größe interessiert, es genüge ihr auch falscher Glanz und falsche Größe.

Bewußt plante Hitler Massenveranstaltungen am Abend, weil ihm die Masse dann noch unkritischer, noch leichter verführbar erschien.[26] Das Problem des Umgangs mit der Masse war nicht, sie zu erobern, sondern sie auf Dauer zu besitzen. Das war jedoch nur durch Härte möglich. Entsprechend war die Erziehung zur Härte ein vor allem männliches Erziehungsideal. Im nachhinein scheint es so gewesen zu sein, als habe man den Kindern die Härte, das frühzeitige Erwachsensein abverlangt, um das eigene Unerwachsensein zu kompensieren. Der Härte waren vor allem Jungen ausgesetzt. Ein ehemaliger Schüler einer Adolf-Hitler-Schule, Jahrgang 1928, berichtete:

26 Vgl. Hitler 1939, S. 531 ff.

"Alle Kinder hängen an den Eltern, besonders wenn ihnen mit 12 Jahren das Elternhaus entzogen wurde. Wenn wir in der Adolf-Hitler-Schule mit 12 oder 13 irgendwelche Sachen machten, Geländeübung z.B., und man fiel hin und schlug sich die Knie oder die Ellbogen auf oder biß sich die Unterlippe dabei durch, da war keine Mutter, die sagte: Du, komm mal her, ist ja nachher wieder gut. - Da war irgendein Vorgesetzter, der sagte: Revier, Pflaster, wieder melden, in 10 Minuten zurück, klar? - Jawohl! hat man dann gesagt. Und dann ist man humpelnd dahin, dann hat der einen Pinsel genommen mit Jodtinktur oder reinem Jod, noch schlimmer als der eigentliche Wundschmerz. Absolute Erziehung zur Härte."

Entgegen dem gewünschten Erziehungsziel der Nazis, harte Männer zu schaffen, wünschten sich viele der so Erzogenen heimlich, als Mädchen geboren zu sein. In den Schützengräben unter Granatfeuerbeschuß weinten 16- oder 17jährige nach ihren Müttern, von denen sie sich im Stich gelassen fühlten. Aus der Sicht der Betroffenen gehören diese Mitteilungen zu den intimsten, die sie in den Interviews gegeben haben. Sie haben - spät, aber unvergessen - die "schwarze Milch" getrunken, die Bitterkeit und Härte zu spüren bekommen, die der Krieg und der Einsatz an der Front mit sich brachten, während ihre Führer und Vorgesetzten sich nicht selten noch rechtzeitig aus dem Staub machten. Aber gleichzeitig hätten und haben sie auf Befehl auf jeden geschossen, der ihnen als "Feind" bezeichnet wurde.

Sie sind Täter und Opfer zugleich gewesen. In ihren kindlichen Illusionen und Größenphantasien belassen, zum Teil von den Eltern selbst den "Rattenfängern" zugeführt, wurden sie mißbraucht für fremde Zwecke, ohne es zu merken. In ihrer Erinnerung haben sie ein kritisches, desillusionierendes Wort eines Lehrers oder eines anderen Erwachsenen als lebensrettend empfunden,[27] weil es sie davor behütete, in blindem Einsatz ihr Leben wegzuwerfen.

Eine Erziehung *für* Auschwitz ist eine Erziehung, die Auschwitz vergißt; letztlich bedeutet sie eine Erziehung auf Auschwitz hin. Die Erinnerung an Auschwitz sensibilisiert für den Mißbrauch von Gewalt, indem die einen gezwungen werden, die "schwarze Milch" zu trinken, während die "weiße" für die anderen reserviert bleibt, die Bitterkeit des Lebens den einen vorgesetzt wird und die Süße den anderen.In der Geschichte erkennt die Menschheit sich selbst.28

Bei den Interviews fehlte eine Seite der Geschichte: Nicht das Ende und die Niederlage wurden verschwiegen. Damit konnte man sich offensichtlich abfinden. Verschwiegen wurden der Holocaust und die Verbrechen des NS-Regimes. Nicht um die Nazis zu schützen, mit denen die meisten - es gab wenige Ausnahmen - innerlich bereits abgerechnet hatten, sondern um sich selbst zu schützen. In diesen Spiegel wollte keiner schauen, selbst dann nicht, wenn man nur ein passiver Mittäter gewesen war. Dieser Teil des Ganzen sollte unterschlagen werden. Ohne diesen Teil bekommt jedoch das Ganze eine andere Bedeutung: Es verliert seinen Ernst, erhält ein anderes Gewicht, wird bagatellisiert. Noch einmal verflüchtigt sich

27 Vgl. Reich-Ranicki (Hrsg.) 1982.

28 J. G. Droysen, zit. nach Pannenberg 1987, S. 162.

alles zu Rauch, die Stimmen der Opfer in der eigenen Brust lösen sich in Nichts auf. Sicher ist diese Art von "innerem Holocaust" nur bedingt vergleichbar mit dem historischen Holocaust. Psychodynamisch ähnlich ist die fehlende Präsenz der Opfer, nicht weil es sie nicht gibt oder gegeben hat, sondern weil ihre Präsenz mit bitteren Scham- und Schuldgefühlen bezahlt werden muß.

Eine Erziehung, die Kindern diese innere Auseinandersetzung erspart, schwächt ihre selbstkritischen und kritischen Fähigkeiten. Sie verhindert, daß Kinder sich selbst oder Teile ihres Selbst wahrnehmen - was Ängste, Zweifel, Traurigkeit, Scham- und Schuldgefühle auslöst - und zu einer vertieften Selbstwahrnehmung kommen. Eine gesunde Ich-Spaltung in einen wahrnehmenden und urteilenden Teil führt zu einem ständigen inneren Dialog und zum Aufbau einer inneren Welt, in der Gegensätzliches und Unvereinbares als Gedanke und Phantasie zugelassen und bearbeitet werden können. Das Ergebnis sind differenziertere Urteile über sich selbst und über andere. Diese gesunde Ich-Spaltung hat eine lange Tradition in der jüdischen Religion.

Eine krankhafte Ich-Spaltung liegt dann vor, wenn wesentliche Teile des Selbst von der Wahrnehmung ausgeschlossen, abgespalten und projiziert werden. Eine innere Auseinandersetzung und Reifung kann dann nicht stattfinden. Ängste, Zweifel, Traurigkeit, Scham- und Schuldgefühl werden nicht erlebbar und fühlbar. Die innere Welt verarmt. Das Ich wird geschwächt, seine Wahrnehmungen verzerrt und seine Urteilsfähigkeit beeinträchtigt.

Daß die Toten sich in Rauch, in "Nichts" auflösen, ist die Hoffnung der Nazis gewesen. Eine Erziehung für Auschwitz ist jede Erziehung, die sie in dieser Absicht unterstützt. Jede Erziehung, die versucht, Auschwitz vergessen zu machen, stünde in dieser unheilvollen Tradition.

Für einen Freund schrieb Celan die folgende Grabschrift:

> "Die beiden Türen der Welt
> stehen offen:
> geöffnet von dir
> in der Zwienacht.
> Wir hören sie schlagen und schlagen
> und tragen das ungewisse,
> und tragen das Grün in dein Immer."

Geburt und Sterben, die beiden Türen der Welt, sie öffnen sich mit der Trennung und dem Abschied. Die Toten werden lebendig in der Erinnerung. Das ist ihre Hoffnung - das "Grün" im "Immer" - in der Hoffnungslosigkeit und im Tod.

Literatur

BION, W. R.: Learning from Experience (1962). London 1984
BRUNOTTE, Heinz/WEBER Otto (Hrsg.): Evangelisches Kirchenlexikon. Göttingen 1959
CELAN, Paul: Gesammelte Werke. Frankfurt/M. 1986.
FRAENKEL, Heinrich/MANVELL, Roger: Himmler, Kleinbürger und Massenmörder. Berlin, Frankfurt, Wien 1965
FREUD, Sigmund: Erinnern, Wiederholen und Durcharbeiten (1914), GW, Bd. X, S. 126-136
ders.: Trauer und Melancholie (1915), GW, Bd. X, S. 427-446
ders.: Die Zukunft einer Illusion (1927), GW, Bd. XIV, S. 323-380
HEIDER, Helmut (Hrsg.): Reichsführer! ... Briefe an und von Himmler. Stuttgart 1968
HELLFELD, Matthias von/KLÖNNE, Arno: Die betrogene Generation. Jugend im Faschismus. Köln 1986
"Historiker Streit" - Die Dokumentation der Kontroverse um die Einzigartigkeit der nationalsozialistischen Judenvernichtung. München, Zürich 1987
HITLER, Adolf: Mein Kampf (1925/26). München 1939
HOFER, Walther (Hrsg.): Der Nationalsozialismus. Dokumente 1933-1945 (1957). Frankfurt/M. 1977
KLÖNNE, Arno: Jugend im Dritten Reich. Die Hitler-Jugend und ihre Gegner. Düsseldorf, Köln 1987
KÜHNL, Reinhard: Der deutsche Faschismus in Quellen und Dokumenten. Köln 1979
LANG, Jochen von (Hrsg.): Das Eichmann-Protokoll. Tonbandaufzeichnungen der israelischen Verhöre. Berlin 1982
MITSCHERLICH, Alexander und Margarete: Die Unfähigkeit zu trauern. München 1967
NIEDERLAND, William G.: Folgen der Verfolgung. Das Überlebenden-Syndrom in: Seelenmord (1968). Frankfurt/M. 1980
PANNENBERG, Wolfhard: Wissenschaftstheorie und Theologie. Frankfurt/M. 1987
RAUSCHNING, Hermann: Gespräche mit Hitler. Zürich, New York 1940
REICH-RANICKI, Marcel (Hrsg.): Meine Schulzeit im Dritten Reich. Erinnerungen deutscher Schriftsteller. München 1985
ROSE, Arno: Werwolf 1944-45. Stuttgart 1980
ROTHE, Hans-Joachim: Zur Erinnerung an Karl Landauer, geb. am 12.1887 in München, gest. am 27.1.1945 in Bergen-Belsen. Materialien aus dem Sigmund-Freud-Institut Frankfurt, Nummer 4. Frankfurt/M. 1987
SMITH, Bradley F./PETERSON, Agnes F. (Hrsg.): H. Himmler. Geheimreden 1943-45. Berlin 1974
URBAN, Karin: Das Ausbildungswesen unter dem Nationalsozialismus. Wissenschaftstheoretische Begründung und erziehungswirkliche Praxis. Frankfurt, Bern, New York 1986

Was waren das für Menschen?
Zum Beispiel Rudolf Höß: ein Managertyp mit Zukunft?

Siegfried Reck

1. Nachdenken über die Täter

Nachdem ich in einem Seminar mit dem Thema "Scham und Schuld in soziologischer Sicht" den Film zum Majdanek-Prozeß von E. Fechner vorgeführt hatte, äußerten die Teilnehmer (in der Mehrzahl Pädagogikstudentinnen und - studenten) spontan ihren Widerwillen gegen die Art und Weise, wie die Angeklagten auf belastende Aussagen reagierten. Mehrfach wurden deren "Selbstbewußtsein" und "Souveränität" als "unglaublich", "ärgerlich", "wütend machend" verurteilt und die Berufung auf die Befehle als unglaubwürdige Schutzbehauptung bewertet. Darin enthalten war sicherlich eine tiefe Abscheu vor den Untaten, die den Angeklagten zugeschrieben werden. Andererseits war aber die zur "Tatzeit" unterstellte sadistische Aggressivität eher eine Brücke zu ihrem Verständnis als ihr psychologisch relativ leicht verständliches Abwehrverhalten vor Gericht. So erschien es plausibel, daß "kleine Leute" und "arme Schlucker", die die Angeklagten des Majdanek-Prozesses vor ihrer Verwendung im KZ waren, durch ihre Machtposition als Aufseher und die haßschürende Nazipropaganda zu sadistischen Handlungen verführt worden seien: "Macht kann viel mit einem machen", sagte eine Studentin in treffender Doppeldeutigkeit. Hätten die Angeklagten doch nur etwas davon erkannt und bekannt, so wäre ihnen - wenn auch nicht Sympathie, so doch aber Empathie von einigen Seminarteilnehmern sicher gewesen.

Ganz anders war die Reaktion nach ausführlichen Informationen über die autobiographischen Aufzeichnungen des Kommandanten von Auschwitz, Rudolf Höß: "Sonderfall", "kaputter Typ", "Schizophrener" waren spontane Charakterisierungen. Erst nach der Aufforderung, Symptome der "Verrücktheit" von Höß zu benennen, wurde eine Einordnung als "neurotisch" und damit "eher normal" versucht. Aber auch sich anschließende Gedanken über die Aktualität ähnlicher "neurotischer" Charakterzüge in heutigen technokratischen und militärischen Machteliten ließen die hier entdeckte "Normalität" zu keinem Baustein für eine Verständnisbrücke werden; im Gegenteil, sie vergrößerten die emotionale Kluft nur, vielleicht weil die Angst eigenen aktuellen Ausgeliefertseins hochkam.

Diese unterschiedlichen Reaktionsweisen der Seminarteilnehmer erinnern an Adornos Zweiteilung der Täter in "Folterknechte" (die "Bogers und Kaduks") und

"Schreibtischtäter" (wie "Himmler, Höß, Eichmann"):[1] die einen, die "Ungebildeten", die blind mit dem Kollektiv identifiziert waren und deren Zahl und Gefährlichkeit heute durch "Erziehung und Aufklärung" begrenzbar sind - und die anderen, die die Kollektive manipulierten und deren Nachwachsen "durch Maßnahmen einer auch noch so weit gespannten Erziehung" nicht gehindert werden kann ... Die letzteren nennt er unter Bezugnahme auf die Untersuchungen zur "Autoritären Persönlichkeit" manipulative Charaktere. Ihre Aktualität verdeutlichend, charakterisiert er sie

> "durch Organisationswut, durch Unfähigkeit, überhaupt unmittelbare menschliche Erfahrungen zu machen, durch eine gewisse Art von Emotionslosigkeit, durch überwertigen Realismus. ... besessen vom Willen *of doing things*, Dinge zu tun, gleichgültig gegen den Inhalt solchen Tuns." ... "Er (der manipulative Typus) macht aus der Tätigkeit, der Aktivität, der sog. *efficiency* als solcher einen Kultus, der in der Reklame für den aktiven Menschen anklingt."[2]

Adorno, der sich gemeinsam mit Horkheimer in zahlreichen Schriften um Geist und Seele der Massen gesorgt hat, scheint sich hier einem Psychogramm einer wichtigen Fraktion der herrschenden Elite zu nähern. Doch was mag ihn getrieben haben, mit folgendem Satz fortzufahren:

> "Was damals nur einige Nazimonstren exemplifizierten, wird man heute feststellen können an sehr zahlreichen Menschen, etwa jugendlichen Verbrechern, Bandenführern und ähnlichen, von denen man jeden Tag in der Zeitung liest."[3]

Dies klingt, als hätte Adorno am entscheidenden Punkt seiner Überlegungen die gesellschaftskritische Courage verlassen. Noch in der 1969 erschienen Übersetzung der von Adorno mitverfaßten "Studies in Prejudice" (1950) ist zum "manipulativen Typus" zu lesen: "Das Syndrom existiert häufig unter Geschäftsleuten und auch, in steigendem Ausmaß, unter den Angehörigen der aufstrebenden Manager- und Technikerklasse ..."[4] So ähnlich waren auch die Assoziationen von Studentinnen und Studenten meines Seminars, als sie eine soziologische Einordnung von Höß versuchten. Sie nannten ihn einen Manager und Chef, was ja auch zu Adornos Kategorisierung als "Schreibtischtäter" passen dürfte.

Doch so plausibel eine solche Einordnung in der Perspektive einer gesellschaftskritischen Sozialcharakterologie erscheint, schon ein kurzer Blick in die Vorgeschichte des Nationalsozialismus kann Zweifel aufkommen lassen. So hatten manche der späteren SS-Chefs in der "Kampfzeit" durchaus eher Ähnlichkeit mit "Bandenführern" als mit "Managern" oder "Vorgesetzten". Wenn nun daraus auch nicht gefolgert werden kann, daß sie doch Vorfahren heutiger (jugend-)krimineller

1 Adorno 1971, S. 95, 104.
2 Ebd., S. 97.
3 Ebd.
4 Ackermann u.a. 1969, S. 396.

Bandenführer waren, so mag es aber als warnender Hinweis dienen, historische Unterschiede nicht einer organisationssoziologischen Machtelitecharakterologie zu opfern.

Die Frage "Was waren das für Menschen?" kann nur sinnvoll beantwortet werden, wenn zugleich eine Antwort auf die Frage "In welcher Welt lebten sie?" versucht wird. Insofern scheint mir ein naheliegender Ansatzpunkt für das Nachdenken über die "Täter" deren eigene sich in zahlreichen Rechtfertigungen und Verteidigungsversuchen wiederholende soziale Selbstverortung zu sein, die sie durch ihre unermüdliche Berufung auf die Befehle vornehmen. Auch wenn in vielen Fällen hierbei die Schutzfunktion zur Abwehr strafrechtlicher Zurechnungen von eigenen Anteilen an den Untaten sehr durchsichtig ist - sie also zunächst etwas über die soziale Selbstverortung im Gerichtsverfahren aussagen[5] -, ist aber doch auch unzweifelhaft die Welt zur Tatzeit von Befehlen in bürokratischer und militärischer Weise durchstrukturiert. Ich sehe daher relativ große Chancen, unter diesem Aspekt einen psychosoziologischen Zugang wenigstens zu denjenigen zu finden, die sich über ihre Befehle ausführlicher äußerten. Im Rahmen dieses Aufsatzes möchte ich mich auf einen "Fall" konzentrieren, der mir unter dem Befehlsaspekt besonders aufschlußreich erscheint: Höß, den Kommandanten von Auschwitz.[6]

2. Die Heiligkeit der Befehle

Höß hat in seinen autobiographischen Aufzeichnungen nicht nur konkrete Einzelbefehle und Grundsatzbefehle, deren Durchführung und Umsetzungsprobleme beschrieben, sondern auch über den ideologischen und politischen Zusammenhang informiert, in dem sie für ihn standen. Dieser wird blitzlichtartig in einer Textstelle deutlich, in der er sich mit dem im Sommer 1941 von Himmler persönlich empfangenen Befehl der Judenvernichtung in Auschwitz befaßt. Zunächst verheddert er sich hier sprachlich und logisch:

> "Wohl war dieser Befehl etwas Ungewöhnliches, etwas Ungeheuerliches. Doch die Begründung ließ mich (mir!) diesen Vernichtungsvorgang *richtig* erscheinen. Ich stellte damals keine Überlegungen an - ich hatte den Befehl bekommen - und hatte ihn durchzuführen." (S. 124)

Wie zur endgültigen Besiegelung der Verleugnung eigenen Denkens folgt dann die formelhafte Bekräftigung der höchsten Formel des SS-Staates:

> "'Führer befiehl, wir folgen' - war keinesfalls eine Phrase, kein Schlagwort für uns. Es war bitter ernst gemeint." (S. 124)

---

5 Vgl. z.B. Naumann 1965, Müller-Münch 1983.

6 Höß 1985; im folgenden nur Seitenangaben.

Diesem bitteren Ernst entspricht, daß er sich im nächsten Satz gedanklich einer existenziellen Grenzsituation der SS nähert: der Tötung des Reichsführers der SS Himmler.

> "Ich glaube nicht, daß unter den Tausenden von SS-Führern auch nur einer einen solchen Gedanken in sich hätte aufkommen lassen können. So etwas war einfach ganz unmöglich. Wohl haben viele SS-Führer über manchen harten Befehl des RFSS gemeckert, geschimpft, aber ausgeführt haben sie jeden. Der RFSS hat manchem SS-Führer durch seine unerbittliche Härte bitter wehgetan, aber nicht einer, glaube ich fest, hätte es gewagt, sich an ihm zu vergreifen, auch nicht in den geheimsten Gedanken. Seine Person als RFSS war unantastbar. Seine grundsätzlichen Befehle im Namen des Führers waren heilig." (S. 125)

Der Realitätsgehalt seiner Einschätzung von "Tausenden von SS-Führern" mag zweifelhaft erscheinen, doch wichtiger ist hier, was dieses Zitat über Höß' Verhältnis zur SS-Führung aussagt. Hält man sich an diesen Text, so war es religiös. Im Hintergrund stand - wie hier, so in der ganzen Biographie - schemenhaft ein Gott: Hitler. Himmler war als "sein ihm Nächststehender" zugleich eine Art Götterbote und damit zwar konkreter, aber tabu. So waren die Befehle, die Hitlers "Absichten" und Himmlers "Wollen" entsprangen (S. 153), "heilig". "Nicht umsonst wurden in der SS-Schulung die Japaner als leuchtende Vorbilder der Selbstaufopferung für den Staat, den Kaiser, der ja gleichzeitig ihr Gott war, hervorgehoben", heißt es in demselben Kontext (S. 125).

Denkbar ist, daß Höß, um sich vor seinen Richtern und der richtenden Nachwelt zu entlasten, die Irrationalität seiner Abhängigkeit von der "Führung" in den zitierten Formulierungen übertrieben hat. Vermutlich leuchtete ihm "die Begründung" für den "Vernichtungsvorgang" nicht nur unter verkehrstechnischen und sicherheitspolizeilichen, sondern auch unter rassenideologischen Gesichtspunkten ein. In den gesonderten Aufzeichnungen von Höß zur "Endlösung der Judenfrage" werden rassenideologische Gründe explizit als Bestandteil der "Eröffnungen" Himmlers wiedergegeben. Dafür, daß er sich mit diesen im Prinzip identifizierte, läßt sich eine ganze Reihe von Anhaltspunkten aufführen: seine Bekenntnisse zum Nationalsozialismus und ausdrücklich auch zum Antisemitismus (S. 112 f., 157), seine Zugehörigkeit zu rechtskonservativen Freischärlern in den ersten Jahren der Weimarer Republik, seine Parteigenossenschaft seit 1922 und seine aktive Mitgliedschaft im Artamanenbund in den 30er Jahren (S. 34 ff., 51 ff.) - ein Blut- und Boden-Verein mit Siedlungszielen im Osten, dem auch Himmler angehörte (S. 54, Anm. 2). Doch all dies widerspricht seiner religiösen Selbstdeutung als Befehlsempfänger in der Gefolgschaft des gottgleichen Führers selbsverständlich nicht. Es besagt nur so viel, daß er als "Kämpfer der ersten Stunde" und "fanatischer Nationalsozialist" (S. 112) über Einsicht in die Legitimationsgründe der obersten Führung verfügte, so daß er sich - was schließlich auch seiner stetigen Karriere von Position zu Position, von KZ zu KZ bis hinauf zum Inspekteur der KZs entsprach -

nicht zum Fußvolk, sondern zur Führung, zur hohen Priesterschaft im "SS-Orden" zählen mußte, wie Himmler die SS nannte .[7]

3. Moralische Selbst-Charakterisierung

Diese Deutung gewinnt weitere Plausibilität, achtet man in seinen Aufzeichnungen auf Charakterisierungen seiner Rolle in der Befehlshierarchie. In einem pointierten Sinne handelt es sich hier um eine Selbst-Charakterisierung als *vorbildhafter Charakter*. Das fürchterlichste Beispiel einer solchen Selbst-Charakterisierung findet sich im Kontext seiner detaillierten Beschreibung der Massenvergasungen:

> "Ich mußte alle Vorgänge mitansehen. Ich mußte, ob Tag oder Nacht, beim Heranschaffen, beim Verbrennen der Leichen zusehen, mußte das Zahnausbrechen, das Haarabschneiden, all das Grausige stundenlang mitansehen. Ich mußte selbst bei der grausigen, unheimlichen Gestank verbreitenden Ausgrabung der Massengräber und dem Verbrennen stundenlang dabeistehen. Ich mußte auch durch das Guckloch des Gasraumes den Tod selbst ansehen, weil die Ärzte mich darauf aufmerksam machten. Ich mußte dies alles tun - weil ich derjenige war, auf den alle sahen, weil ich allen zeigen mußte, daß ich nicht nur die Befehle erteilte, die Anordnungen traf, sondern auch bereit war, selbst überall dabeizusein, wie ich es von den von mir dazu Kommandierten verlangen mußte." (S. 132)

Dies ist sehr deutlich eine klare Abgrenzung gegen die "Schreibtischtäter", die er sogleich im folgenden Abschnitt erwähnt. Verschiedentlich hätten höhere Partei- und SS-Führer in Auschwitz die Vernichtung der Juden angesehen und ihm mehrfach ausgedrückt, daß sie mit ihm nicht tauschen wollten.

> "Einige, die vorher sehr eifrig über die Notwendigkeit dieser Vernichtung dozierten, wurden beim Anblick der 'Endlösung der Judenfrage' doch ganz still und schwiegen sich aus. Stets wurde ich dabei gefragt, wie ich, wie meine Männer *diesen* Vorgang dauernd mitansehen könnten, wie wir dies aushalten könnten. Ich antwortete stets darauf, daß eben alle menschlichen Regungen zu schweigen hätten vor der eisernen Konsequenz, mit der wir den Befehl des Führers durchzuführen hätten." (S. 132 f.)

Hier stellt er sich als fanatischer Opferpriester dar, der vorbildhaft mit zupackt, der den "menschlich Empfindenden" doch aber noch so nah ist, daß er ihre "Regungen" verstehen kann. Auch von Zweifeln schreibt er, die er dank Eichmanns Überzeugungskraft immer wieder erfolgreich unterdrücken konnte:

> "Dieser harten Konsequenz gegenüber mußte ich meine menschlichen 'Hemmungen' zutiefst begraben. Ja, ich muß offen gestehen, diese menschlichen Regungen kamen mir - nach solchen Gesprächen mit Eichmann - beinah wie Verrat am Führer vor." (S. 133)

---

7 Vgl. Buchheim 1984, S. 130, 284 f.;vgl. Fromm 1983, S. 348.

Obwohl Höß hier betont, daß er Eichmanns Auffassung nur indirekt erforscht habe, ohne seine "inneren Nöte kundzutun", scheint dieser jedoch etwas gespürt zu haben. In seinen Erinnerungen erwähnt Eichmann, wie hilfreich ihnen beiden beim Anblick von "Vernichtungsvorgängen" in Auschwitz ein Himmler-Wort ("Das sind Schlachten, die unsere kommenden Generationen nicht mehr zu schlagen brauchen.") gewesen sei. Auch paßt dazu, daß Höß ihm imponierte, "weil er sich so wohltuend abhob von dem Erscheinungsbild von manchem SS-Salonoffizier".[8] So wie Eichmann hier seine Seelenverwandtschaft mit Höß andeutet, die sich nach Hannah Arendts Psychogramm vor allem im Hinblick auf dessen pflichtversessene Autoritätsabhängigkeit nachvollziehen läßt,[9] identifiziert sich Höß mit "Vorbildern", die ebenfalls ein "fanatisches Pflichtbewußtsein" auszeichnet, die aber auch "menschlich" gewesen seien. Sehr eindrücklich ist in diesem Zusammenhang seine bewundernde Charakterisierung seines "Rittmeisters", seines "Soldatenvaters", dem er als 18jähriger "schmerzlich" nachgetrauert habe (S. 31). Eine ähnliche Bewunderung und Identifizierung ausdrückend, schreibt er über den Kommandanten im KZ-Sachsenhausen, Baranowski:

> "Der Kommandant war ein anderer (als Eicke, der als KZ-Inspekteur eine 'Haß-Atmosphäre' verbreitete; S.R.). Wohl sehr streng und hart, aber doch von einem peinlichen Gerechtigkeitsgefühl und fanatischem Pflichtbewußtsein. Als uralter SS-Führer und Nationalsozialist wurde er mir zum Vorbild. Ich sah in ihm fortgesetz mein vergrößertes Spiegelbild. Auch er hatte Momente, in denen seine Gutmütigkeit, sein weiches Herz klar zutage traten, und doch war er hart und unerbittlich streng in allen Dienstangelegenheiten. So hielt er mir stets vor Augen, wie das in der SS geforderte harte 'Muß' alle weichen Regungen zum Schweigen bringen mußte." (S. 71)

Dieses Härteideal besitzt eine unverkennbare moralische Dimension: es ist gegen triebhaftes Ausleben sowohl destruktiver als auch libidinöser Regungen gerichtet. Zwar wird das weiche, mitfühlende Innere der moralischen Charaktere beteuert, doch dieses ist fest im Griff des "harten Muß" und zudem nicht triebhaft, sondern schon zur Charaktereigenschaft sublimiert: nicht Liebe und Leid, sondern "Gutmütigkeit" und "weiches Herz". Ich deute Höß' psychologisierenden typologischen Betrachtungen über Gefängnisinsassen und -aufseher, über KZ-Häftlinge und SS-Männer und vor allem die Opfer der Exekutionen und Vergasungen (S. 40 ff., 60 ff., 78 f., 101 ff.) als Reproduktion dieses moralistischen, Triebhaftigkeit und Ängstlichkeit abspaltenden Ich-Ideals. Indem diese mit Akribie die Moralischen, die Pflichtbewußten, die Charaktere, die - wenn es sein "muß" - aufrecht und mit Würde in den Tod gehen, von den Triebhaften und Ängstlichen trennen, projizieren sie die innere Spaltung nach außen.

8 Adler u.a. 1962, S. 204.
9 Vgl. Arendt 1986, S. 173 ff.

4. Missionarische Loyalitätsbindung

Was diese Moralität zu einer Ordens- und im Fall Höß zu einer Opferpriestermoral macht, ist, daß sie sich durch Hinzutreten eines religiösen und zugleich politischen Moments in Handlungen verwirklicht: nämlich durch Missionen oder - in der militärischen Sprache der SS - *Befehle*, die einerseits "den vollen Einsatz der ganzen Person" (S. 96) verlangen und andererseits über jeden Verdacht erhaben sind, selbst einen triebhaften, "menschlichen" Ursprung zu haben. Dies mag als "Idee" bezeichnet werden, gewinnt seine Härte und Unerbittlichkeit aber durch eine religiöse Personifizierung, d.h. durch Idealisierung eines Anführers, der so zur Verkörperung der "Idee" wird: zum "Führer".

Man kann sicherlich sinnvoll fragen, ob die zu dieser Art von Moralität passenden Aufträge nur als Missionen einer vergötterten mächtigen Person denkbar sind. Möglicherweise könnte ihr auch die Besessenheit von einer Idee schon die nötige Schubkraft verleihen. Aber was heißt "Besessenheit"? Vermutlich werden in jeder Besessenheit, jedem Fanatismus irgendwelche Mächte und Kräfte (das Schicksal, die Nation, das Volk, das Proletariat ...) irrational, idealisierend verkörpert, so daß diese die Aufgaben stellen können. Für Höß lag jedenfalls eine persönlichere Variante nahe. Um sie noch genauer zu verstehen, wäre eine detaillierte biografische Analyse notwendig, die ich hier nicht leisten kann. Als Andeutung möge genügen, daß er - wie er gleichsam in einem Atemzug mitteilt - in "tiefreligiöser Atmosphäre" und "nach streng-militärischen Grundsätzen" erzogen worden sei. Sein Vater, ein "fanatischer Katholik", habe ihn in einem Gelübde zum Geistlichen bestimmt (S. 24). Die fatale Verquickung von militärischen und klerikalen Elementen in seiner Familie wird besonders deutlich in seinen Erinnerungen an die Erzählungen seines Vaters über die Kämpfe mit aufständischen Eingeborenen in Ostafrika:

> "Mit glühender Begeisterung hörte ich zu, wenn er von der segensreichen und zivilisatorischen Tätigkeit der Missions-Gesellschaften sprach. Es stand für mich fest, daß ich unbedingt Missionar würde und dann ins dunkelste Afrika, möglichst mitten in den finsteren Urwald käme." (S. 25)

Hier liegt im Sinne des von Helm Stierlin ausgearbeiteten Delegationsprinzips[10] die Hypothese nahe, daß Höß, als sich sein "Soldatenblut" meldete - "In Generationen waren all meine Ahnen väterlicherseits Offiziere gewesen ..." (S. 29) -, sich auf den Weg nach Auschwitz machte, um dort das Gelübde seines Vaters zu erfüllen, allerdings mit Aufträgen, die ihm ein neuer Gott gab, den sein Vater vermutlich "Götze" genannt hätte.

---

10 Stierlin 1978, ders. 1982.

5. Aktuelle Aspekte

In meinen Ausführungen dürften nun im Fall Höß einige der historischen Besonderheiten deutlich geworden seien, die bei sozialcharakterologischen Verallgemeinerungen und Aktualisierungen zu berücksichtigen sind. Die bisher betrachtete Seite des "Charakters" von Höß ließe direkte Übertragungen nur zu, wenn wir von einem vergleichbaren militärischen und religiösen Sozialisationsmilieu ausgehen könnten. Denkbar, daß im Herrschaftsbereich des islamischen Fundamentalismus hiervon etwas zu finden ist; ausschließen kann man aber auch nicht, daß im protestantischen Apartheids- und Eliteglauben in Südafrika, Nordirland und den USA ein ähnlicher fanatischer Moralismus lauert.

Andererseits: Höß war - wie Eichmann und viele andere der SS-Führer - ein höchst effizienter Manager, dessen destruktive Produktivität nicht allein aus seiner militärischen Moralität und Religiosität erklärbar ist. Es sind vor allem zwei für solche Effektivität höchst funktionale Charakterzüge, die sich auch unter anderen als den spezifischen Sozialisationsbedingungen von Höß entwickeln und unter modernen Karriereverhältnissen in den oberen Rängen und in den Chefetagen konzentrieren könnten. Ich denke erstens an seine Außen-Innen- bzw. Hart-Weich-Spaltung und zweitens an seine Arbeits- und Organisationswut.

5.1 Außen hart und innen weich

Seine "starre Ruhe", "steinerne Maske" und "eiserne Konsequenz" (S. 30, 69, 133) prädestinierten Höß für die SS-Führung zum Exekutor bei Hinrichtungen in Sachsenhausen und zum Organisator der Massenvernichtungen in Auschwitz. Dies reflektieren auch seine Selbst-Charakterisierungen. Jedoch scheint er gegenüber den Lesern seiner Aufzeichnungen, der "Nachwelt", von dem Wunsch beseelt, sie mögen ein weicheres und wärmeres Bild von ihm in Erinnerung behalten. An vielen Stellen ist er bemüht zu verdeutlichen, daß der Kommandant von Auschwitz "auch ein Herz hatte, daß er nicht schlecht war" (S. 156).

Bei der mehrmaligen Lektüre seiner Aufzeichnungen habe ich mich immer wieder gefragt, was es mit den "weichen" Gefühlen inbesondere seinen Mitleidsempfindungen mit Opfern (z.B. S. 132) auf sich hatte. Vorausgesetzt, sie sind nicht von ihm erfunden - was ich angesichts ihrer konkreten, situationsangemessenen Beschreibung für höchst unwahrscheinlich halte -, so kann ich mir diese Empfindungen nur als insuläre subjektive Ereignisse vorstellen, die weder kognitiv noch psychophysisch eine handlungsrelevante Spur hinterließen. Es ist, als ob ihnen Brükken und Verbindungen fehlten, die sie bei anderen Menschen haben: Einbindungen in kognitive Strukturen, z.B. Ideale, die verordnetes, unmenschliches Handeln stören; assoziative Verknüpfungen mit anderen Gefühlen, z.B. Angst oder Scham, die Handlungsalternativen suchen lassen (z.B. Flucht) und sogar habitualisierte Handlungsvollzüge hemmen oder blockieren.

Um hier eine Antwort zu finden, wären unter psychoanalytischem Aspekt die Abwehrfunktionen des Charakters von Höß zu untersuchen: Wie wird er in seiner Kindheit und Jugend mit Angst, Scham und Zweifel "fertig"? Wie vor allem entwickelt sich dieser Charakter? Frühe narzißtische Verletzungen durch systematische Beschämungen und Entwürdigungen, die wir in seiner Erziehung unterstellen müssen, könnten sowohl seinen Charakter gestählt als auch dessen Grundstruktur geprägt haben, indem sie etwa zur Verdrängung eigenen Selbstmitleids und damit zur Zerstörung einer Brücke zwischen seinen Mitleidsempfindungen und seinem Handeln beitrugen. Doch warum ist dieser starre, unflexible Charakter nicht unter den ungeheuren Belastungen - nicht einmal nach der Niederlage und dem Tod seiner vergötterten Auftraggeber - zerbrochen? Psychoanalytische Untersuchungen haben bei narzißtisch gestörten Persönlichkeiten eher brüchige, funktionsschwache Abwehrstrukturen, die primärprozeßhafte, depressive, psychotische Durchbrüche ermöglichen, diagnostiziert;[11] eine Diagnose, die sich für Höß gewiß nicht stellen läßt. Helm Stierlins Hitler-Biographie[12] regte mich zu der Vermutung an, daß Höß, wie Hitler und übrigens auch Himmler[13] in seiner Kindheit nicht nur narzißtische Verletzungen, sondern auch narzißtische "Nahrung" im Übermaß erhielt. Das Gelübde seines Vaters, das ihn zum Priester bestimmte, deutet dies an. Vielleicht haben narzißtische Verletzungen *und* Zufuhren sein Bewußtsein und sein Verhalten angstfrei und schamlos gemacht; so schamlos, daß er auch - ganz ähnlich wie sein Kollege Eichmann[14]- mit seinen biographischen Erinnerungen die öffentliche Selbstdarstellung suchen kann, statt mit seinen Göttern klanglos vom Erdboden zu verschwinden.

So sehr ich mir bewußt bin, mit diesen Andeutungen die aufgeworfenen Fragen noch nicht beantwortet zu haben, so sicher bin ich jedoch, daß - trotz veränderter politischer Auftragslage für diesen Sozialcharakter - die heutigen familiären Sozialisationsbedingungen keineswegs die Produktion ähnlicher Charakterstrukturen ausschließen, zumal die alten unheilvollen Bedingungen in vielen Familien noch leibhaftig nachwirken.[15] Für die gesellschaftliche Entwicklung ist es daher eine lebenswichtige Frage, ob in den großen politischen, wirtschaftlichen und militärischen Institutionen Selektionsprinzipien oder -mechanismen wirksam sind, die den souveränen, stromlinienförmigen Verdränger gegenüber dem nachdenklichen, zu Angst-, Schuld- und Schamgefühlen fähigen Menschen begünstigen.

---

11 Vgl. Grunberger 1977, Kernberg 1981.

12 Vgl. Stierlin 1975.

13 Vgl. Fromm 1983, S. 338 ff.

14 Vgl. Arendt 1986, S. 283.

15 Vgl. v. Westernhagen 1986, Sichrovsky 1987.

5.2 Arbeits- und Organisationswut

Hans Buchheim hat in seinem Gutachten zum Frankfurter Auschwitz-Prozeß "Befehl und Gehorsam" vom "Geist der efficiency" als einem "Spezifikum unserer Zeit überhaupt" gesprochen, der die SS eigentlich beherrscht habe. Er zitiert Himmlers theatralisches Verbot des Wortes "unmöglich" und erwähnt als Beispiel gigantomanischer Leistungsbesessenheit Eichmann, der "noch als Angeklagter in Jerusalem stolz darauf war, daß seine Organisation so tadellos geklappt hat und wie am Schnürchen lief."[16] Von Höß erfahren wir konkreter, zu welcher "Drecksarbeit" dieser Geist fähig war, welche "Unmöglichkeiten" er besiegte. Da hören wir ausführlich von "Beschränktheit, Verbohrtheit, Böswilligkeit ..., Bequemlichkeit" seiner Untergebenen (S. 91 ff., 123 ff.), von Material- und Versorgungsproblemen primitivster Art (S. 91 ff.), von diversen "technischen" Problemen bei der Vernichtung des nicht abreißenden Stroms von Menschenmassen - von der Selektion bis zur Verbrennung (S. 91 ff., 123 ff.) - und immer wieder auch von der Verständnislosigkeit seiner Vorgesetzten, insbesondere Himmlers (S. 96, 172 ff.). Doch alle diese Schwierigkeiten haben ihn - wie er selbst schreibt - nur "zu vermehrtem Eifer" (S. 96) gereizt, d.h. seine Ausdauer, seine Initiative, sein kreatives Organisationstalent herausgefordert und in Gang gehalten.

So pervers dies anmutet, seine Identität mit der Rolle des Chefs der Todesfabrik von Auschwitz läßt ihn nicht nur an demonstrativen Identifizierungen mit der Rolle[17] auch noch kurz vor seiner Hinrichtung festhalten: z.B. am Bekenntnis zur "vollen Verantwortlichkeit" für das Lager, trotz seiner Ohnmacht, die "Triebhaften" unter effektiver Kontrolle zu halten (z.B. S. 154), sondern sie bewirkt auch - so wie das Goffman als allgemein in Organisationen herrschende Norm beschrieben hat[18] -, daß das KZ für ihn zur Heimat wird: Als er Ende 1943 die letzte Stufe seiner Karriere erklimmt und Amtschef bei der Inspektion der Konzentrationslager wird, war ihm

> "im ersten Moment die Losreißung schmerzlich, gerade weil ich durch die Schwierigkeiten, durch die Mißstände, durch die vielen schweren Aufgaben mit Auschwitz verwachsen war." (S. 135)

Diese Rollenidentität ist allerdings nicht allein durch seinen Arbeits- und Organisationstrieb zu erklären, selbst wenn er in der neu entdeckten Sucht des "Workholismus" bestanden haben sollten. Ohne seine Aufträge und die religiöse Idealisierung seiner Auftraggeber und ohne seine charakterliche Außen-Innen-/Hart-Weich-Spaltung wäre vermutlich eine so reibungs- und bruchlose Instrumentalisierung

16 Buchheim 1984, S. 242.
17 Vgl. Reck 1981, S. 95 ff.
18 Goffman 1973.

seiner Intelligenz und Kreativität im gigantischsten Zerstörungs- und Vernichtungswerk der Geschichte nicht möglich gewesen.

Dennoch mag zu denken geben, daß die benannten Grundzüge seines Charakters auch in heutigen Führungspositionen funktional sind und entsprechend nach oben selegiert werden. Leider ist es auch wahr, daß einige der Inhaber dieser Positionen im militärisch-industriellen Komplex die Aufgabe haben, Zerstörungs- und Vernichtungspotentiale zu entwickeln, mit denen die gigantischen "Leistungen" der Nazis noch weit übertroffen werden können. Zur Zeit scheint die Öffentlichkeit auf die politische Fraktion der Auftraggeber - Auftragsänderungen erwartend - zu starren. Doch, was ist mit den militärischen und ökonomischen Auftraggebern? Wollen sie mögliche "Aufweichungen" der militärpolitischen Frontstellungen nicht, so können sie rettende Auftragsänderungen verhindern, vorausgesetzt: an sie sind genügend viele "Führungskräfte" loyal gebunden. Da es in diesem Fall ganz auf Art und Stärke ihrer Loyalität ankommen wird, darf psychosoziologische Aufklärung über die politische Funktion von Sozialcharakteren keinesfalls den Aspekt irrationaler Abhängigkeit zwischen auftraggebenden Machthabern und den ausführenden Führungskräften außer acht lassen. Das Studium der Biographien der Höß' und Eichmänner kann hierfür sensibilisieren.

Literatur

ACKERMANN, Nathan W. u.a.: Der autoritäre Charakter, Bd. 2, (Schwarze Reihe Nr. 7), Amsterdam 1969

ADLER, Hans Günther/LANGBEIN, Herrmann/LINGENS-REINER, Ella (Hrsg.): Auschwitz, Zeugnisse und Berichte, Köln, Frankfurt/M. 1984

ADORNO, Theodor W.: Erziehung nach Auschwitz. In: ders.: Erziehung zur Mündigkeit. Hrsg. von Gerd Kadelbach, Frankfurt/M. 1971

ALY, Götz u.a.: Biedermann und Schreibtischtäter. Materialien zur deutschen Täter-Biographie, (Beiträge zur nationalsozialistischen Gesundheits- und Sozialpolitik: 4), Berlin 1987

ARENDT, Hannah: Eichmann in Jerusalem. Ein Bericht von der Banalität des Bösen, München 1986[5]

BUCHHEIM, Hans: Anatomie des SS-Staates, Bd. 1, München 1984[4]

FROMM, Erich: Anatomie der menschlichen Destruktivität, Reinbek 1983

GOFFMAN, Erving: Asyle. Über die soziale Situation psychiatrischer Patienten und anderer Insassen, Frankfurt/M. 1973

GRUNBERGER, Bela: Vom Narzißmus zum Objekt, Frankfurt/M. 1977

HÖSS, Rudolf: Kommandant in Auschwitz. Autobiographische Aufzeichnungen. Hrsg. von Martin Broszat, München 1985[10]

KERNBERG, Otto F.: Objektbeziehungen und Praxis der Psychoanalyse, Stuttgart 1981

MÜLLER-MÜNCH, Ingrid: Die Frauen von Majdanek. Vom zerstörten Leben der Opfer und der Mörderinnen, Reinbek 1982

NAUMANN, Bernd: Auschwitz. Berichte über die Strafsache gegen Mulka und andere vor dem Strafgericht Frankfurt, Frankfurt/M., Bonn 1965

RECK, Siegfried: Identität, Rationalität und Verantwortung, Frankfurt/M. 1981

RICHTER, Horst-Eberhard: Die Chance des Gewissens, Erinnerungen und Assoziationen, Hamburg 1986

SICHROVSKY, Peter: Schuldig geboren. Kinder aus Nazifamilien, Köln 1987

STIERLIN, Helm: Delegation und Familie, Frankfurt/M. 1978

ders.: Der Dialog zwischen den Generationen über die Nazizeit, in: Familiendynamik, Zeitschrift für systemorientierte Praxis und Forschung, 1982, H.1, S. 31-48

ders.: Adolf Hitler. Familienperspektiven, Frankfurt/M. 1975

WESTERNHAGEN, Dörte von: Die Kinder der Täter. In: Die Zeit, Nr. 14 vom 28.3.1986

III. Pädagogik im Wirkungskreis von "Auschwitz"

"Auschwitz" - pädagogisches Leitmotiv in der Bildung und Erziehung der jungen Generation in Polen

Heliodor Muszyński

1. Vorbemerkungen

"Auschwitz"! Dieses Wort ist seit langem nicht mehr nur ein geographischer Name und weckt auch nicht ausschließlich historische, mit dem tragischen Schicksal Millionen ermordeter Menschen verbundene Vorstellungen. "Auschwitz" - das ist für die heutigen Menschen das dramatische Symbol der moralischen Degenerierung des Menschen. "Auschwitz" - das ist ein Markstein in der Geschichte der Menschheit, der alle Erfolge der Zivilisation in Frage stellt. Die Geschichte der Menschheit ist zwar voller Grausamkeiten, mörderischer Kriege und Völkermorde, und die Seiten der Geschichtsbücher zeugen von diesen Ereignissen; Auschwitz aber ist der Beginn einer neuen Epoche. Hier wurden zum ersten Male systematisch und nach Plan Millionen Menschen grausam umgebracht. Das geschah nicht außerhalb der Zivilisation, sondern unter Zunutzemachung aller ihrer technischen Errungenschaften.

Diese schreckliche Bedeutung hat heute der Name "Auschwitz" im Bewußtsein der Menschen auf der ganzen Welt und ist auch für Millionen von Polen noch lebendig spürbar. Die Schrecken sind ihnen hautnah gegenwärtig nicht nur durch die Tatsache, daß die "Todesfabrik" auf ihrem Boden geschaffen wurde, sondern weil so viele in das grausame Getriebe ihrer Todesmaschinerie hineingezogen wurden. Kaum eine Familie wird zu finden sein, die nicht einen ihrer Angehörigen an diesen Moloch verloren hat.

Aber der Name "Auschwitz" darf die heute lebenden Menschen nicht nur an die Vergangenheit gemahnen. Die Geschichte wird nur dann zur "Lehrmeisterin", wenn wir aus ihr Schlußfolgerungen für die Gegenwart und die Zukunft ziehen. Noch immer ist unsere Welt nicht frei von Bedrohungen durch Kriege und die damit verbundenen Völkermorde.

"Auschwitz" muß für die heutigen Generationen - vor allem für die junge - eine Warnung davor sein, wohin Haß und Machtstreben führen können. Deshalb darf das, was geschehen ist, nie in den Hintergrund treten oder gar vergessen werden. Nein, die Schlußfolgerungen daraus müssen von einer Generation zur anderen vermittelt werden.

Die Erinnerung an Auschwitz sollte tief in das menschliche Bewußtsein eingegraben werden. Eine wichtige Aufgabe fällt dabei der Erziehung zu. Mehr als in früheren Zeiten muß sie zur gegenseitigen Verständigung und zum friedlichen Miteinanderleben der Völker befähigen. Es wird immer deutlicher, daß wir vor der Alternative stehen: entweder zusammen leben oder zusammen untergehen. Als extremste Möglichkeit der Vernichtung von Menschen sollte "Auschwitz" deshalb der Menschheit im Gedächtnis bleiben.

2. Auschwitz im Bewußtsein polnischer Kinder und Jugendlicher

Die Bedeutung, die das Thema "Auschwitz" in Bildung und Erziehung der jungen polnischen Generation der achtziger Jahre, also fast ein halbes Jahrhundert nach diesem grausamen Völkermord hat, möchte ich hier kurz skizzieren. Schon am Anfang meines Vorhabens stand ich vor einem Dilemma:

Es reichte nicht aus, all das zu beschreiben, was im Bereich der offiziellen Bildung und der Schulen geschieht; das, was in den Lehrbüchern und Programmen steht, in den Instruktionen für die Lehrer, was in Büchern, Zeitschriften, in Fernseh- und Rundfunksendungen vermittelt wird. All das würde nämlich nicht das Eigentliche widerspiegeln, die mündliche Übermittlung der Geschehnisse in Tausenden von polnischen Familien, durch die sich die Erziehung über die Erinnerung an die Auschwitz-Tragödie vollzieht. Diese Erinnerung ist Bestandteil des Alltags, weil in Tausenden von Familien der Platz der Mutter oder des Vaters, des Bruders oder der Schwester leer ist. Die Namen derer, die den Tod erlitten oder durch die Hölle unvorstellbarer Leiden und Anstrengungen gingen, sind unvergessen. Nur noch Bilder oder Briefe, als Andenken aufbewahrt, zeugen von ihnen. Die Erinnerungen an sie und an das, was sie in Auschwitz erdulden mußten, sind noch immer lebendig. Immer häufiger jedoch mahnen nur noch ihre Gräber.

Durch die unvorstellbar große Zahl der Opfer und vor allem, weil die Polen selbst unmittelbar so stark betroffen waren, wurde "Auschwitz" zur greifbaren Erfahrung, die gerade durch ihre Alltäglichkeit und Unmittelbarkeit an die Vorstellungskraft der Menschen appelliert. Dennoch stellt sich die Frage, ob den polnischen Familien noch immer ein so großer Stellenwert in der Erziehung im Geiste des nationalen Gedenkens an die Auschwitz-Opfer zukommt. Worauf die Haltung der jungen Polen gegenüber all dem, was mit Auschwitz zusammenhängt, beruht, und welchen Geistes sie ist, stellt ein weiteres Problem dar.

Die Antworten auf solche und ähnliche Fragen sind nicht in Büchern, Dokumenten oder Archiven zu finden. Antworten sind nur zu erhalten, wenn man die wirklichen Gefühle der Menschen anspricht. Das ist sicher auch der beste Maßstab erzieherischen Vorgehens auf diesem Gebiet. Über den pädagogischen Wert des Vorgehens entscheiden weder Zahl noch Form, sondern ausschließlich das, was im Inneren des Menschen vorhanden ist.

Ich entschloß mich daher, zu untersuchen, welche Bedeutung das Wort "Auschwitz" im Bewußtsein polnischer Kinder und Jugendlicher hat. Zugleich konnte ich dadurch ermitteln, inwieweit das bisher auf fruchtbaren Boden gefallen ist, was man in Polen bisher für die Erziehung der Jugend im Geiste des Gedenkens an die Auschwitz-Tragödie getan hat. Anfang 1987 führte ich bei 400 Schülern der 4., 6. und 8. Klassen polnischer Grundschulen eine Meinungsumfrage zu diesem Thema durch. Die Befragten waren Mädchen und Jungen im Alter 10, 12 und 14 Jahren. Ich stellte die einfache Frage: Was weißt du über Auschwitz, und woher weißt du es? Über die Ergebnisse möchte ich berichten und die Schüler zum Teil selbst zu Wort kommen lassen.

Unter den Befragten gab es niemanden, dem der Name "Auschwitz" fremd oder unbekannt gewesen wäre. Die Mehrheit von ihnen bezeichnet Auschwitz als "Lager" oder "Konzentrationslager". Auch genaue Angaben über den Ort oder die Zeit fehlen nicht. Sowohl jüngere als auch ältere Schüler kennen sowohl die geographische Lage (in der Nähe von Krakow) als auch das Jahr der Entstehung des Lagers.

Die Zahl der Informationen über Auschwitz ist bei den Schülern überraschend hoch. Unter den vielen angegebenen Details dominieren Angaben über die Zahl der ermordeten Menschen (oft in gewisser Annäherung, die jedoch davon zeugt, daß die Schüler über das große Ausmaß des Völkermordes Bescheid wissen; sie geben die Zahlen nämlich in Millionen an), über die Arten der Vernichtung (Erschießen, Vergasen, Verbrennen der Leichen) und schließlich über einzelne Menschen, deren Namen im Zusammenhang mit Auschwitz zum Begriff wurden. Am häufigsten erwähnt und am besten bekannt ist der Name des Lagerkommandanten - Rudolf Höß. Aber auch Helden von Auschwitz sind den Schülern geläufig. Oft taucht in den Berichten der Kinder der Name des "guten Doktors" Janusz Korczak auf, auch der des Paters Maximilian Kolbe, eines Menschen, der sein eigenes Leben opferte, als er seinen Platz mit einem zum Tode verurteilten Häftling tauschte. Lassen wir die Kinder selbst erzählen, zunächst die jüngsten. Ein zehnjähriger Junge, Schüler der 4. Klasse einer Grundschule in Poznán, erzählt:

> "Während des 2. Weltkrieges befand sich in Oświecim (Auschwitz) ein Konzentrationslager. Man ermordete dort 6 Millionen Menschen, darunter vier Millionen Polen. In diesem Lager gab es auch Kinder, zusammen mit einem Arzt. Die Kinder sollten verbrannt werden, aber der Arzt hat sie verteidigt und wollte nicht erlauben, sie zu ermorden. Und dann hat man den Arzt zusammen mit den Kindern verbrannt. Ich weiß das von meinen Eltern."

Ein Mädchen im gleichen Alter sagt:

> "In Auschwitz vergiftete und verbrannte man Menschen. Dort ist auch Maximilian Kolbe ermordet worden. Es gibt dort die Todeswand. Man nahm Menschen aus der ganzen Welt. Es gibt auch kleinere Lager, wie Dachau oder Majdanek. Ich weiß darüber aus dem Fernsehen und aus Büchern."

In den Äußerungen ist die Naivität der Schüler in Auffassung und Wissen über Auschwitz auffallend. Die Unermeßlichkeit des Schreckens übersteigt hier sowohl ihre Vorstellungskraft als auch die Fähigkeiten ihres Verstandes. Nicht nur die jüngeren können nicht verstehen, daß man jemanden schuldlos, ohne jeglichen Grund, zum Tode verurteilt und tötet. Sie unternehmen also ratlose und naive Versuche, all dem einen Sinn zu geben, was man doch nur mit dem Begriff "Wahnsinn" umschreiben kann. Zum Beispiel erklärt ein zehnjähriger Junge, daß man "im Lager alle die ermordete, die nicht arbeiteten"; ein Zwölfjähriger sagt, daß alle die vernichtet wurden, die "auf ihre Heimat nicht verzichten wollten". Ein zwölfjähriges Mädchen, das offensichtlich nicht fassen kann, daß die einzige Schuld der Häftlinge die war, daß sie für "Untermenschen" gehalten wurden, versucht zu erläutern: "Man ermordete diejenigen, die um die Heimat kämpften."

Die Kinder sind in ihrer Naivität und moralischen Geradlinigkeit noch ratloser, wenn es gilt, die ganze Grausamkeit von Auschwitz wiederzugeben. Ihr Vorstellungsvermögen, ihr Wissen und ihr Wortschatz reichen nicht aus, um all das auszudrücken, was sie intuitiv spüren. Eine der Zehnjährigen beschreibt, wenn sie das Grauen von Auschwitz schildert, schwer arbeitende Menschen als solche, "die den Hunden zum Fressen gegeben wurden". Ein Zwölfjähriger, der verdeutlichen wollte, wie sehr die Häftlinge unter Hunger litten, gibt an, daß "sich die Menschen nur mit Marmelade ernährt hätten".

Je älter die Schüler sind, desto sachlicher ist ihr Wissen über Auschwitz. Ihre Meinungen werden treffender, moralisch reifer, die Informationen sachlich und genau, sogar faktengetreu. Vor allem schildern sie Einzelheiten, die darauf schließen lassen, daß sich die Schüler sehr individuell mit dem Auschwitz-Drama beschäftigen. Ein Zwölfjähriger berichtet über die Herstellung von Seife aus menschlichem Fett, ein anderer über Duschen, in die man anstelle von Wasser das Gas Zyklon B einfließen ließ. Eine zwölfjährige Schülerin berichtet über die Experimente mit lebenden Menschen, eine zweite über Produkte aus menschlicher Haut, eine dritte über Matratzen aus den Haaren der Häftlinge, schließlich werden die grausamen Torturen oder die Krematorien erwähnt.

Führen wir wieder die Aussage eines zwölfjährigen Mädchens an:

> "Von Auschwitz weiß ich aus verschiedenen Kriegsbüchern. Es war ein Konzentrationslager. Man ermordete dort Menschen, vor allem solche jüdischer Abstammung. Sie wurden mit Gas vergiftet, zu schwerer Arbeit gezwungen, ohne Essen. Rund um das Lager führte ein Zaun aus Stacheldraht, der unter Strom stand ... Sie gaben den

> Hunden nichts zu fressen, damit sie sich nach einigen Tagen, wenn sie wild vor Hunger waren, auf die Menschen stürzten und sie zerrissen. Die Menschen wohnten in Baracken, anstatt Namen trugen sie Nummern ... Die Kinder haben sie von ihren Müttern getrennt und in anderen Baracken untergebracht. Wenn jemand krank wurde, erschossen sie ihn oder gaben ihm Gift und sagten, es sei Arznei."

Mit zunehmendem Alter richten die Schüler und Schülerinnen ihr Augenmerk nicht nur auf die körperlichen, sondern auch auf die seelischen Aspekte der Menschenvernichtung. Gleichzeitig sind ihre Beschreibungen sachlicher und nüchterner. Sie lenken ihre Aufmerksamkeit auf Erniedrigungen und Demütigungen, auf Verletzung der Menschenwürde und Zerstörung der natürlichen menschlichen Gefühle sowie auf die Terrorisierung der Häftlinge.

> "Der Mensch", sagt eine Vierzehnjährige, "hatte in einem solchen Lager weniger Rechte als ein Tier. Auf Schritt und Tritt wurde er gedemütigt und schlechter behandelt als ein Hund. Die Häftlinge konnten oft die seelischen Qualen nicht aushalten und begingen Selbstmord, indem sie die unter Strom stehenden Drähte berührten."

Hier eine eindrucksvolle Aussage eines vierzehnjährigen Jungen:

> "Die Methode der Ermordung, die die Verbrecher anwandten, waren sehr grausam. Ein Teil der Häftlinge ging an Erschöpfung oder Hunger zugrunde, andere wurden ermordet. Sie wurden entweder erschossen oder verbrannt. Man hat auch verschiedene Foltermethoden angewendet, man schlug sie, gab ihnen Fußtritte, riß ihnen die Nägel ab. Die Nazis ermordeten auch viele Kinder. Hitler sagte: 'Ihr sollt sogar weder Kinder noch Mütter aussparen!' ... Die Ärzte und Biologen machten keine Tierversuche, sondern testeten neue Arzneimittel und Impfstoffe an den Häftlingen."

Diese Aussagen bestechen nicht nur durch die Genauigkeit der Wiedergabe von Tatsachen, sondern auch durch die Reife der Einschätzung.

Die Schüler sind sich des internationalen Charakters von Auschwitz voll bewußt. Sie zählen die Nationalitäten der Millionen von Opfern auf, auch wenn sie an erster Stelle Polen und Juden erwähnen. Viele von ihnen unterscheiden deutlich zwischen Deutschen und den Auschwitz-Tätern, die sie durchgängig als "Nazis" bezeichnen.

Als Fazit ist festzustellen, daß der Name "Auschwitz" für das durchschnittliche polnische Kind eine eindeutige Aussage hat. Die Schüler wissen nicht nur, *was* Auschwitz war, kennen nicht nur viele Einzelheiten des, wie sie betonen, größten Konzentrationslagers der Welt, sondern sie können es auch vom moralischen Standpunkt aus einschätzen.

Gleichzeitig fällt jedoch ihre Unfähigkeit auf, das alles mit ihrem Verstand zu erfassen und sich das, was zum Wissen über Auschwitz gehört, genau vorzustellen. Das Auschwitz-Drama findet noch keinen Platz in ihrer Verstandeswelt.

3. Herkunft des Wissens über Auschwitz

Die Analyse der Quellen, aus denen die Befragten nach eigenen Angaben ihr Wissen schöpften, erlaubt, Schlußfolgerungen über das Funktionieren der Erziehung insgesamt zu ziehen. Vor allem fallen die Vielfalt der Quellen und ihre unterschiedliche Wirkung auf die Schüler der verschiedenen Altersstufen auf. Diese Quellen sind nach Art und Häufigkeit in der nachstehenden Tabelle aufgelistet.

Tabelle: Wissensquellen über Auschwitz nach Aussagen polnischer Schüler (N = 400) verschiedener Alterstufen (Befragung durch den Verfasser)

	Wissensquellen	Häufigkeit des Auftretens (in %) in den Klassen IV, VI und VIII			insgesamt
		IV (10-11 Jahre)	VI (12-13 Jahre)	VIII (14-15 Jahre)	
1.	Besichtigung der Gedenkstätte Auschwitz	-	2,5	5,1	3,4
2.	Rundfunk- und Fernsehsendungen	31,0	15,5	3,4	16,2
3.	Bücher und Presse	31,0	22,3	25,8	28,9
4.	Unterricht in der Schule (Erzählungen des Lehrers)	4,5	5,0	31,5	12,8
5.	Erzählungen ihnen nahestehender Menschen oder Berichte ehemaliger Häftlinge	27,0	37,6	18,6	26,5
6.	Filme	6,5	15,0	15,6	12,2
7.	Andere	-	2,1	-	-
		100,0	100,0	100,0	100,0

Es ist auffallend, daß Kenntnisse über Auschwitz stark vom Alter abhängen:

- Die Schüler der 4. Klasse (10 - 11 Jahre alt) schöpfen ihr Wissen hauptsächlich aus Fernseh- und Rundfunksendungen und Veröffentlichungen sowie aus den Erzählungen ihnen nahestehender Menschen, vor allem Eltern und/oder Großeltern, die Auschwitz oft noch selbst erlebt haben.

- Bei den Schülern der 6. Klasse (12 - 13 Jahre) dominiert eindeutig dieser Personenkreis neben dem, was sie aus Büchern und der Presse wissen.

- Erst die älteren Schüler (14 - 15 Jahre) erwerben ihr Wissen zum größten Teil in der Schule neben Veröffentlichungen, Erzählungen und Berichten ihnen nahestehender Personen.

Das Trauma des Holocaust - Gedanken eines Berliner Emigranten in Israel

Shimon Sachs

Ich meine, daß es mir niemals gelingen wird, jenen, die nach uns leben werden, die 'Shoah', die jüdische Katastrophe, den Holocaust, zu erklären. Die zahllosen Dokumente, die die unermüdliche Bürokratie der Ausrotter hinterlassen hat, die Berichte der Entronnenen, all die Tagebücher, Chroniken und Annalen, so viele Millionen Worte, sie alle erinnern mich daran, daß selbst, wenn es das Firmament wäre, es niemals Platz geben könnte, alles zu beschreiben. Und dennoch war alles offenbar wie in einer Arena unter der mittäglichen Sonne: So deutlich unterschied man jene, die morden würden, von denen, die fallen sollten. Und alle, zuerst die Opfer, waren ja zeitig genug gewarnt worden. Anders als der dialektische Schabernack der trügerischen Wahrsagung in der griechischen Tragödie waren Hitlers frenetisch wiederholte Drohungen gegen die Juden durchaus eindeutig. Doch das Volk, dessen Intelligenz man seit Jahrhunderten rühmt, verhielt sich, als hörte es nichts davon und vergaß eilig, was es doch hätte vernehmen müssen. Gewiß, in diesem Orkan der Gewalt waren die Juden keineswegs die einzigen Opfer der unermeßlichen Verheerung. Aber vor allem sie wurden bis zur Unkenntlichkeit entwürdigt, entmenscht und gedemütigt.

Diesmal hatten sie ihren Gott nicht mehr, um den zu wählen, aber auch nicht die Waffen, um einen würdigen, wenn auch nicht wirksamen Widerstand zu leisten. Da die Juden der ganzen Welt wußten, was niemand verkennen konnte, hatten sie kein Recht, darauf zu warten, daß der Sturm ausbreche und vorbeiziehe. Hitler ließ die Juden auswandern, aber die Asylländer verschlossen sich ihnen. Keinen einzigen Augenblick erwogen die Briten, die Tore Palästinas weit genug zu öffnen oder eine provisorische Zuflucht in den zahllosen überseeischen Gebieten jenen Menschen anzubieten, denen Hitler die Ausrottung im Falle eines Krieges ohne Unterlaß ankündigte.

Die Juden Amerikas und Westeuropas waren wohlhabend genug, um ihren tödlich bedrohten Brüdern in Lateinamerika und in Asien das Asylrecht zu erkaufen. Doch als alles auf die Solidarität ankam, versagten sie, weil im Verlauf der vorangehenden Jahrzehnte innere Widersprüche den Zusammenhalt der Juden verringert, wenn nicht gar zerstört hatten. Seit ihrer staatsbürgerlichen Emanzipation hatten sich die Juden viel radikaler als ihre christlichen Nachbarn der Religion entfremdet. Viele deutsche Juden waren ja in erster Linie Deutsche, nicht Juden. Es hätte jüdische Nazis gegeben, hätte Hitler es nur zugelassen. Selbst die, übrigens in Westeuropa wenig zahlreichen, Zionisten widerstanden nicht der Verlockung des französischen, deutschen und britischen Patriotismus. Aber jenseits dieser kollektiven Erinnerung und Klärung gibt es ja das persönliche Schicksal.

Ich selbst, der Schreiber dieser Worte, Jahrgang 1922, komme aus Berlin; ich erinnere mich an schwere Geschehnisse, die sich im verhältnismäßig ruhigen Berlin abgespielt haben. Ich habe es in meinen Aufzeichnungen beschrieben: Das war am frühen Morgen des 10. Novembers 1938, im bleichen Nebel des anbrechenden Tages zuckten rote Feuerzungen. Wir wohnten nicht weit von der großen Synagoge in der Fasanenstraße. Das Feuer schlug aus ihrer alten grauen Kuppel. Dicker Rauch umwehte die durcheinander laufenden Menschen und verwandelte sie in bizarre Schatten. Aschenregen fiel auf den Schnee. In den Morgennachrichten konnte man hören: Das Volk reagiere auf den Mord, der von einem jungen Juden (H. Grünspan) an dem deutschen Gesandtschaftssekretär in Paris verübt wurde, mit spontaner Wut. Die Feuerwehr stand neben den brennenden Synagogen und verhinderte das Überspringen auf die Nachbargebäude. Die spontane Volkswut ließ sich an den Schaufenstern der jüdischen Geschäfte aus. Dann kamen sie in die Wohnungen: Glaslawinen stürzten aus den Fenstern, hinterließen leere Höhlen, durch die Flüche und eisige Luft hereindrangen. Unsere Nachbarn in der Duisburger Straße im Westen von Berlin veränderten sich plötzlich: sie waren ironisch, hämisch und eisig. Sie schlugen, zerbrachen und raubten. Das Klavier blieb in meiner Erinnerung - meine Mutter spielte auf ihm abends, wenn die Vorhänge zugezogen waren. Es lag jetzt umgestürzt, zertrümmert, die Saiten hingen heraus, zerschnitten alle. Als sie dann kamen, um meinen Vater zu holen, war er gefaßt und bat sie um einige Minuten Zeit. Er kam aus seinem Schlafzimmer und auf seiner Jacke trug er das Eiserne Kreuz des Ersten Weltkrieges aus seiner Zeit als deutscher Soldat.

"Für dieses Land", sagte er kurz. Sie stießen ihn durch die Wohnungstür. Meine Mutter schickte mich mit einem Koffer voll warmer Kleidung zur Polizeistation. "Wohin bringt man meinen Vater?" fragte ich den Polizisten. Er antwortete, daß er nichts wüßte. Plötzlich war ich kein Kind mehr. Man wurde schnell zum Erwachsenen in jenen Tagen.

Eine Woche später kam der Polizist in unser Haus. Ich erschrak. Er hielt verlegen den kleinen Koffer mit der warmen Kleidung in der Hand. Dort, wohin sie meinen Vater brachten, erlaubte man keine persönlichen Gegenstände.

Die Erinnerung an Angst, an Grauen und viele Stunden der Auswegslosigkeit mündet immer in die Frage: Wie war es möglich, daß es geschah? Überhaupt, und eben gerade dort?

Vor meinen Augen steht noch heute die Verhaftung meines Vaters, das Läuten der Kirchenglocken, als die Synagoge brannte, die Plünderung der Geschäfte in der

Kristallnacht. Es sind nicht Bilder einer surrealistischen kafkaesken Erzählung. Es geschah in Berlin, und es ging in mir selbst vor. Ich war selbst dabei, und ich lebe mit dieser Erinnerung, der Erinnerung an die Ermordung meiner Eltern, meiner Schwestern. Sie waren ohne jedes eigene Zutun Opfer bösen Wahnsinns geworden.

Ich habe mich immer wieder gefragt, was die Gedanken der Menschen damals um ums herum waren, die unmenschlich und grausam handelten, so mancher von ihnen überdies schadenfroh. Sie hatten ihre Herzen und Türen verschlossen vor Verfemten und Gezeichneten, vor anderen Menschen, die dem Tod geweiht waren. Je länger die Erinnerung wirkt, desto schärfer ist sie. Unausgelöscht die Erkenntnis, daß es die einzige 'Schuld' war, Jude zu sein.

Manches geschieht heute, was uns, die wir überlebt haben, immer wieder daran erinnert, daß es solche 'Schuld' gab und vielleicht immer noch gibt. Wir, die wir überlebten und heute in Israel sind, haben uns der Vernichtung entgegengestellt und werden uns immer wehren. Es erfüllt uns mit Trauer, wenn uns dabei aus anderen Ländern - darunter auch die Bundesrepublik Deutschland - Kritik trifft.

Fast aussichtslos war die Gegenwehr damals in Deutschland, in Berlin. Heute ist das anders. Wir können für unser Existenzrecht eintreten. Den Willen, jeder Gefahr der Vernichtung mutig entgegenzutreten, werde ich bei Kindern und Enkeln, bei Schülern und Studenten wachzuhalten suchen.

Erinnere ich mich an Berlin, dann ersteht in mir die Zeit der Kindheit und der Jugend, die Gerüche des Herbstlaubes, der Zauber des verschneiten Grunewalds, die Verlockung und Faszination der im Entstehen begriffenen Welt des Filmes in dieser Zeit. Aber auch anderes verbindet sich damit: das sich wandelnde Verhalten der Mitbürger, ihr Blick auf uns, zuerst abschätzend, später ablehnend, oft mit Haß und Schadenfreude. Nie vergessen ist das ohnmächtige Gefühl von Angst und Ausgeliefertsein.

Mein Vater wußte, wie groß die Gefahr war. Flüchten? Wohin? Als im Morgengrauen der Befehl der Gestapo zum Verhör kam, blieben nur wenige Stunden; die Häuser der langjährigen Freunde hatten sich verschlossen - und hinter den Türen hörten wir gestotterte Entschuldigungen ... Auch *das* gehört zur Erinnerung an Berlin. Vergilbende Fotografien sind nur ein Teil dieser Vergangenheit, zu der die Schulen gehörten, der jüdische Sportverein, Paddeln auf der Havel. Ich hatte die Stadt, in der ich geboren wurde und aufwuchs, mit ihren brausenden Straßen geliebt, mit ihren Grünflächen und den dazugehörigen Bänken, die später - hier kommt die Erinnerung an das *andere* Berlin - für Juden verboten waren. Zu Berlin gehören die vielen so veschiedenen Stadtteile, die Gebäude der Gründerzeit, die bevölkerten Hinterhöfe, unsere Wohnung mit dem blanken Korridor und dem für Berlin typischen Erkerfenster. Es war eine Welt, in der ich erst verfemt war und die mich später verstieß. Zeitablauf verklärt die Erinnerung. Aber es ist nicht immer so, in meiner Erinnerung an Berlin kann ich nicht fragen, ob es mehr Schönes oder mehr Häßliches gab. Ich werde es nicht vergessen, das Berlin des Abgrunds. Aber nicht nur wir ehemaligen Berliner, *deutsche* Juden, müssen die Erinnerung in uns behalten. Auch in Deutschland darf man nicht vergessen, was geschah. Wo sich die Erinnerung lebendig erhält, wird das Übel nicht wiederkehren.

Das wären einige kurze Erinnerungen, Impressionen, persönliche Erlebnisse an die Zeit des Holocaust. Ich selbst habe ihn in seiner ganzen grauenhaften Realität nicht miterlebt, sondern nur den Anfang. Und dann die Zeit nach 1939, als ich mit der sogenannten Jugend-Aliah, dem Hilfswerk zur Rettung jüdischer Kinder und Jugendlicher, als Sechzehnjähriger nach Palästina kam und gerettet werden konnte. Aber den Tod, den langsam verschwindenden Tod, bei dem die direkten Spuren des Geschehens mir bis zum heutigen Tag nicht bekannt sind - den Tod meiner ganzen Familie, meiner Eltern, meiner Geschwister, wie gesagt, der ganzen Familie - habe ich beinahe abstrakt, in der Phantasie, in der realen Phantasie erlebt.

Es erscheint mir unmöglich, ein *objektives* Fazit für eine 'Erziehung nach Auschwitz', nach dem Holocaust zu ziehen, das ja immer eine Erziehung darüber bedeutet, was geschehen ist. Daher bestimmt dieses Geschehen, das in uns weiterlebt, auch unser tagtägliches Leben im heutigen, modernen Israel.

Israel ist eine pluralistische Gesellschaft, in der es keine einseitige erzieherische Linie gibt, die sich mit dieser sehr nahen und lebendigen und grauenhaften Vergangenheit eindeutig auseinandersetzt. Hinzu kommt, daß die Verfolgung nicht vergangen ist: Wir werden weiter verfolgt, weil wir Juden sind, *nur* weil wir Juden sind. In Israel, dem Land, in dem wir nach jahrhundertelangen Verfolgungen einen Staat errichtet haben als Haus gegen den Tod, läßt man uns auch nicht in Frieden leben. Viele Medien geben sich durch einseitige Berichterstattung alle Mühe, den Eindruck zu erwecken, Israel müßte nur dieses oder jenes tun oder gerade nicht tun, und schon wäre die Welt 'dort unten' dem Frieden sehr viel näher. Dabei verschweigt man, daß keiner der Feinde Israels bisher auch nur bereit ist, mit Israel über Frieden zu reden. Trotzdem aber gibt es kaum Appelle an die Feinde Israels, ihrerseits Friedensgespräche aufzunehmen.

Es ist in der Geschichte immer viel leichter gewesen, Juden Schuld zuzuweisen, und nicht ihren Feinden. Der Sündenbock ist eine biblische jüdische Gestalt. Solange Israel unter ständiger Bedrohung lebt, entsteht nationale Identität sozusagen von selbst. Sollte dieser ständige Druck einem wie auch immer gearteten Frieden weichen, wird sich die Frage der nationalen Identität neu stellen. Zur Zeit vermittelt neben der Schule vor allem die Armee den jungen Israelis das Bewußtsein nationaler Identität. Der ständige nationale Existenzkampf macht die Besinnung auf nationale Identität zum notwendigen Bestandteil militärischer Ausbildung.

Ein Grundbestandteil der israelischen nationalen Identität ist die Erfahrung des Holocaust, der Shoah, die in Schule und Armee, aber auch in der nationalen Gedenkstätte Yad Vaschem vermittelt wird. Der Holocaust bildet den ständigen Beweis, daß das Judentum ohne eigenen Staat vom Untergang bedroht ist. Die ältere Generation der jüdischen Bürger Israels ist in ihrem Nationalempfinden durch den

Holocaust geprägt. Zur lebendigen Grundlage nationaler Identität wird er der jüngeren Generation erst durch Bildung.

Die nationale Identität ist zugleich die Frage an die Geschichte. Die jüdische Geschichte ist eine Geschichte von Vertreibung und Vernichtung, Hoffnung und neuen Aufbrüchen. Sie ist auch eine Geschichte politischer Entscheidungen, die ihre eigene Ambivalenz haben. Es ist die Ambivalenz zwischen dem nationalen Leben in einem abgeschlossenen, nationalistischen Israel und dem Drang, mit der Welt, mit der aufgeklärten, liberalen Welt in Verbindung zu treten und die kulturellen Erlebnisse unter dem Gesichtspunkt einer besseren, beinahe kosmopolitischen, moralischen Welt zu sehen. Nach Auschwitz lebt Israel in der Spannung zwischen Nationalität und Humanismus, zwischen israelischem Selbstbewußtsein, das mit militärischer Stärke verbunden ist, und weltoffener moralischer Verpflichtung, mit allen Menschen, die guten Willens sind, in Verbindung zu treten. Das ist eine Spannung, die die israelische Erziehung berührt, behandelt und mit der sie sich immer auseinanderzusetzen hat.

Israel lebt in der Zeit des wachsenden Interesses, eines sehr starken Engagements, eines Drangs, die Shoah, die unfaßbare Gewißheit dessen, was geschehen ist, zu verstehen, kennenzulernen; an seine Wurzeln zurückzugehen, nicht nur theoretisch, sondern auch durch Aufsuchen der Plätze, an denen alles geschehen ist. Das gilt nicht nur für mich, sondern das gilt auch für meine Kinder und Enkelkinder, es gilt auch für das erweiterte, kollektive Ich des neuen, modernen Israel.

Nein, die Shoah, der Holocaust, ist nicht vorbei. Er lebt in jedem jungen Israeli, er beschäftigt die Menschen in Israel heute mehr denn je und bestimmt die Erziehung Israels. Man identifiziert sich mit den Opfern. Man lebt jene Zeit immer wieder von neuem. Man ist enttäuscht über die Gleichgültigkeit der Welt, auch heute noch und besonders heute schon wieder - in diesen Tagen.

Der jüdische Dichter Ch. Laiwik (1888-1962) spricht sein Gebet:

> "Ich weiß nicht, vor wen es bringen, mein Gebet, aber ich trage es.
> Ich weiß nicht, wem es sagen, mein Gebet, aber ich sage es.
> Es vereist auf meinen Lippen, das Gebet, aber ich trage es.
> Es wird im Zorn lebendig, mein Gebet, aber ich trage es.
> Es erhebt sich über 6 Millionen Gräber, mein Gebet,
> aber ich sage es.
> Es zerbricht so oft in Scherben, mein Gebet, aber ich sage es.
> Es versinkt und jammert ohne Worte, mein Gebet, aber ich trage es zu jenem, von dem ich nicht weiß, ob er es erhört, aber ich sage es."

Vor Jahrtausenden sprach ein weiser Rabbi von dem seltsamen Klang, der zu ertönen beginnt, wenn zerstörerische Hände einen Baum fällen, ehe seine Zeit gekommen ist. Diese wortlose Klage geht um die ganze Welt in endlosem Kreislauf. Sie verstummt nimmer mehr.

Ich möchte zum Abschluß einige Punkte festhalten, die das gestellte Thema jenseits des Gesagten, das immer auf die vordergründige Bedeutung der Shoah hinweist, resümiert: Die Shoah - bewirkt durch die Deutschen, das christliche Abendland - bestimmt ganz und gar das Leben Israels. Im Laufe der Jahre ist die Erinnerung keineswegs verblaßt. Im Gegenteil, sie hat sich noch vertieft. Selbst noch die zweite und dritte Generation der Nachgeborenen hat sie zu neuem Leben erweckt. Sie ist ein fester Bestandteil unseres täglichen Lebens geworden. Die Erinnerung an die Shoah bestimmt letztlich das politische Leben Israels, seine militärische Macht, seine Nervosität und Spannung - in allem drückt sich das nicht Gesagte aus: nie wieder Shoah. Das Gefühl, daß die ganze Welt gegen uns ist, wächst, besonders nachdem auch heute die Kritik am jüdischen Staat größer ist als an seinen drohenden Nachbarn.

Kinderlärm über die Shoah und das Bewußtsein, das Volk des Opfers zu sein, bestimmen die Erziehung gleichermaßen. Viele junge Menschen kehren zum Religiösen zurück. Ihre Nationalität verbündet sich mit Judentum und Zionismus mehr denn eh und je. Wenn auch die Bevölkerung Israels generell zu gleichen Teilen in Anhänger der Friedensbewegung und in jene aufgeteilt ist, die die harte Igelstellung als militärische Abwehr bevorzugen, so ist doch die Jugend dem humanistischen Frieden gegenüber skeptisch eingestellt. Sie ist heute radikaler, härter, nationalistischer als jemals zuvor. Auch diese Entwicklung braucht das Suchen der Wurzeln in Auschwitz und im Warschauer Getto, das Amos Os, ein bedeutender zeitgenössischer israelischer Schriftsteller, in seinem 1896 erschienenen Roman "Im Schwarzen Kasten" beschrieben hat. Unsere Entwicklung kommt von daher und bestimmt unser Leben; daher die Flut von Literatur, Theater, Dichtung, Kunst, in der die Shoah das Leitmotiv ist.

So *sucht* Israel seine Identität, die ihren Anfang fast mehr in Auschwitz und in der Masada, dem Symbol des Verzweiflungskampfes der Juden gegen die römische Übermacht im Jahre 79 nach Christus, als in der Bibel hat.

"Auschwitz" als Element der Friedenserziehung in der DDR

Christa Uhlig

"Einst war ich jung,
drei Jahre sind es her,
wie sehnte doch die Jugend sich so sehr
nach anderen Welten. Bin jetzt nicht
mehr Kind,
weit vor den Augen mir der Purpur stand
nun bin erwachsen ich -
ich hab die Angst erkannt..."

Dieses Gedicht schrieb der 12jährige Hanus Hackenberg im Getto Theresienstadt. Wenige Tage später wurde er in Auschwitz vergast. Nachzulesen ist diese grausame Tatsache in einem Kinderbuch der DDR "Als die Faschisten an die Macht kamen", 1986 in der zweiten Auflage erschienen und längst wieder vergriffen. Neben diesem Gedicht sind Zeichnungen der Kinder aus Theresienstadt zu sehen, die von der Fassungslosigkeit ihres Daseins und von der Hoffnung auf Leben erzählen.[1]

"Nicht vergessen werden die entsetzlichen Kriegsverbrechen, die ehemalige Hitlerjungen in den Reihen der SS unter Verwendung manipulativer Begriffe wie 'Eindeutschung', 'Endlösung', 'Sonderbehandlung' verübten. Manche wuchsen früh in die Rolle des Massenmörders hinein, zum Beispiel der Sohn des KZ-Kommandanten von Dachau, der zu seinem zwölften und dreizehnten Geburtstag eine entsprechende Anzahl von Häftlingen zum eigenhändigen Erschießen 'geschenkt' bekam. Sechzehn- bis achtzehnjährige SS-Schergen waren am Millionenmord in Auschwitz beteiligt ..."[2] - nachzulesen in einem Buch für Jugendliche unter dem Titel "Wollt ihr den totalen Tanz?". Auch dieses Buch war rasch vergriffen.

Dem Bedürfnis nach Wissen über Faschismus und Antisemitismus in Deutschland, das besonders unter der Jugend groß ist, wird in der DDR durch ein vielfälti-

1 Gotschlich 1986, S. 132 ff.
2 Langer 1985, S. 126.

ges Literaturangebot Rechnung getragen, und zwar mit dem Ziel der Befähigung zur selbständigen Auseinandersetzung mit dem Faschismus.[3]

Die entscheidenden Voraussetzungen hierfür werden allerdings in der Schule geschaffen. Der Geschichtsunterricht in unserer sozialistischen Schule lehrt den von der marxistisch-leninistischen Geschichtswissenschaft vielfach bewiesenen untrennbaren, ursächlichen, aber nicht unbedingten Zusammenhang von Imperialismus - Faschismus - Krieg - Rassenwahn - Judenverfolgung und -vernichtung. Wer die Ursachen für Auschwitz begreift, wem man das Unfaßbare nahe zu bringen versucht und wer um Wesen und Ursachen der faschistischen Judenverfolgung weiß, erkennt zugleich unseren Staat und seine Friedenspolitik als das Ergebnis des opferreichen Kampfes gegen Faschismus und Krieg. Auschwitz ist bewältigte, nicht aber vergessene Vergangenheit. Auschwitz erinnert uns und unsere Jugend an die Millionen Opfer und ihre faschistischen Mörder, aber auch an jene, die sich dem faschistischen Rassenwahn mutig entgegenstellten und denen wir verdanken, daß wir als Erben ihres antifaschistischen Kampfes der furchtbaren faschistischen Vergangenheit gegenübertreten können. Unsere Jugend lernt aus der Geschichte für die Zukunft, für den Kampf um eine Welt, in der Frieden und Völkerverständigung oberstes Gebot sind.

Im Lehrplan Geschichte, Klasse 9, wird das Ziel formuliert: "Die Schüler sind mit der faschistischen Diktatur in Deutschland und mit wesentlichen politischen Entwicklungen der unmittelbaren Vorgeschichte des zweiten Weltkrieges bekannt zu machen. Ihnen sind sichere und anwendbare Kenntnisse zu vermitteln über die zunehmende Aggressionspolitik der faschistischen Staaten, insbesondere die Ziele und Methoden der Gewaltpolitik des deutschen Faschismus, sowie über den Klassencharakter des Faschismus ..."[4]

Die brutale Verfolgung aller Hitlergegner, die Errichtung von Konzentrations- und Vernichtungslagern sowie die Judenpogrome gehören ebenso zu den Erkenntnisinhalten des Geschichtsunterrichts wie die materielle und ideologische Kriegsvorbereitung und der antifaschistische Widerstandskampf. Aber nicht nur im Geschichtsunterricht ist die Auseinandersetzung mit dem Faschismus Unterrichtsziel und -inhalt; sie hat fachübergreifende Dimension.

Johannes R. Bechers "Kinderschuhe aus Lublin", Bruno Apitz' "Nackt unter Wölfen", Michail Scholochows "Ein Menschenschicksal" oder Willi Bredels "Frühlingssonate" mögen für die Vielfalt antifaschistischer, humanistischer Literatur stehen, die zu den unveräußerlichen Gegenständen des Deutschunterrichts an den Schulen der DDR zählen.

Diese wenigen Beispiele, öffentliche Erziehung der Heranwachsenden an verschiedenen Punkten markierend, zeigen: Die Auschwitz-Lüge hat in der DDR keine Chance. Niemals sollen die über 4 Millionen Toten von Auschwitz, die 55 Millionen Toten des Zweiten Weltkrieges vergessen werden, vor allem nicht

---

3 Z.B. Eschwege 1966, Pätzold 1983, Petzold 1984.

4 Lehrplan Geschichte 1977, S. 43.

von der Jugend, für die, aufgewachsen in der DDR, Frieden und soziale Sicherheit zur natürlichen Lebenssphäre und zu Grundwerten des Lebens geworden sind und auf der die Verantwortung lastet, diese Grundwerte über die Jahrtausendschwelle zu tragen. Deshalb braucht die sozialistische Gesellschaft in der DDR ein produktives Verhältnis zur Geschichte, braucht die historische Wahrheit über den Faschismus, seine Ursachen und seine Wirkungen.

Es ist zu einer guten Tradition geworden, daß Schüler der achten Klassen, in Vorbereitung auf ihre Aufnahme in den Kreis der Erwachsenen durch die Jugendweihe, ehemalige Konzentrationslager auf dem Territorium der DDR besuchen, Buchenwald, Ravensbrück, Sachsenhausen ... Aus der Geschichte sollen und wollen sie von hier die Mahnung mitnehmen in die Zukunft, die Mahnung, alles für die Menschlichkeit und die Erhaltung der Menschheit zu tun.

Bewältigung der Vergangenheit gebietet Erziehung zum Frieden

Das Potsdamer Abkommen vom 2. August 1945 hatte auf völkerrechtlich verbindlicher Grundlage gefordert, alles zu tun, "damit Deutschland niemals mehr seine Nachbarn oder die Erhaltung des Friedens in der ganzen Welt bedrohen kann". Zugleich erhielt das deutsche Volk die Chance, "sein Leben auf einer demokratischen und friedlichen Grundlage von neuem wiederaufzubauen".[5]

Es ist eine große historische Leistung, daß es der DDR gelungen ist, dem Geist des Potsdamer Abkommens entsprechend, Friedenspolitik zur Staatspolitik zu machen und Friedenserziehung zur Staatserziehung; endgültig zu brechen mit Chauvinismus, Rassenhaß und Kriegsideologie.

Noch vor der Zerschlagung des Faschismus am 8. Mai 1945 waren in der Illegalität und im Exil, vor allem aber im Nationalkomitee "Freies Deutschland" und in der KPD klare Vorstellungen darüber vorhanden, "daß es in Hitlerdeutschland nichts gibt, an das man auf dem Gebiet des Schulwesens anknüpfen könnte", daß demzufolge "die faschistischen Lehrer, das heißt die Mehrzahl der Lehrer, aus den Schulen entfernt, die alten Schulbücher vernichtet und vollständig neue Lehrprogramme ausgearbeitet werden" müssen.[6]

Einen besonderen Platz bei der Vorbereitung auf eine aktive Friedenserziehung nahmen die "Richtlinien für den Unterricht in deutscher Geschichte" ein, die von der Unterrichtskommission des Nationalkomitees "Freies Deutschland" Ende 1944 ausgearbeitet worden waren. Erstmals in der deutschen Geschichte sollte der Ge-

5 Geschichte der deutschen Arbeiterbewegung 1966, S. 368.
6 Günther/Uhlig 1974, S. 22 ff.

schichtsunterricht in den Dienst echter Vaterlandsliebe, des Friedens und der "Völkerverbindung" gestellt werden.

Seit der antifaschistisch-demokratischen Umgestaltung der Gesellschaft, die den Aufbau der neuen Schule 1945 einschloß, gehört die Erziehung zum Frieden und zur Völkerverständigung zu deren tragenden Säulen. Bereits die ersten Konzeptionen der antifaschistisch-demokratischen Kräfte zur Neugestaltung der Schule beweisen den konsequenten Willen, jenen "Ungeist aus den Schulen zu vertreiben, der mitschuldig war an zwei Weltkriegen".[7]

Als sich am 11. Juni 1945 die KPD mit einem Aufruf an das deutsche Volk wandte, forderte sie die Säuberung des "gesamten Erziehungs- und Bildungswesens von dem faschistischen und reaktionären Unrat".[8] Im gleichen Sinn formulierten SPD und KPD in ihrem gemeinsamen Aufruf zur demokratischen Schulreform als Hauptaufgabe: "Die heranwachsende Generation des deutschen Volkes ... muß frei von nazistischen und militaristischen Gedanken, in einem neuen Geiste, im Geiste einer kämpferischen Demokratie, der Freundschaft unter den friedliebenden Völkern, zum selbständigen, aufrechten, freiheitlichen und fortschrittlichen Denken und Handeln erzogen werden."[9]

Diese Ziele des deutschen Volkes wurden von der sowjetischen Militäradministration tatkräftig unterstützt und von Tausenden antifaschistischer Lehrer in den ersten Schulmonaten realisiert.

Sie waren Grundlage für das "Gesetz zur Demokratisierung der deutschen Schule", das am 12. Juni 1946 in Kraft trat und in dem erstmals in einem deutschen Schulgesetz das Ziel gestellt wurde, "die Jugend frei von nazistischen und militaristischen Auffassungen im Geiste des friedlichen und freundschaftlichen Zusammenlebens der Völker und einer echten Demokratie zu wahrer Humanität zu erziehen".[10]

War die gesetzliche Verankerung der Erziehung zu Frieden, Demokratie und Humanität einerseits eine Tat von historischer Dimension, so bedurfte es andererseits in der gesellschaftlichen Wirklichkeit eines komplizierten, ausdauernden und oft widersprüchlichen Prozesses der Auseinandersetzung um die Grundwerte der neuen Zeit. Gar zu tief waren die verheerenden Wunden, die faschistische Ideologie und Krieg in das Bewußtsein der Menschen geschlagen hatten. Aber unsere Geschichte zeigt: Friedenswille und Vernunft waren die historischen Sieger.

---

7 Günther 1986, S. XII; vgl. König 1962.
8 Günther/Uhlig 1974, S. 23.
9 Dokumente 1970.
10 Günther/Uhlig 1974, S. 53.

"Wir lehren, lernen und kämpfen für den Frieden"

Diesen Erziehungsauftrag erteilte Wilhelm Pieck, der erste Präsident der Deutschen Demokratischen Republik, für das Schuljahr 1951/52. Frieden war die Basis und das Ziel des am 7. Oktober 1949 gegründeten ersten deutschen Arbeiter- und Bauernstaates. Frieden brauchte unser Staat, um sich zu entfalten, um den Sinn des Sozialismus, allen Menschen ein sicheres Dasein und die Möglichkeiten ihrer allseitigen Entwicklung zu garantieren, erfüllen zu können. Das "Gesetz zum Schutz des Friedens", 1950 erlassen, prägte die Politik unseres Staates deshalb von Anfang an. Die Erziehung der Jugend in diesem Sinne hat in der Friedenspolitik der DDR seither einen festen Platz. Die Lehrpläne aus dem Jahre 1951, die ersten auf der Grundlage des Marxismus-Leninismus, präzisierten den Anteil aller Unterrichtsfächer an diesem Erziehungsziel. Im Geschichtsunterricht ging es um die "Erziehung zu wahrer Humanität", zur "Freundschaft mit allen friedlichen Völkern" und zum "Kampf gegen alle Feinde des Friedens und des Fortschritts".[11]

In der achten Klasse beispielsweise wurde im Zusammenhang mit der Großen Sozialistischen Oktoberrevolution das Dekret über den Frieden und die Rolle der Sowjetunion im internationalen Friedenskampf behandelt. Ähnliche Ziele waren für die Fächer Deutsch, Geographie und Gegenwartskunde formuliert. In den Naturwissenschaften begann der Gedanke friedlicher Nutzung von Wissenschaft und Technik Raum zu greifen. Aber nicht nur in der Schule zählte Friedenserziehung zu den vornehmlichen Aufgaben. FDJ und Pionierorganisation entwickelten eigene Aktivitäten, so 1950 den Wettbewerb "Bereit zur Arbeit und zur Verteidigung des Friedens" und bis heute den Kampf um das Abzeichen "Für gutes Wissen".

Zu einer Friedensmanifestation gestaltete sich das I. Deutschlandtreffen Pfingsten 1950 in Berlin. Unter der Losung "Für Frieden und Demokratie - für eine glückliche Zukunft unserer Kinder" wurde wenige Tage später erstmals der Internationale Kindertag gefeiert. Im August 1951 bekundeten Jugendliche aller Kontinente bei den III. Weltfestspielen der Jugend und Studenten in Berlin ihren Wunsch, im Frieden leben, lernen und arbeiten zu wollen, und bekannten sich zu gemeinsamem weltumspannenden Friedenskampf.

Solidaritätsaktionen, internationale Ferienlager, internationaler Schülerbriefwechsel, internationale Lager für Arbeit und Erholung, sportliche und wissenschaftliche Olympiaden, politische Festivals, kulturelle Veranstaltungen und vieles andere mehr waren seit ihrem Entstehen zunehmend dem Friedensgedanken gewidmet, boten Möglichkeiten zu friedensfördernder Begegnung unter der Jugend.

11 Dokumente ... 1970, S. 399.

Die Aufzählung solcher Aktivitäten ließe sich beliebig fortführen, aus allen Etappen der Entwicklung unseres Staates und aus allen Bereichen des gesellschaftlichen Lebens.[12]

Die wenigen Beispiele aus den ersten Jahren des antifaschistisch-demokratischen Neuaufbaus von Gesellschaft und Schule und den ersten Jahren der Existenz unseres Staates mögen die Wurzeln erkennen lassen für eine Politik des Friedens, deren Kontinuität Erziehung seither prägt. Unser Land fühlt sich in diesem Sinne den humanistischen, fortschrittlichen Traditionen der Menschheit verpflichtet, hält sie sowohl im öffentlichen Denken als auch in der Bildung und Erziehung der jungen Generation lebendig, nutzt sie für die Herausbildung einer aktiven Lebenshaltung in der Gegenwart. Deshalb wird die Jugend vertraut gemacht mit den Friedens- und Fortschrittsideen eines Thomas Morus, Martin Luther und Thomas Müntzer, eines Händel, Bach, Beethoven oder Schostakowitsch, eines Lessing, Herder, Goethe, Schiller, Heine oder Thomas und Heinrich Mann, eines Galilei, Leonardo da Vinci oder Einstein, mit den weltverändernden Ideen von Marx, Engels und Lenin, mit den revolutionären Taten Karl Liebknechts und Rosa Luxemburgs, August Bebels, Clara Zetkins oder Ernst Thälmanns.

Bei den Schülern diese weite politische, kulturelle und geistige Sicht zu entwikkeln, kann nicht Aufgabe der Schule allein sein. Sie ist das Ergebnis der gesamten sozialen Erfahrungen, vermittelt durch das tagtägliche Leben im Elternhaus, im Freundeskreis, in der Kinder- und Jugendorganisation, durch die außerunterrichtliche Arbeit, die Arbeit in der Produktion und im Zusammentreffen mit Arbeitskollektiven oder durch die Massenmedien. Überall werden heute die heranwachsenden Generationen, auf die unterschiedlichste Weise, mit der Grundwahrheit konfrontiert, "daß die Sicherung des Friedens die wichtigste Bedingung darstellt, damit wir unser großes humanistisches Werk, das auf das Wohl des Volkes, auf ein erfülltes Leben jedes einzelnen in Glück und Geborgenheit gerichtet ist, fortsetzen können."[13]

Zugleich spüren sie immer deutlicher: "Ein Leben in Frieden und sozialer Sicherheit wird uns nicht geschenkt; es will und muß tagtäglich hart erarbeitet, erkämpft werden ..."[14]

Die Kinder und Jugendlichen stehen nicht außerhalb dieses Prozesses, sondern sind auf vielfältige Weise integriert, vor allem durch die enge Verflechtung von Schule und Leben, durch die gesamtgesellschaftliche Verantwortung für Erziehung, durch ihre spezifische Teilnahme am Kampf um die Sicherung des Friedens in der Welt, durch gesellschaftliche Aktivität in Schule, Kinder- und Jugendorganisation und anderen Lebensbereichen.

---

12 Vgl.Ruckick 1984.

13 Honecker 1981, S. 3.

14 Ebd.

Die Verantwortung der Schule

Erziehung zum Frieden ist keine abstrakte Formel, sondern erfordert, unter bestimmten konkret-historischen Umständen das Notwendige zu begreifen und zu tun. Um sich aber in der scharfen Auseinandersetzung der Menschheit in der Gegenwart um die Erhaltung und Befestigung ihrer Existenz zurechtzufinden, bedarf es eines hohen Maßes an politischer Bewußtheit, ideologischer Klarheit und Bildung. Davon gehen wir aus, wenn wir das Ziel unserer Schule bestimmen. "Jede Mutter und jeder Vater, denen das Wohl ihrer Kinder am Herzen liegt, kann sagen: Was in unserer Schule gelehrt und anerzogen wird, ist gut, denn es ist eine Erziehung in der Achtung vor den Menschen, ihrer Arbeit, der Achtung anderer Völker, es ist eine Erziehung, die die Kinder lehrt, für den Frieden, für das Glück der Menschen mit Wort und Tat einzutreten."[15]

Auf dieser Grundlage ringen die Pädagogen unseres Landes darum, allen Schülern eine hohe Allgemeinbildung zu vermitteln, eine Allgemeinbildung, die eben auf die grundlegenden Bedürfnisse der Gegenwart und Zukunft abzielt, die die junge Generation "sachkundig" machen soll und in der Friedenserziehung nicht einem oder mehreren Unterrichtsfächern oder gar -gegenständen zugewiesen ist, sondern als Prinzip und Element des gesamten Bildungs- und Erziehungsprozesses verstanden wird.

Das Lehrplanwerk für die allgemeinbildende polytechnische Oberschule, Ausbildungspläne an Berufsschulen, Lehrprogramme an Hoch- und Fachschulen, Schulbücher und Unterrichtsmaterialien spiegeln den Inhalt sozialistischer Allgemeinbildung authentisch wider.[16] Zu den übergreifenden Zielen und Inhalten gehören der Kampf um Frieden in Geschichte und Gegenwart, Ursachen von Kriegen, internationale Gleichberechtigung und Zusammenarbeit der Völker, Solidarität, der Kampf um grundlegende Menschenrechte, wissenschaftlich-technischer Fortschritt und Frieden, sozialer Fortschritt und Frieden, die Bereitschaft und Fähigkeit, den Frieden mit allen Mitteln zu verteidigen, Leistungsbereitschaft für den Sozialismus. Dabei geht es nicht um undifferenzierte und globale, sondern um altersgemäße Vermittlung dieser Bildungsinhalte.

"Der Erkenntnisweg verläuft auch in bezug auf gesellschaftliche Sachverhalte in seiner Grundlinie von relativ komplexen Vorstellungen und Erkenntnissen, die an anschauliche Sachverhalte, an Personen, an emotionale Beziehungen, an praktische Tätigkeiten gebunden sind, zur systematischen Vermittlung umfassender, differenzierter, allgemeiner Erkenntnisse. Dabei werden die einzelnen Unterrichtsfächer entsprechend ihren spezifischen Potenzen wirksam."[17]

---

15 Honecker 1979, S. 64.

16 Günther 1986, S. XIII.

17 Neuner 1986, S. 112.

Für eine so umfassende Aufgabe wie Erziehung zum Frieden ist die hier angedeutete Herangehensweise von größter Bedeutung, denn nicht nur das "Was", sondern auch das "Wie" ist in die Verantwortung des Pädagogen gelegt. "Deshalb sind ideologisch relevante Erkenntnisse und Schlußfolgerungen nicht nur 'aus den einzelnen Fachlehrgängen heraus', sondern auch 'in sie hinein' zu konzipieren, in ihrer aktiven Funktion als Erkenntnismittel, aber auch in bezug auf lebensorientierende und persönliches Handeln stimulierende Wirkungen."[18]

Wissen, Haltungen und Handeln in der Friedensfrage also sind die notwendigen Erziehungszwecke unserer Zeit, die jeden Jugendlichen, jeden Bürger unseres Landes befähigen sollen, sich an der richtigen Stelle und mit den richtigen Mitteln in die weltweite Friedensfront einzureihen, entschlossen, allen Plänen nuklearer Vernichtung der Menschheit entgegenzutreten.

Dazu brauchen die Menschen die Wahrheit über "Auschwitz" ebenso wie die Wahrheit über die Ursachen zweier Weltkriege, über das Wesen von Militarismus und Faschismus. Nur im Bewußtsein dieser Wahrheit können sie sich vereinen, ein millionenfach schlimmeres "Auschwitz" zu verhindern.

Literatur

Dokumente zur Geschichte des Schulwesens in der Deutschen Demokratischen Republik. Teil I: 1945-1955. Ausgewählt von Gottfried Uhlig, eingeleitet von Karl-Heinz Günther und Gottfried Uhlig, Berlin 1970 (Monumenta Paedagogica, Bd. VI)

ESCHWEGE, Helmut (Hrsg.) Kennzeichen J. Bilder, Dokumente, Berichte zur Geschichte der Verbrechen des Hitlerfaschismus an den deutschen Juden 1933-1945. Mit einem Geleitwort von Arnold Zweig, einer Einleitung von Rudi Goguel und einer Chronik der faschistischen Judenverfolgung von Klaus Drobisch, Berlin 1966

Geschichte der deutschen Arbeiterbewegung, Bd. VII, Berlin 1966

GOTSCHLICH, Helga: Als die Faschisten an die Macht kamen, Berlin 1986

GÜNTHER, Karl-Heinz: Friedenserziehung in den Schulen der DDR. In: Lehrer der Welt, Berlin 1986, H. 3

GÜNTHER, Karl-Heinz/UHLIG, Gottfried: Geschichte der Schule in der DDR 1945 bis 1971, Berlin 1974

HONECKER, Margot: Der gesellschaftliche Auftrag unserer Schule. In: VIII. Pädagogischer Kongreß der DDR 1978. Protokoll, Berlin 1979

dies.: Offener Brief an alle Pädagogen der Deutschen Demokratischen Republik. In: Deutsche Lehrerzeitung, Berlin 1981, H. 3

dies.: Zur Bildungspolitik und Pädagogik in der Deutschen Demokratischen Republik, Berlin 1986

18 Ebd., S. 116.

KÖNIG, Helmt: Imperialistische und militaristische Erziehung in den Hörsälen und Schulstuben Deutschlands 1870-1960, Berlin 1962

LANGER, Hermann: "Wollt ihr den totalen Tanz?". Streiflichter zur imperialistischen Manipulierung der Jugend, Berlin 1985

Lehrplan deutsche Sprache und Literatur. Klassen 8 bis 10, Berlin 1974

Lehrplan Geschichte. Klasse 9. Berlin 1977

NEUNER, Gerhart: Sozialistische Allgemeinbildung und Lehrplanwerk. In: Pädagogik, Berlin 1986, H. 2

PÄTZOLD, Kurt (Hrsg.): Verfolgung,Vertreibung, Vernichtung. Dokumente des faschistischen Antisemitismus 1933 bis 1942. Leipzig 1983

PETZOLD, Joachim: Faschismus. Regime des Verbrechens. Staatsverlag der Deutschen Demokratischen Republik, Berlin 1984

POZNER, Vladimir: Abstieg in die Hölle. Zeugnisse über Auschwitz. Aus dem Französischen von Ortrud und Bernd Schirmer. Verlag Volk und Welt, Berlin 1982

RUCKICK, Hans-Jochen: Erziehung zum Frieden in der Schule der DDR. In: Pädagogik, Berlin 1984, H. 9

SCHMIDT, Roland: Zum Beitrag unserer Schule im Kampf für Frieden und Völkerverständigung im Prozeß der antifaschistisch-demokratischen Umwälzung. In: Jahrbuch für Erziehungs- und Schulgeschichte, Jg. 28, Berlin 1988

Antifaschistische Erziehung in der Bundesrepublik? Von den Schwierigkeiten einer pädagogischen "Bewältigung" des Nationalsozialismus

Brigitte Reich/Wolfgang Stammwitz

1. Der verpaßte Neubeginn

Nach dem Zweiten Weltkrieg war der Geist eines radikalen Neuanfangs in allen Besatzungszonen spürbar. Im Erziehungs- und Bildungsbereich dokumentiert sich dies beispielsweise in Lehrplänen für den Geschichtsunterricht. So fordert der Berliner Lehrplan von 1948 u.a., Beurteilungen historischer Entwicklungen seien so vorzunehmen, "daß die Schüler dadurch zu *antifaschistischen, antimilitaristischen* und *demokratischen* Schlußfolgerungen kommen" (Hervorhebungen d. Verf.). Die hier zugrunde liegende Forderung nach "antifaschistischer Erziehung" war jedoch nicht unumstritten. Sie wurde aus der politisch-pädagogischen Debatte Westdeutschlands in dem Maße ausgeschlossen, in dem der sich verschärfende Ost-West-Gegensatz den Begriff "Antifaschismus" zum Mittel ideologischer Aus- und Abgrenzungen machte. Sein Gebrauch bzw. seine Ablehnung stand fortan für "kommunistische" bzw. "demokratische" Überzeugungen. Hinzu kam, daß in der westalliierten Entnazifizierungs- und Neuordnungspolitik Hinderungsmomente für eine Diskussion über "antifaschistische Erziehung" angelegt waren.

Als zwei wesentliche Ziele für die Behandlung des besiegten Deutschland hatten die Alliierten die "Entnazifizierung" und "Demokratisierung" der Gesellschaft einvernehmlich festgeschrieben. Die Umsetzung dieser Intentionen in konkretes Handeln zeigte jedoch bald, daß die Besatzungsmächte sie mit einander widersprechenden politischen und ökonomischen Neuordnungsvorstellungen verbanden. Ohne die Entwicklung in der *sowjetischen Besatzungszone* näher charakterisieren zu wollen, sei darauf hingewiesen, daß sich dort "Entnazifizierung" und "Demokratisierung" in einer grundlegenden sozialistischen Umstrukturierung der Gesellschaft konkretisierten, mit der die alten Machteliten ihrer materiellen Basis beraubt wurden.

In den *Westzonen* wurde ein anderer Weg beschritten. Die zunächst schematische Säuberung insbesondere des öffentlichen Dienstes von NSDAP-Mitgliedern wurde in eine Einzelfallprüfung umgewandelt und in deutsche Hände gelegt. Die mit vielen Mängeln und Ungerechtigkeiten behafteten Prüfungsverfahren trugen nicht wenig dazu bei, die Entnazifizierung insgesamt in den Augen vieler Westdeutscher zu diskreditieren. Die abgewickelten Verfahren führten durch ein blühendes "Persilschein"-Wesen eher zur Rehabilitierung als zur Ermittlung belasteter Personen. Ein Austausch von Funktionseliten, die dem NS-Regime in besonderer Weise zu Diensten gewesen waren - etwa der beamteten Juristen - war weder geplant noch durch die praktizierte Form der Entnazifizierung möglich.

Die westalliierten Maßnahmen zum Aufbau eines demokratischen Gemeinwesens zielten auf die Errichtung eines parlamentarischen Systems: Sozialökonomische Umgestaltungen wurden nicht vorgenommen, deutsche Initiativen abgeblockt. Mit der Restauration kapitalistischer Eigentumsverhältnisse befanden sich die alten Firmeninhaber sowie das Management bald wieder ungeschoren in ihren früheren Positionen. Um Effizienz zu gewährleisten, reorganisierte man die öffentliche Verwaltung mit der alten, eingestellten Beamtenschaft. Durch die westlichen Besatzungsmächte wurde eine antifaschistische Politik "im Sinne grundlegender gesellschaftspolitischer und ökonomischer Strukturveränderungen", wie von der Arbeiterbewegung gefordert, verhindert.[1]

Der Umgestaltung des überkommenen Bildungssystems maßen die Westalliierten eine geringere Bedeutung bei als die sowjetische Besatzungsmacht. Zwar sah die amerikanische Re-education-Politik im Gefolge des sogenannten Zook-Reports (Herbst 1946) - die Experten hatten der deutschen Schule u.a. die Erzeugung von "Überlegenheitsgefühl" (höhere Schule) und "Unterwürfigkeit" (Volksschule) vorgeworfen - eine weitgehende Veränderung des Bildungssystems vor, doch wurde auf deren Durchsetzung letztendlich verzichtet. So vermied man einen Konflikt mit den deutschen bürgerlichen Kräften, die der Abschaffung des gegliederten Schulsystems heftigen Widerstand entgegensetzten: Ihre unverzichtbare Mitarbeit beim Wiederaufbau einer kapitalistischen Gesellschaftsordnung im beginnenden Kalten Krieg sollte nicht gefährdet werden.

Über die *Neuorganisation des Geschichtsunterrichts* bestanden nach 1945 auf seiten der westlichen Alliierten keine klaren Vorstellungen. Kam es in einigen Bezirken zu seinem Verbot, so wurde er in anderen unter der Auflage fortgeführt, nur die Zeit bis 1933 zu behandeln.[2] In der Vier-Sektoren-Stadt Berlin verlangte ein Kommandanturbefehl 1946 die Behandlung der Nürnberger Prozesse im Unterricht der oberen Gymnasialklassen. Inhaltliche Vorgaben für einen (zeit-)geschichtlichen Unterricht erfolgten aber sonst eher mittelbar: Die ersten ab 1947 produzierten und von den Westalliierten zugelassenen Geschichtsbücher berücksichtigten die Geschichte des Nationalsozialismus in hohem Maße und schilderten z.T. eindringlich den Terror der Konzentrationslager.[3] Sie schufen damit die Möglichkeit für eine kritische Beschäftigung mit der jüngsten Vergangenheit. Die Wahrnehmung dieser

1 Dudek 1982, S. 319.
2 Vgl. Meyers 1980, S. 49.
3 Vgl. Meyers 1980, S. 50 f.

Möglichkeit setzte allerdings eine dazu bereite Lehrerschaft voraus. Hier waren Zweifel angebracht, da sich die nach 1945 entlassenen NSDAP-Mitglieder schon nach wenigen Jahren fast alle wieder in ihren Ämtern befanden. Wie mit ihnen eine grundsätzlich neue, demokratische Erziehung vonstatten gehen sollte, erschien auch zeitgenössischen Beobachtern fraglich. Alfred Weber war bereits 1949 davon überzeugt, daß die "Einführung eines für die Erziehung notwendigen 'antiautoritären' Geistes gewiß nicht zu vollziehen (ist) mit einem wiedereingestellten, mit nationalistischer, wenn nicht nazistischer Tradition vollgepfropften Lehrertum."[4]

2. Antikommunismus und "Vergangenheitsbewältigung"

Ein kraftvoller Wirtschaftsaufschwung sowie ein zunehmender Antikommunismus im Zuge des Kalten Krieges prägten das geistige und politische Klima der fünfziger und frühen sechziger Jahre. Die nach 1945 verbreiteten sozioökonomischen Umgestaltungsvorstellungen verloren rasch an Attraktivität, zumal sich die Planwirtschaft der DDR für viele als abschreckendes Beispiel darbot. Eine konservative Grundstimmung ("keine Experimente") verband sich mit einer auf das Private gerichteten und der Politik gegenüber ablehnenden Haltung. Politische Abstinenz erschien angesichts der Erfahrungen mit dem Nationalsozialismus und der Entnazifizierung vielen als die sicherste Verhaltensweise: "Einmal die Finger verbrannt, nie wieder!"

Der Hang zum Rückzug in den politikfreien, privaten Raum und die Konzentration auf (lange vermißte) materielle Werte gaben selbstkritischen Fragen nach eigener Mitverantwortung im Nationalsozialismus wenig Raum: Die Vergangenheit wurde umgedeutet und verdrängt. Dies entsprach den Bedürfnissen der Nachkriegsdeutschen, ihren psychischen "Haushalt" von Entwertungsgefühlen angesichts der nationalsozialistischen Verbrechen zu entlasten. Der "'Angriff' auf die 'Wir-Gruppe' der Deutschen" wurde als ganz "persönliche Herausforderung erlebt und daher mit Verniedlichung, Verdrängung oder auch mit Aggressionen beantwortet."[5] Auf diesen Verdrängungsprozeß wurde schon 1947, also kurz nach Kriegsende, aufmerksam gemacht: "Es muß einmal davon gesprochen werden, daß heute von etwas noch kaum gesprochen wird, auffallenderweise, nämlich vom Antisemitismus, oder um es ganz präzis zu sagen: von den Juden und der deutschen Schuld."[6] Aus dem erfolgreichen wirtschaftlichen Aufbau ließ sich nun neues Selbstwertgefühl gewinnen. Die aktuelle Tüchtigkeit schien das Recht zu verleihen, sich einer Beschäftigung mit der Vergangenheit zu verweigern: "Wir sind wieder wer."

---

4 Weber 1979, S. 246.

5 von Borries 1980, S. 118.

6 Rasche 1947, S. 133.

Förderlich für die Verdrängung und Verharmlosung der jüngsten Vergangenheit erwies sich der aus dieser Zeit überkommene und während des Kalten Krieges neu beförderte *Antikommunismus*, der zur "offiziellen staatsbürgerlichen Haltung"[7] avancierte und gleichsam das Signet eines bundesrepublikanischen "Demokraten" darstellte. Dadurch konnte die Aufmerksamkeit vom Terrorsystem des Nationalsozialismus auf den aktuellen politischen Gegner, die "Zone" und die Sowjetunion, gelenkt werden. Insofern erfuhren auch die antikommunistischen Züge des Nationalsozialismus im nachhinein eine Rechtfertigung. Damit wurde die verbreitete Aufrechnung der "guten" gegen die "schlechten" Seiten des NS-Regimes unterstützt. Daß dabei im Bewußtsein der Westdeutschen die "guten" Seiten überwogen, zeigte eine Umfrage vom Herbst 1951. Danach vertraten 42% der Befragten die Ansicht, der Nationalsozialismus habe mehr "gute" als "schlechte" Seiten gehabt; der gegenteiligen Auffassung waren lediglich 37%.[8]

In diesem antikommunistischen Klima des Kalten Krieges, in dem unter "Antifaschismus" nur noch ein kommunistischer Kampfbegriff gegen die westdeutsche Demokratie verstanden wurde, löste auch das - vor allem aus dem kirchlichen Bereich geförderte - Bemühen um "Vergangenheitsbewältigung" Widerspruch bei denen aus, die darin eine "Nestbeschmutzung" sahen. Die - von der Intention her kritisch gemeinte - sprachliche Neuschöpfung konnte allerdings auch in einem anderen Sinne benutzt werden: Zum einen versprach sie dann, einen Schlußstrich unter die belastende Vergangenheit ziehen zu können; zum anderen erinnerte sie im Gegensatz zum Begriff "Antifaschismus" nicht an die gesellschaftlichen Bedingungen faschistischer Herrschaft und ersparte so Vergleiche zwischen - beispielsweise - den Eliten im Faschismus und in der Bundesrepublik.

Die *Auseinandersetzung mit dem Nationalsozialismus* beschränkte sich in vielen Publikationen bereits in den ersten Jahren nach 1945 auf die Frage, wie das deutsche Volk hatte getäuscht und verführt werden können. Der deutsche Faschismus wurde zum *"Hitlerismus"* umgedeutet. Dieses Klischee ermöglichte es, bei Fragen nach Verantwortung und Mitschuld auf Hitler und seine Clique zu verweisen und sich selbst als Opfer ihrer Machenschaften zu begreifen. Stützen konnte man sich bei solcherart "Vergangenheitsbewältigung" auch auf Feststellungen aus Kreisen der Historiker. Friedrich Meinecke etwa sah während der faschistischen Herrschaft einen "Verbrecherclub" am Werke, der es vermocht hatte, "das deutsche Volk zu umklammern und auszusaugen"[9]. Verbreitung fanden ebenso Interpretationen, die den Nationalsozialismus mit dem Zerfall religiöser Bindungen erklärten oder schlicht als "Betriebsunfall" in der deutschen Geschichte ansahen. All diese Ausdeutungen der jüngsten Vergangenheit waren jeglicher politischen und ökonomischen Brisanz beraubt und so von der nötigen Unanstößigkeit, um im oben skizzierten geistigen Klima der frühen Bundesrepublik akzeptiert werden zu können.

---

7 A. u. M. Mitscherlich.

8 Vgl. Bungenstab 1970, S. 154.

9 Meinecke 1947, S. 141.

Die hitlerzentrierte Sicht des deutschen Faschismus diente in den Geschichtsbüchern der fünfziger und (mindestens) frühen sechziger Jahre als tragendes Deutungsmuster: Hitler agierte in den Darstellungen als alles bestimmender, alles veranlassender, tatsächlicher "Führer". Damit war die deutsche Bevölkerung einschließlich ihrer traditionellen Eliten aus jeder Mitverantwortung entlassen.

Als Hilfsmittel bei der "Vergangenheitsbewältigung" konnte auch die in den fünfziger Jahren popularisierte *Totalitarismustheorie* genutzt werden. Diese stellt Faschismus und Kommunismus als gleichartige Systeme dar und subsumiert beide Herrschaftsformen unter den Begriff "totalitäre Diktatur", der als Gegensatz zu "Demokratie" fungiert. Damit bot sich die Gelegenheit, den deutschen Faschismus aus der Schußlinie zu nehmen. Die Auseinandersetzung mit dem kommunistischen "Totalitarismus", der als äußerst bedrohlich dargestellt und empfunden wurde, schien wesentlich dringlicher als die Beschäftigung mit einem - so der breite Konsens - lediglich historischen Phänomen wie dem Nationalsozialismus. Die antikommunistisch aufgeladene Totalitarismustheorie etablierte sich in Wissenschaft, Öffentlichkeit und Schule. Die Geschichts- und Sozialkundebücher übernahmen diese Interpretation. Nationalsozialistische und kommunistische Weltanschauungen wurden als wesensverwandte totalitäre Ideologien präsentiert. Die Behandlung des deutschen Faschismus erfolgte durch die Brille des Antikommunismus. Das von Hitlerzentrismus und Totalitarismusdoktrin geprägte Bild des Nationalsozialismus als monolithischer "Führerstaat" begünstigte Verzerrungen in der Betrachtungsweise von Entrechtung, Deportation und Ermordung der europäischen Juden. Die Verquickung von Industrie und Banken, von Justiz und Verwaltung, von Militär und Reichsbahn in den Diskriminierungs- und Ausrottungsprozeß kam in Schulbüchern kaum zur Sprache und fand auch in der Forschung lange Zeit kein Interesse.[10]

Eine eher affektiv bestimmte Annäherung an das schrecklichste Kapitel der jüngsten Vergangenheit - und insofern in positivem Kontrast zu den meisten Geschichtsbüchern - ermöglichte das 1955 in der Bundesrepublik erschienene "Tagebuch der Anne Frank", das in wenigen Jahren eine Auflage von mehreren hunderttausend Exemplaren erreichte. Dennoch bleibt offen, inwieweit das Buch eine Wirkung jenseits einer dem "Schicksal" seiner Personen verhafteten Gemütsbewegung entfalten konnte.

Zieht man das vom Kalten Krieg und vom "Wirtschaftswunder" geprägte geistig und politisch restaurative Klima Westdeutschlands in Betracht, vergegenwärtigt man sich die vorherrschenden Interpretationsmuster zur Analyse des deutschen Faschismus und stellt man schließlich die ideologische Verstrickung eines guten Teils der Lehrerschaft mit dem NS-Regime in Rechnung, so nimmt es nicht wunder, daß

10 Vgl. den Beitrag von Weber/Wenzel in diesem Band.

es in den fünfziger und den frühen sechziger Jahren im Schulunterricht nicht zu einer kritischen Auseinandersetzung mit dem Nationalsozialismus kam.

Viele Lehrer suchten sich zunächst einer Beschäftigung mit der jüngsten Vergangenheit - und damit auch ihrer eigenen Geschichte - im Unterricht durch Ausklammern zu entziehen. Über die NS-Zeit erfuhren die Schüler demzufolge wenig. Aber auch dort, wo der Nationalsozialismus zum Unterrichtsgegenstand wurde, geschah dies nicht aus antifaschistischer Perspektive, sondern in einer dem aktuellen politischen Fragehorizont entrückten Betrachtungsweise, bei der das "Schicksalhafte" eine beträchtliche Rolle spielte. In der Erinnerung eines damaligen Schülers nimmt sich das so aus: "Man tat so, als seien 1933 irgendwelche ... braunen Männchen - aus dem Weltall stammend - in Deutschland gelandet und 1945 irgendwie wieder verschwunden".[11]

Der *politische Unterricht* (Sozialkunde, Gemeinschaftskunde etc.) war einerseits von Institutionenkunde geprägt, andererseits von dem Versuch, mitmenschliche Gesinnung zu wecken, die zu partnerschaftlichem Verhalten unter dem Motto: "Wir-sitzen-alle-in-einem-Boot" beitragen sollte. Fragen nach den sozio-ökonomischen Strukturen politischer Systeme und nach Interessenkonflikten gesellschaftlicher Klassen und Schichten fehlten in diesen Konzeptionen. Von daher war ein so konzipierter politischer Unterricht wenig geeignet, eine Analyse der Entstehungsbedingungen des Faschismus vorzunehmen und Fragen nach möglichen Gefährdungen der bundesrepublikanischen Gesellschaft aufzuwerfen und zu beantworten.

Eine Diskussion über Defizite bei der "Vergangenheitsbewältigung" wurde durch Ereignisse Ende des Jahres 1959/Anfang 1960 entfacht: Rechtsextreme Aktivisten hatten eine Synagoge und mehrere Grabsteine auf jüdischen Friedhöfen mit Hakenkreuzen und antisemitischen Hetzparolen beschmiert. Als Verantwortliche für diese Aktionen konnten zumeist jugendliche Täter ermittelt werden, ein Tatbestand, der es ermöglichte, wiederum die Frage nach dem in der Gesamtbevölkerung noch immer latent oder offen vorhandenen nazistischen Gedankengut ebenso wie eine Auseinandersetzung mit der mißglückten Entnazifizierung zu umgehen. Vielmehr wurden Schuldzuweisungen unter den Stichworten "verführte Jugend" und "mangelnde Aufklärungsarbeit in den Schulen" formuliert. Daran, daß auch im Schulbereich ernste Mängel festzustellen waren, ließ sich kaum zweifeln. Der Versuch aber, die sich in den Taten ausdrückende Einstellung gegenüber der jüngsten Vergangenheit lediglich als *bildungs*politisches Problem bzw. Versagen der politischen Bildung darzustellen, muß als Ablenkung von der gesamtgesellschaftlichen Verdrängung der nationalsozialistischen Zeit verstanden werden. Unter dieser bildungspolitischen Perspektive konzentrierte sich die Diskussion sehr schnell auf die Frage, wie der Geschichtsunterricht zu verbessern sei.

---

11 Wannöffel 1985, S. 33.

Gegen eine solche Verengung des Blickwinkels wandten sich allerdings der *"Deutsche Ausschuß für das Erziehungs- und Bildungswesen"* und - wohl nicht ganz ohne eigenes Ablenkungsbedürfnis - der *"Verband der Geschichtslehrer Deutschlands"*. Beide wehrten sich vehement gegen die öffentliche Kritik, die Schule habe versagt und müsse für Versäumnisse der Politik haftbar gemacht werden. Der "Deutsche Ausschuß für das Erziehungs- und Bildungswesen" räumte jedoch ein, daß auch Teile der Lehrerschaft aus verschiedenen Gründen, so etwa aus stiller Sympathie zum Nationalsozialismus, ihrer Aufgabe nicht gerecht geworden seien. Die wesentlichen Faktoren sah der Ausschuß vor allem außerhalb der Schule "beim Versagen der Eltern und bei den (nicht näher spezifizierten; d. Verf.) Schwächen der Politik". Ein früheres Gutachten zitierend, verwiesen die Ausschußmitglieder auf die für sie zentrale Einsicht: "... die politische Erziehung des Volkes im ganzen geschieht wesentlich durch die Politik selbst".[12]

In der *Kultusministerkonferenz* kam es im Gefolge der antisemitischen Welle noch 1960 zu einem Beschluß über die "Behandlung der jüngsten Vergangenheit im Geschichts- und gemeinschaftskundlichen Unterricht in den Schulen". In diesem Beschluß sprach man sich u.a. für eine verstärkte Einbeziehung zeitgeschichtlicher und politischer Themen in die Lehrerausbildung und den Geschichtsunterricht aus.[13]

Für die inhaltliche Auseinandersetzung mit der NS-Zeit gaben die Kultusminister zwei Jahre später die "Richtlinien für die Behandlung des Totalitarismus im Unterricht"[14] vor, die die in den Schulbüchern längst verankerte Deutungsweise des deutschen Faschismus als ein dem Bolschewismus eng verwandtes System sanktionierte. Mit gleichem Datum verabschiedeten sie außerdem eine "Empfehlung zur Gestaltung der Lehrbücher für den Unterricht in neuester Geschichte und Zeitgeschichte", in der sich der bemerkenswerte Satz findet, daß "ohne eine in die Tiefe dringende Auseinandersetzung mit dem Nationalsozialismus ... politische Bildung in Deutschland nicht möglich" sei[15].

3. Chancen und Grenzen antifaschistischer Erziehung

Die offiziell betriebene strikte Abgrenzung gegenüber den sozialistischen Staaten wich nach der Ablösung der "Adenauer-Republik" und der Regierungsübernahme durch die SPD erstmals einem entkrampfteren Verhältnis. Mit der Politik der Entspannung ging auch eine stärkere Hinwendung zu den Realitäten sozialistischer Gesellschaften einher. Die vor allem von den Universitäten ausgehende Beschäftigung mit dem Marxismus im Zuge der Studentenbewegung beendete - wenn auch

12 Borcherding 1965, S. 85.
13 Vgl. Borcherding 1965, S. 88 ff.
14 5. Juli 1962.
15 Borcherding 1965, S. 98.

nur für Teile der bundesrepublikanischen Intelligenz - die pauschale Verteufelung des Kommunismus und seine Gleichsetzung mit dem "realen Sozialismus". Elemente marxistischer Theorie fanden in denjenigen kritischen Gesellschaftsanalysen Verwendung, die die Konzentration ökonomischer Macht in der Bundesrepublik Deutschland aufwiesen, den monopolistischen Charakter der Presse bemängelten und die traditionellen Formen der Rekrutierung politischer und gesellschaftlicher Eliten beanstandeten. Letztlich ging es um die Infragestellung einer Gesellschaft, in der nach herrschender Auffassung zwar nicht alles zum besten, aber Grundlegendes auch nicht zur Disposition stand.
Biographisch und sozialpsychologisch betrachtet war es verständlich, daß erst die junge Generation dieser Jahre - nicht mehr unmittelbar vom Faschismus geprägt und auch nicht mehr mit den Sorgen der täglichen Existenzsicherung und dem Aufbau eines hinreichenden Lebensstandards befaßt - aus der affirmativen Einstellung zum Bestehenden ausbrach. In scharfem Konflikt mit der Saturiertheit des "motorisierten Biedermeiers" (Erich Kästner) begann sie, den Strukturmerkmalen der eigenen Gesellschaft wie auch der verdrängten Vergangenheit nachzuspüren. Einer solchen Generation erschien "Auschwitz" als unfaßbare Barbarei, und die Verstrickung der eigenen Eltern, in ihrem Schweigen oder ihren Ausflüchten dokumentiert, galt ihr als moralische und politische Mahnung, die Ursachen des Faschismus zu erhellen und daran mitzuwirken, "daß Auschwitz nicht noch einmal sei."[16] Der im August 1965 beendete Auschwitz-Prozeß, die Debatte über die Verjährung nationalsozialistischer Mordtaten und die Wahlerfolge der NPD in verschiedenen Landtagswahlen boten Anlaß genug für Fragen nach der jüngsten Vergangenheit und ihrer nicht geleisteten Aufarbeitung.

Mit dem Rückgriff auf marxistisch inspirierte sozialwissenschaftliche Ansätze in der sich bildenden "Neuen Linken" ging die Erinnerung an das Diktum Horkheimers einher, daß, wer vom Kapitalismus nicht reden wolle, auch vom Faschismus schweigen sollte. Es wurde kritischer Ausgangspunkt einer - nicht immer differenziert geführten - Auseinandersetzung über Faschismusbegriff und Faschismustheorien. Die nicht aufgearbeitete Vergangenheit führte man mit Adorno nicht zu Unrecht darauf zurück, daß "die objektiven gesellschaftlichen Verhältnisse fortbestehen, die den Faschismus zeitigten."[17]

Diese sozialwissenschaftlichen Ansätze beeinflußten auch die pädagogische Diskussion, die sich in Anlehnung an die "Frankfurter Schule" als "kritische Pädagogik" herausbildete. Leitziele für Erziehung waren "Aufklärung" und "Emanzipation", die auch in die Geschichtsdidaktik und die Politische Bildung Eingang fanden. Das beförderte die Abkehr von bisher vorherrschenden personalisierenden Geschichtsdarstellungen und die Hinwendung zu Strukturanalysen. Spätestens seit dem erneuten Auftreten einer Vielzahl neofaschistischer Aktivitäten in den siebziger Jahren setzte sich aber die Überzeugung durch, daß die sozial- und strukturge-

16 Adorno 1970a, S. 85.
17 Adorno 1970b, S. 22.

schichtlichen Analysen des Faschismus nicht einfach ungebrochen im Unterricht nachvollzogen werden könnten. Ein solch abstrakter Ansatz geriet nämlich in Gefahr, den Interessen- und Fragehorizont der Schüler völlig zu verfehlen. Aufgeschreckt durch Hakenkreuze an Schulwänden und neofaschistische Sprüche von Schülern mußten Lehrer, die sich um sachliche und differenzierte Information über die Zeit des Nationalsozialismus im Unterricht bemüht hatten, lernen, daß antifaschistische Einstellung und Haltungen nicht allein durch Kenntnisvermittlung zu erreichen waren. Die öffentliche Resonanz auf die Ausstrahlung der "Holocaust"-Serie zeigte, wo pädagogische Ansatzpunkte für eine Auseinandersetzung mit dem Faschismus lagen, die über die bisherige rein kognitive Vermittlungspraxis hinausgingen. Die Einsicht, daß Kenntnisse über die Ursachen des Faschismus und seine Verbrechen allein keine Immunität gegen die Propaganda neofaschistischer Gruppen bewirken, leitete eine neue Phase antifaschistischer Erziehung ein.

Wissenschaftliche Analysen wurden mit Gegenwartsbezügen, Einstellungen und Verhaltensdispositionen von Jugendlichen heute, mit "Geschichte von unten", verknüpft. Fragen nach den Lebensumständen "einfacher Menschen", nach ihren Alltagserfahrungen im Faschismus, anschauliche Beispiele für den bislang ausgesparten "Widerstand von unten" am Heimatort der Schüler, bilden sinnvolle Ansatzpunkte, kognitives und affektives Lernen miteinander zu verbinden, wie aus den Projekten einiger engagierter Lehrerinnen und Lehrer seit Anfang der achtziger Jahre hervorgeht.[18] Peter Dudek skizziert in dem von ihm herausgegebenen Buch "Hakenkreuz und Judenwitz" "Konturen antifaschistischer Bildungsarbeit", die ihren Zugang bei den Schülern selbst und ihren "individuellen Ängsten, Phantasien, Vorurteilen und 'diffusen' Vorstellungen" sucht.[19] Dabei setzt sie bei Veränderungen der schulischen Alltagskultur an und bezieht biographische und lokalhistorische Konzeptionen ein. Es ist allerdings darauf zu achten, daß Zusammenhänge zwischen Faschismus und sozio-ökonomischem System, zwischen faschistischer Bewegung und traditionellen Eliten, zwischen Entrechtung und Verfolgung der Juden und dem Völkermord einerseits und dem "Funktionieren" öffentlicher und privater Institutionen andererseits nicht aus den Augen verloren werden.

Trotz der hier angedeuteten Chancen antifaschistischer Erziehung bleibt festzuhalten: Sie ist überfordert, solange sie als bildungspolitische "Feuerwehr" gegen die sozialen und psychischen Folgen ökonomischer und politischer Krisen und Fehlentwicklungen kompensatorisch eingesetzt wird. Nach dem Auftreten neofaschistischer Jugendlicher hat sich auch die Kultusministerkonferenz vom 20. April 1979 über die "Behandlung des Nationalsozialismus im Unterricht" geäußert und der Schule die Funktion eines Krisenmanagements zugewiesen. Die Klage über die in mehreren Untersuchungen aufgezeigten mangelnden Kenntnisse und affirmativen Einstellungen von Schülern gegenüber dem Nationalsozialismus überschätzt die Möglichkeiten von Schule beträchtlich, wenn in ihr der Schuldige für diesen

18 Vgl. z.B. GEW Berlin 1981.
19 Dudek 1980, S. 109 ff.

Zustand ausgemacht wird. Hier wären vielmehr Fragen bezüglich der Rolle von Politik und politischer Kultur angezeigt. Es muß bedenklich stimmen, wenn konservative Politiker und Historiker sich um die "Entsorgung der Vergangenheit" (Habermas) bemühen und damit die in der Gesellschaft vorfindlichen Tendenzen verstärken, den Faschismus apologetisch zu verzeichnen und alte Feindbilder zu tradieren. Die Schwierigkeiten, vor die sich antifaschistische Erziehung gestellt sieht, werden durch solche "Entsorgungsversuche" nicht kleiner.

Literatur

ADORNO, Theodor W.: Erziehung nach Auschwitz (1966). In: ders.: Erziehung zur Mündigkeit. Hrsg. von Gerd Kadelbach, Frankfurt/M. 1970a, S. 88-104

ders.: Was bedeutet: Aufarbeitung der Vergangenheit (1959). In: ders.: Erziehung zur Mündigkeit. Hrsg. von Gerd Kadelbach, Frankfurt/M. 1970b, S. 10-28

BORCHERDING, Karl: Wege und Ziele politischer Bildung in Deutschland, München 1965

BORRIES, Bodo v.: Unkenntnis des Nationalsozialismus - Versagen des Geschichtsunterrichts? In: Geschichtsdidaktik, 1980, H. 5, S. 109-126

BUNGENSTAB, Karl-Ernst: Umerziehung zur Demokratie? Re-education-Politik im Bildungswesen der US-Zone 1945-1949, Düsseldorf 1970

DEPARTMENT OF STATE, Report of the United States Education Mission to Germany ("Zook-Report"), Washington 1946

DUDEK, Peter: "Aufarbeitung der Vergangenheit" als Erziehungsprogramm? - Über die Schwierigkeit, antifaschistische Jugendarbeit zu begründen. In: Neue Praxis, 1982, H. 12, S. 317-332

ders.: Schule - Jugend - Unterricht. Problemskizze antifaschistischer Jugendarbeit in der Schule. In: ders. (Hrsg.): Hakenkreuz und Judenwitz, Bensheim 1980, S. 97-133

GEW-BERLIN (Hrsg.): Wider das Vergessen. Antifaschistische Erziehung in der Schule, Frankfurt/M. 1981

Lehrplan für den Geschichtsunterricht an den Berliner Schulen. Kommandanture Alliée de Berlin. Comité Education-Affaires Réligieuses, Berlin 1948

MEINECKE, Friedrich: Die deutsche Katastrophe. Wiesbaden 1947[3]

MEYERS, Peter: Vom "Antifaschismus" zur "Tendenzwende". In: Der Nationalsozialismus als didaktisches Problem, Bonn 1980, S. 43-63 (= Schriftenreihe der Bundeszentrale für politische Bildung, Bd. 156)

PÜTZ, Johanna: Von antifaschistischer Erziehung zur Vergangenheitsbewältigung. Unveröffentlichtes Manuskript, Berlin 1987

RASCHE, Friedrich: Die Juden und die deutsche Schuld. In: Denkendes Volk 1, S. 133-135

WANNÖFFEL, Manfred: "Auf politischem Gebiet kriegen Sie keine guten Antworten von mir" - Aspekte zur politischen Sozialisation von Jugendlichen in den 50er Jahren. In: Krüger, Heinz-Hermann (Hrsg.): "Die Elvis-Tolle, die hatte ich mir unauffällig wachsen lassen". Lebensgeschichte und jugendliche Alltagskultur in den fünfziger Jahren, Opladen 1985, S. 20-42

WEBER, Alfred: Haben wir Deutschen seit 1945 versagt? (1949). In: ders.: Haben wir Deutschen nach 1945 versagt? München 1979, S. 237-249

"Aufarbeitung der Vergangenheit" im schulischen Unterricht?

Peter Dudek

Es wäre zu einfach, die Geschichte der politischen Bildung gegenüber dem Nationalsozialismus ausschließlich als eine Geschichte ihres Versagens oder Verdrängens schreiben zu wollen. Die Gründe für die mangelnde Wirksamkeit des historisch-politischen Lernens im administrativen Kontext der Schule sind vielschichtig und bisher wenig befriedigend erhellt. Deshalb kann ich an dieser Stelle auch nicht über die *Möglichkeiten* der Aufarbeitung faschistischer Tendenzen im Unterricht schreiben. Zu stark ist die Gefahr, das Thema nur auf der didaktisch-methodischen Ebene anzunehmen oder in die schlechte Tradition der pädagogischen Ratgeberliteratur zu verfallen, die häufig nur verbindlich in der Unverbindlichkeit ihrer Aussagen ist und zu den pädagogischen Handlungsproblemen von Lehrern nichts beiträgt. Ich will deshalb darüber nachdenken, wo die Grenzen und strukturellen Schwierigkeiten politisch-historischen Lernens im Kontext der Aufarbeitung der nationalsozialistischen Vergangenheit liegen, die nicht vergehen will.

Nationalsozialismus - Stiefkind des politischen Unterrichts?

Der Nationalsozialismus ist für die Geschichte der Bundesrepublik und die politische Kultur hierzulande konstitutiv. Gerade jene, die endlich "aus dem Schatten Hitlers" treten wollen oder sich auf die "Gnade der späten Geburt" berufen, beweisen noch mit absonderlichen historischen Vergleichen ihren fast magischen Bezug zum Nationalsozialismus. Auch die kürzlich von Peter Sichrovsky (1987) vorgelegten Gespräche mit "Kindern aus Nazifamilien" belegen im biographischen Sinne die konstitutive Rolle des Nationalsozialismus für die nachgeborenen Generationen. Ebenso kennzeichnend für die Geschichte der Republik ist die Tatsache, daß die "Aufarbeitung der Vergangenheit" nach 1945 aller sozialen und gesellschaftlichen Konsequenzen entledigt wurde. Das Bewußtsein, daß das beste Entnazifizierungsprogramm der Aufbau eines demokratisch-sozialistischen Deutschlands mit der Entmachtung der traditionellen Eliten und einer streng antifaschistischen Grundorientierung sei, verlor in Westdeutschland im Spannungsfeld alliierter Machtinteressen seinen sozialen Träger. Als störender Bezugspunkt für den Wiederaufbau und die Westintegration wurde der Nationalsozialismus allmählich aus dem politischen Bewußtsein verbannt und als Objekt historischer Aufklärung auf das Subjekt gewendet. In der Weise, in der die gesellschaftlichen Verhältnisse und die traditionellen Eliten unschuldig gesprochen wurden, reduzierten sich die Lehren aus dem Nationalsozialismus auf historische Aufklärung über eine Spielart des Totalitarismus. Sie konnten entpolitisiert werden als Fragen von Schuld und Sühne und mittels der Totalitarismusversion dem schuldigen Bewußtsein zum seelischen Komfort verhelfen.

In der politischen Kultur der Bundesrepublik hat sich eine selbstbewußte antifaschistische Tradition nie ausbilden können. Dort, wo diese sich organisatorisch etabliert hatte, ist sie schnell unter Kommunismus-Verdacht gestellt worden. Dies gilt auch für die Institutionen der politischen Bildung. Zu erinnern ist an dieser Stelle z.B. an die Tatsache, daß die Geschichtsdidaktik Anfang der fünfziger Jahre ernsthaft darüber diskutierte, ob die Behandlung des Nationalsozialismus im Unterricht überhaupt wissenschaftlich und pädagogisch verantwortbar sei.[1] Auch in der pädagogischen und fachdidaktischen Literatur bis Anfang der sechziger Jahre finden sich zahlreiche Belege für das Ressentiment seitens der Lehrer, der Eltern *und* der Schüler gegen die Behandlung des Nationalsozialismus im Unterricht. Als in der zweiten Hälfte der fünfziger Jahre die ersten Länder den Nationalsozialismus als Unterrichtsthema in ihre Lehrpläne aufnahmen, hatte sich längst der Verdacht etabliert, dies sei auf "Weisung von oben" geschehen und bedeute die Fortsetzung der Entnazifizierung mit anderen Mitteln, die letztlich die Kinder ihren Eltern entfremden. Konnte Krecker 1955 die jüngste Vergangenheit noch als "Stiefkind des Geschichtsunterrichts"[2] bezeichnen, so sprechen Schüler 1962 schon von einer Übersättigung[3]. Spätestens mit den antisemitischen Schmierwellen 1959/60[4] setzt ein Institutionalisierungsschub ein, der "Aufarbeitung der Vergangenheit" der politischen Bildung überantwortet, die durch Vermittlung fundierter historischer Kenntnisse gegen totalitäre Einstellungen und Verhaltensdispositionen immunisieren soll. So reagierten die Kultusministerien schon 1960 mit Beschlüssen, Lehrerausbildung und Geschichtsunterricht im Hinblick auf den Nationalsozialismus zu intensivieren. Nationalsozialismus als Unterrichtsthema wurde Pflicht für alle Abschlußklassen, Schulbücher wurden reformiert, weitere Lehrstühle für Politische Wissenschaften, Didaktik der Politik und Geschichte eingerichtet und das Fach Gemeinschaftskunde an den Schulen eingeführt. Der sich darin ausdrückende bildungsoptimistische Basiskonsens und die ihm unterstellten Wirkungseffekte sollten sich eigentlich angesichts einschlägiger Ergebnisse der Wirkungsforschung[5] relativiert haben.

---

1 Vgl. die entsprechende Diskussion in Geshichte in Wissenschaft und Unterricht, 1951, H. 10, S. 590 ff.

2 Krecker 1955.

3 Vgl. Tjaden 1962, S. 239.

4 Vgl. Dudek 1985, S. 85 ff.

5 Vgl. z.B. Erlebach u.a. 1981; Geißler 1981.

Schulisches Lernen und politische Sozialisation

In den fünfziger und sechziger Jahren wurde die mangelnde Wirksamkeit politischer Bildung zum Nationalsozialismus häufig mit dem geringen zeitlichen Abstand und der lebensgeschichtlichen Verstrickung der Elterngeneration in das Dritte Reich erklärt. Dies schien die Hoffnung zu nähren, eine neue, unbelastete Generation könne die Auseinandersetzung mit dem Nationalsozialismus mit größerem Erfolg nachholen. Wir wissen heute, daß dies ein Trugschluß war. Angesichts wachsender Fremdenfeindlichkeit und der Aktualisierung des Antisemitismus, angesichts eines diffusen pronazistischen Protestpotentials unter Jugendlichen muß man heute die Frage erneut diskutieren, ob sich nicht hinter der Fassade der parlamentarischen Demokratie autoritäre und nationalistische Mentalitätsstrukturen kollektiv tradiert haben, die obrigkeitsstaatlichen Traditionen und ihre parochialen Ausprägungen, nicht demokratisches Selbstbewußtsein und politische Toleranz dominieren.

Eine solche Frage verweist auf eine vielleicht triviale, aber dennoch häufig vernachlässigte Tatsache: Schulischer Unterricht ist nur ein kleines Segment im politischen Sozialisationsprozeß Jugendlicher, und historisch-politisches Lernen findet zum großen Teil außerhalb organisierter pädagogischer Instruktion statt: in der Familie, den Peer-groups, auf der Straße ebenso wie am Arbeitsplatz oder vor dem Fernseher. Gerade zeitgeschichtlicher Unterricht ist in hohem Maße abhängig von außerschulischen Faktoren, von politischen Themenkonjunkturen und gesellschaftlichen Konfliktlagen. Für die Entwicklung eines Geschichts- und Gesellschaftsbildes bei Jugendlichen trägt der historisch-politische Unterricht bezüglich Kenntnisvermittlung und Einstellungswandel nur wenig bei. Wie stark Ablehnung oder Affinität zum Nationalsozialismus von politischen Grundorientierungen Jugendlicher abhängen, machte die Studie von Erlebach u.a. (1981) deutlich: Sie ermittelten, daß bei den Anhängern der Grünen Kenntnisse und Ablehnung des NS Regimes am stärksten, bei den CDU-orientierten Jugendlichen am schwächsten ausgeprägt waren. Dieser Befund ist weniger eine Aussage über die Wirksamkeit politischen Lernens in der Schule. Vielmehr verweist er darauf, daß unabhängig von der Quantität historischer Kenntnisse zum Nationalsozialismus kritische und emanzipative gesellschaftliche Grundorientierungen auch historisches Interesse und politische Distanz gegenüber dem Nationalsozialismus implizieren. In eine ähnliche Richtung zielen die Erfahrungen mit dem Schülerwettbewerb Deutsche Geschichte um den Preis des Bundespräsidenten, der die letzten Male dem Alltag im Nationalsozialismus gewidmet war. In jeder Jahrgangsstufe war die Beteiligung der Gymnasiasten am stärksten und gegenüber ihrem Anteil an der Schülerpopulation eindeutig überrepräsentiert, während alle anderen Schularten stets unterrepräsentiert blieben. Beim letzten Wettbewerb kamen 56,8% der Einsendungen von Gymnasien, aber nur 15,7% von Hauptschulen, unter den Preisträgern befinden sich dagegen nur 6,5% Hauptschüler, aber 65,9% Gymnasiasten. Offenbar ist das Interesse an historischem Lernen und sind die entsprechenden Lehrerwartungen sehr stark schulformbezogen. Und obwohl wir andererseits aus der Extremismusforschung wissen, daß jugendliche Rechtsextremisten gewöhnlich über einen geringen Bildungsgrad verfügen und krisenhafte Schullaufbahnen hinter sich haben, sollten daraus keine voreiligen Schlüsse über die Bedeutung schulischen Unterrichts für die politische Sozialisation Jugendlicher gezogen werden. Der Erwerb soziokultureller Wertemuster, die das Wert- und Selbstverständnis Jugendlicher ausdifferenzieren und entscheidend für den Prozeß der Identitätsbildung sind, findet in der Adoleszenzphase als ein komplizierter Prozeß der Transformation rollengebundener Identitätsformation statt, in dem die Effekte politischer Bildung kaum eine Rolle spielen.

Biographische Anteile und politisches Lernen - ein Beispiel

Dennoch: Nationalsozialismus ist ein notwendiger und wichtiger Gegenstand schulischen Unterrichts. Und es ist ein schwieriger Unterrichtsgegenstand, eben weil er einer nicht vergehenden Vergangenheit angehört, weil er konstitutiv für die Bundesrepublik und seiner Barbarei wegen einzigartig ist. Bei keinem anderen Unterrichtsthema hängen Politik und Moral, emotionale Reizschwellen und pädagogischer Handlungsdruck so eng zusammen wie hier. Dabei hat das pronazistische Protestverhalten bei Schülern im Kontext der Ausstrahlung des Holocaust-Filmes 1979 in drastischer Weise verdeutlicht, daß daran auch die historische Distanz nichts geändert hat. Wenn Eigenwald schon im Jahr zuvor apodiktisch konstatieren mußte: "Geschichtslehrer angesichts des Neofaschismus: hilflos"[6], so bezog sich dies primär auf die Verhaltensweisen von Lehrern angesichts faschistischer Provokationen durch ihre Schüler. Worin aber liegt die Provokation eines von 15- oder 16jährigen geschmierten Hakenkreuzes? Ist es ein Angriff auf die politische Identität des Lehrers oder auf seine Autorität? Ist es ein Bekenntnis zum Nationalsozialismus oder ein wirksames Provokationsmittel gegen ihn persönlich oder gegen ihn als Vertreter des Systems Schule? Sicherlich lassen sich Antworten nur am Fallbeispiel finden.

Die heute 19jährige Stefanie, deren Großvater als Kriegsverbrecher 1945 gehenkt wurde, hat Peter Sichrovsky folgende Schulerfahrung erzählt:

> "Wir hatten da einen Geschichtslehrer. Lange Haare, Bart, Norwegerpullover. Was hat der uns nicht alles vorgelabert. Stundenlang über die Juden, die Kommunisten, die Zigeuner, die Russen, alles Opfer, nichts als Opfer. Der tat immer so, als ob er verfolgt worden wäre. Als ob heute noch die Nazis hinter ihm her wären. Aber was war er denn? Weder Jude noch Zigeuner noch Russe. Höchstens Kommunist vielleicht. Ich hab' ihm das alles nie abgenommen. Wer weiß, ob das alles so schlimm war. Einer aus der Klasse hat ihn mal gefragt: 'Wo war denn das Tolle damals? Warum haben denn soviele Hurra und Heil gebrüllt? Warum waren die alle so begeistert? Da muß es doch noch etwas anderes gegeben haben.' Da schaute er blöde, fing an, den Schüler als Neonazi zu beschimpfen, ob er denn keine Achtung vor den Opfern hätte.

---

6 Eigenwald 1978.

Aber wir anderen ließen nicht los. Endlich hat das mal einer ausgesprochen. Wir wollten wissen, was damals wirklich los war ... Der Lehrer hat dann ohnehin durchgedreht. Der Feigling hat sich an den Direktor gewandt. Der linke Held, immer vom Widerstand gegen die Mächtigen reden und dann zum Direktor gehen. Ich kann dir sagen, der war verlogen, der Typ. Der Direktor kam in die Klasse und hielt eine lange Rede. Schuld und Scham liege auf uns, hat er gesagt. Auf ihm vielleicht, aber nicht auf mir. Mir brauchen die kein schlechtes Gewissen einzureden. Ich habe niemanden umgebracht, niemanden geschlagen, ich hab' keinem Hitler zugejubelt."[7]

Ein unerträglicher Text. Unerträglich, weil er so schamlos den inzwischen in der Bundesrepublik hoffähig gewordenen Sühne-Revisionismus offenlegt, der historischen Takt und geschichtliche Verantwortung mit persönlicher (Un-)Schuld verwechselt. Aber worüber soll man sich mehr empören? Über die "Unbelehrbarkeit" des jungen Mädchens oder über einen Lehrer, der sich offensichtlich in die Rolle der Opfer hineinredet und die Schüler nach durchaus legitimen und wichtigen Fragen in die Rolle der Täter drängt? Und worüber empören sich die Schüler? Ich vermute, weniger über den Geschichtsunterricht des Lehrers als über die Art und Weise, wie er seine Macht ausspielt, über die Widersprüche zwischen den historischen Lektionen, die sie lernen sollen, und dem Verhalten des Lehrers. Sie empören sich über seine Machtdemonstration, das Einschalten des Direktors und dessen moralisch erhobenen Zeigefinger. Wie sollen auch Schüler der 9. und 10. Klassen verstehen, daß sie schuldig oder verantwortlich sind für Dinge, an denen sie nicht beteiligt waren? In den Augen des Lehrers wird Stefanie zur Enkelin eines Kriegsverbrechers, in den Augen der Schüler der Lehrer zum "verlogenen Typ". Hat nach dieser Schlüsselszene politische Bildung bei diesen Schülern noch eine Chance? Über den unmittelbaren Konflikt hinaus lassen sich an dem Beispiel noch weitere Aspekte der "Aufarbeitung der Vergangenheit" diskutieren.

Strukturelle Probleme

Die Schüler heute sind Kinder dieser Republik, deren Bezüge zum Nationalsozialismus biographisch sich nur noch über die Großelterngeneration herstellen lassen. Dies kann eine erleichternde Eingangsvoraussetzung sein. Andererseits laufen die geschichtlichen Grunderfahrungen der einzelnen Generationen in der Bundesrepublik weit auseinander. Das ist für historisch-politisches Lernen insofern von Bedeutung, als die unter Gegenwartsbezug versuchte historische Aufklärung Jugendliche mit Deutungen und Geschichtsbildern konfrontiert, die diese als vergangenheitsorientiert interpretieren und die sich nicht umstandslos auf deren Deutungsmuster und Weltbilder beziehen lassen. Wo in der Beschäftigung mit dem Nationalsozialismus handlungsbezogene Verweisstrukturen unterhalb der Ebene emotionaler

7 Sichrovsky 1987, S. 41 f.

Ablehnung von diktatorischen Verhältnissen liegen können, was "Trauerarbeit" für Jugendliche heute heißen kann, ist weitgehend ungeklärt.

Das verweist auf ein weiteres strukturelles Problem, das ich als *Transformationsproblem* bezeichnen möchte. Politische Bildung zum Nationalsozialismus unterstellt, Jugendliche können durch die Beschäftigung mit Faschismus jene Sensibilität und historische Fundierung erwerben, die demokratisches Handeln anleiten und sich zu zeitdiagnostischer Reflexionsfähigkeit ausbilden lassen, um damit den Blick für aktuelle Gefährdungen der Demokratie zu schärfen. Die Kurzschlüssigkeit dieser Argumentation, dies macht auch das Beispiel deutlich, liegt darin, zu glauben, die Beschäftigung mit dem Nationalsozialismus könne demokratische Verhaltensregulative und politische Einstellungsveränderungen ausdifferenzieren, die als Postulate zum politischen Grundkonsens der Bundesrepublik zählen, denen aber ihre gesellschaftspolitische Fundierung fehlt und die mit den Alltagserfahrungen Jugendlicher konfligieren. Jene erfahrbaren Widersprüche zwischen Postulatsbestand und politischem Alltag im Rahmen institutionellen Lernens zu bearbeiten, konfrontiert politische Bildung mit einem kaum lösbaren Handlungsproblem. Nicht zuletzt sind es die schulischen Strukturen selbst, die diesen Widerspruch auf Dauer stellen. Auschwitz als Lerngegenstand unter den strukturellen Zwängen schulischer Instruktion mit dem Schielen nach Noten ist nicht begreifbar und schon gar nicht bewältigbar. Auschwitz ist kein Stoff, der behandelbar ist mit den gleichen curricularen Planungsstrategien, die quadratische Gleichungen und Hexameter zu Lernstoff modellieren.

In didaktischer Hinsicht hat hier das Konzept des "forschenden Lernens" mit seiner Konzentration auf Alltags-, Subjekt- und Lokalgeschichte in fruchtbarer Weise neue Zugänge zum Nationalsozialismus eröffnet, die viele primäre Erfahrungsmöglichkeiten für Schüler freisetzen. Es ist eine Reaktion auf die Erkenntnis, daß der Bildungswert des Grauens gering ist, daß weiterhin strukturgeschichtliche Curricula speziell in der Sekundarstufe I die entwicklungspsychologischen Möglichkeiten der Schüler überfordern. Diese neueren Konzepte zielen auf Betroffenheit ab, aber eine Betroffenheit, die Jugendliche an Einzelschicksalen oder überschaubaren Situationen verarbeiten können und die so eine engagierte Auseinandersetzung erst ermöglicht. Aber "Betroffenheitspädagogik" hat noch eine andere Seite. Betroffenheit herstellen heißt nämlich auch, daß der Inhalt - Nationalsozialismus - Jugendliche heute noch betrifft.

Unser Beispiel zeigt, daß dies sehr wohl der Fall sein kann, aber in einer ganz anderen Weise, als sie pädagogisch intendiert ist. Kann Schule hier zu einer Instanz politischer Gegensozialisation werden? Kann sie dies in einer Gesellschaft, deren politische Kultur sich eben nicht aus antifaschistischen Traditionen speist, die noch weit davon entfernt ist, z.B. Fremdenfeindlichkeit sozial zu ächten, nicht die Fremden, sondern das Ressentiment gegen sie ausgrenzt. Aufarbeitung der Vergangenheit ist in erster Linie eine Aufgabe der politischen Kultur. Erziehung und Pädagogik haben daran einen bescheidenen Anteil. Adorno glaubte 1966, sein berühmtes Postulat nicht näher begründen zu müssen. Zu evident war diese Forderung vor dem Hintergrund der Theorie des autoritären Charakters. Angesichts der Beharrlichkeit und Reproduktionsfähigkeit autoritärer, nationalistischer und antisemitischer Mentalitätsstrukturen, angesichts des professoralen Geschichtsrevisionismus der jüngsten Zeit liegt diese Evidenz nicht mehr auf der Hand. Zu pädagogischem Optimismus besteht kein Anlaß. Drei Jahre vor seinem berühmten Rundfunkvortrag "Erziehung nach Auschwitz" schrieb Adorno unter dem Eindruck der Antisemitismus-Diskussion der sechziger Jahre den pessimistischen Satz: "Nimmt man jedoch das objektive Potential des Nationalsozialismus so schwer, wie ich es glaube nehmen zu müssen, dann setzt das auch der aufklärenden Pädagogik ihre Grenzen."[8]

Soll ich daraus ein Fazit ziehen, so müßte es lauten: Historische Aufkärung und eine Erziehung, die alles das nicht intendiert, was Faschisten heute fordern, gehören zur Sisyphusarbeit der Pädagogen. Aber politische Pädagogik muß entlastet werden von dem gesellschaftlich erzeugten Handlungsdruck, sie könne "Aufarbeitung der Vergangenheit" als historische Aufklärung mit praxeologischen Implikaten garantieren. Die Frage, wie der Nationalsozialismus Jugendliche heute betroffen machen kann, ist eine didaktische Frage.[9] Die notwendige Erkenntnis aber, daß der Nationalsozialismus die Bürger dieses Landes heute noch betrifft, ist eher ein Moment politischer Kultur, das sich mit den klassischen Mitteln der politischen Bildung kaum im Bewußtsein halten läßt.

Literatur

ADORNO, Theodor W.: Eingriffe. Neun kritische Modelle, Frankfurt/M. 1963

BUNDESZENTRALE FÜR POLITISCHE BILDUNG (Hrsg): Der Nationalsozialismus als didaktisches Problem, Bonn 1980

DUDEK, Peter: Hakenkreuz und Judenwitz. Antifaschistische Jugendarbeit in der Schule, Bensheim 1980

ders.: Nüchterne Bestandsaufnahme der Ergebnisse Politischer Bildung. Gegen eine Überfrachtung der Schule mit Ansprüchen, die unerfüllbar sind, In: Westermanns Pädagogische Beiträge, 1983a, H. 1

ders.: Literatur und Unterrichtsmaterialien zum Nationalsozialismus. In: Westermanns Pädagogische Beiträge, 1983b, H. 1

ders.: Jugendliche Rechtsextremisten. Zwischen Hakenkreuz und Odalsrune 1945 bis heute, Köln 1985

---

8 Adorno 1963, S. 141.

9 Vgl. hierzu in didaktischer Hinsicht: Bundeszentrale 1980; Dudek 1980, 1983; Frese 1985; Meyers/Riesenberger 1979. Eine Übersicht zu konkreten Materialsammlungen und Unterrichtsfilmen finden sich bei Dudek 1983b und Nitz 1983.

ERLEBACH, Rainer u.a.: Nationalsozialismus - Kenntnisse und Meinungen von Abiturienten 1961 und 1979, in: Die Deutsche Schule, 1981, H. 9

EIGENWALD, Rolf: Geschichtslehrer angesichts des Neofaschismus: hilflos. In: Frankfurter Hefte, 1978, H. 10

FRESE, Mathias: Unterrichtsmodelle, Lehrbücher und Materialienbände zum Nationalsozialismus in Schule und politischer Bildungsarbeit. In: Neue Politische Literatur, 1985, H. 2

GEISSLER, Rainer: Junge Deutsche und Hitler. Empirische Studie zur historisch-politischen Sozialisation, Stuttgart 1981

KRECKER, Lothar: Die jüngste Vergangenheit, ein Stiefkind des Geschichtsunterrichts, in: Die Pädagogische Provinz, 1955, H. 9

MEYERS, Peter/RIESENBERGER, Dieter (Hrsg.): Der Nationalsozialismus in der historisch-politischen Bildung, Göttingen 1979

NITZ, Detlev: Antifaschistische Filme. Übersicht und Hinweise zum Einsatz im Unterricht, in: Demokratische Erziehung, 1983, H. 3

SICHROVSKY, Peter: Schuldig geboren. Kinder aus Nazifamilien, Köln 1987

TJADEN, Karl-Heinz: Reaktionen von Schülern auf die Behandlung des Themas Nationalsozialismus im Unterricht des Gymnasiums. In: Gesellschaft, Staat, Erziehung, 1962, H. 4

"Auschwitz" in Geschichtsbüchern der Bundesrepublik Deutschland

Birgit Wenzel/Dagmar Weber

1. Problemaufriß

"Auschwitz" darf als Themenkomplex in Geschichtsbüchern nicht nur im Hinblick auf seine Rolle als Konzentrations- und Vernichtungslager betrachtet werden, sondern ist in seinen historischen Kontext einzubetten. Dabei geht es auch um die Vermittlung der Geschichte der Juden und des Antisemitismus sowie die in der NS-Ideologie begründete Entrechtung der Juden und ihre Ausschaltung aus dem öffentlichen Leben. Erst dann können Schüler den Völkermord an den Juden, für den Auschwitz als Symbol steht, sowie die Verfolgung und Vernichtung von Sozialisten, Kommunisten, Christen und Homosexuellen, aber auch von Sinti und Roma sowie der slawischen Bevölkerung verstehen.

Erst vor diesem Hintergrund lassen sich Probleme von (Mit-)Schuld und (Mit-)-Verantwortlichkeit sowie Fragen der Wiedergutmachung, der Verjährung und nicht zuletzt die Beziehungen zu Israel, Polen und der UdSSR sinnvoll erörtern. Dies gilt in gleicher Weise für immer wieder auftretende Tendenzen von Neo-Nazismus und Ausländerfeindlichkeit. Insofern geht es, wie es die damalige Berliner Schulsenatorin Hanna-Renate Laurien formulierte,

> "um komplexe Erziehung, um Verhalten, nicht bloß um Wissen ... Es geht nicht bloß um Vergangenes. Es geht um die bleibende Gefährdung des Menschen, der sich einen Sündenbock sucht, um eigene Verantwortung verschieben zu können. Gestern waren es die jüdischen Mitbürger - heute dürfen nicht die türkischen Mitbürger an ihre Stelle treten",[1]

Eigene Erfahrungen und empirische Befunde[2] bestätigen, daß das Geschichtsbuch eines der wichtigsten Arbeitsmittel sowohl für den Unterricht selbst als auch für die Unterrichtsvorbereitung des Lehrers darstellt. Einige didaktische Funktionen seien hier genannt. So dient es als

1 Laurien 1987.
2 Vgl. Fröhlich 1985.

- Sammlung von Arbeitsmaterialien,
- Träger von Motivationsimpulsen,
- Nachschlagewerk,
- Überblicksdarstellung,
- Medienkompendium.[3]

Die komprimierte Darstellung historischer Informationen, orientiert an den Rahmenplänen, sowie die unterschiedlichen didaktischen Funktionen, die das Geschichtsbuch übernimmt, machen es zum "Bestsellermedium". Unterschiedliche gesellschaftliche Interessengruppen (z.B. Parteien, Verbände, Kirchen) stellen inhaltliche Ansprüche an ein solches Medium, bevor es staatlicherseits für den Unterricht zugelassen wird. So wird nachvollziehbar, daß Lehrwerke oft einseitige Darstellungen oder aber Kompromisse anbieten, die inhaltliche Ausgewogenheit vorgeben. Pluralistische Erörterungen im Sinne einer Widerspiegelung der Diskussion innerhalb der Wissenschaft sowie die deutliche Unterscheidung zwischen Sachaussagen und Sach- bzw. Werturteilen sind eher die Ausnahme als die Regel. Politisch kontroverse Sachverhalte haben deshalb geringe Chancen, im Geschichtsbuch berücksichtigt zu werden.

Schulbücher - und dies gilt in besonderer Weise für Geschichtsbücher oder, allgemeiner, für Lehrwerke zur politischen Bildung - sind somit zugleich Ausdruck eines bestimmten politischen Bewußtseins der Gesellschaft.[4]

2. Methodik der Analyse

Für die Auswahl der Bücher, die der Analyse zugrunde liegen, waren folgende Gesichtspunkte ausschlaggebend:

- Obwohl wir uns auf in Berlin (West) zugelassene Geschichtsbücher der Sekundarstufe I beschränkt haben, sind diese auch in anderen Bundesländern genehmigt, so daß es sich um repräsentative Lehrwerke handelt.

- Sie finden in allen Schultypen der Bundesrepublik Deutschland Verwendung: Hauptschule, Realschule, Gesamtschule, Gymnasium.

- Die Bücher repräsentieren unterschiedliche didaktische Ansätze: Von der "Reise in die Vergangenheit" (überwiegend darstellende, zusammenfassende Texte, Informationsbuch) bis zu "Fragen an die Geschichte" (Materialbuch).

---

3 Vgl. Fröhlich 1985.
4 Vgl. Schallenberger 1973.

- Vier Verlage sind vertreten, so daß auch hier eine gewisse Repräsentativität gewährleistet ist.

- Schließlich wurde darauf geachtet, daß die Lehrwerke einem gleichen oder ähnlichen Gliederungsprinzip (chronologische Darstellung) folgen, so daß eine vergleichende Analyse möglich ist.

Von dreizehn in Berlin (West) zugelassenen Geschichtsbüchern für die Sekundarstufe I[5] wählten wir folgende fünf Lehrbücher für die Analyse aus:

- *erinnern und urteilen*, hrsg. von J. Grolle; W. Hilligen und F.J. Lucas, Band IV, 265 Seiten, Stuttgart: Ernst Klett 1981
  - (Schulbuch A) -

- *Reise in die Vergangenheit*, hrsg. von E. Ebeling und W. Birkenfeld, Band 4: Geschichte und Politik in unserer Zeit, Neuausgabe, 308 Seiten, Braunschweig: Georg Westermann 1982
  - (Schulbuch B) -

- *Zeitaufnahme*, hrsg. von S. Grassmann, Band 3: Vom Ersten zum Zweiten Weltkrieg, 2. Aufl., 168 Seiten, Braunschweig: Georg Westermann 1982
  - (Schulbuch C) -

- *Fragen an die Geschichte*, hrsg. von H.D. Schmid, Band 4: Die Welt im 20. Jahrhundert, 4., neubearb. Aufl., 312 Seiten, Frankfurt/Main: Hirschgraben 1984
  - (Schulbuch D) -

- *Geschichtliche Weltkunde*, hrsg. von W. Hug, Band 3: Von der Zeit des Imperialismus bis zur Gegenwart, 3., ergänzte Aufl., 325 Seiten, Frankfurt/Main: Moritz Diesterweg 1985
  - (Schulbuch E) -

Die vorliegende Untersuchung stellt eine Kombination zweier Verfahren dar, die qualitative Aussagen ermöglichen[6]:

- Zunächst wird eine *Präsenzanalyse* vorgenommen. Mit Hilfe inhaltlicher Kriterien ergibt sich ein Überblick über die in den Schulbüchern vorhandenen bzw. fehlenden Inhalte. Hieraus lassen sich erste qualitative Schlußfolgerungen ziehen.

---

5 Dienstblatt des Senats von Berlin, Teil III, 1986, H. 3, S. 37 ff.

6 Vgl. Marienfeld 1976 und Schatzker 1981.

- Im Anschluß daran erfolgt eine *ideologiekritische (qualitative) Analyse* der in den Lehrbüchern dargebotenen Inhalte, die alle Komponenten der Schulbücher (Texte, Quellen, Bilder, Arbeitsaufgaben u.a.) mit einbezieht. Hier geht es vor allem um Deutung und Sinngebung von Geschichte.

Auf eine Analyse des jeweiligen Textumfangs, die nur quantitative Aussagen ermöglicht, verzichten wir, da in keinem der Bücher eine auffallende Verkürzung der Themenkomplexe festzustellen ist.

3. Darstellung und Interpretation der Ergebnisse

Die nachfolgenden Analysen können keinen Anspruch auf Vollständigkeit erheben. Ziel ist es vielmehr, Tendenzen der Geschichtsdarstellung beispielhaft aufzuzeigen.

3.1 Präsenzanalyse

Das Thema "Auschwitz" wurde bisher meist in Analysen, die sich mit dem Nationalsozialismus oder dem Thema "Die Juden" beschäftigen, mit aufgegriffen.[7] Diese Untersuchungen gaben Anregungen für die vorliegende Arbeit und beeinflußten auch das in der Tabelle (S. 121 f.) aufgestellte Kriterienraster.[8]

Die Tabelle dokumentiert, welche Inhalte in den untersuchten Schulbüchern angesprochen werden. Sie zeigt, daß "Auschwitz" in allen untersuchten Schulbüchern behandelt wird. Über die meisten Einzelinformationen, gemessen an den 33 Kriterien der Tabelle, verfügen die Bücher von Grassmann (28), Grolle u.a. (27) und Schmid (26). Die Werke von Ebeling/Birkenfeld und Hug weisen dagegen nur 18 bzw. 17 Nennungen auf. Damit ist jedoch weder eine Aussage über die Ausführlichkeit der dargestellten Teilthemen getroffen noch über die Art und Weise ihrer inhaltlichen Präsentation und Ausdeutung.

Auffällig im Sinne von nicht zufällig wird das Fehlen von Informationen, wenn die Auslassungen, wie bei HUG, bestimmte, relevante Bereiche betreffen: Haltung und Verhalten der "arischen" Bevölkerung (2g), "Aktion T 4" (3a), Erfolgreicher Widerstand gegen Judendeportation im besetzten Ausland (3f), Problem von Schuld und Verantwortlichkeit (4), Wiedergutmachung (5), Gegenwartsbezug für die Bundesrepublik (6a), sowie der gesamte Bereich der Theorien und Perspektiven (7). Hier muß man feststellen, daß sich die *Geschichtliche Weltkunde* auf die Vermittlung der äußeren Daten der Judenverfolgung konzentriert, nicht aber nach den Grundlagen des NS-Systems, nach Mitverantwortung von Bevölkerung und gesellschaftlichen Eliten fragt. Insofern wird auch darauf verzichtet, Konsequenzen für die Gegenwart zu ziehen.

---

7 Vgl. Schatzker 1981, Weber 1986.

8 Vgl. auch Erdmann 1983, Arndt/Scheffler 1983, Kogon 1974.

Tabelle: Ergebnisse der Präsenzanalyse

Inhaltliche Schwerpunkte (Kriterien)	**Schulbücher**				
	A	**B**	**C**	**D**	**E**
1. Geschichte der Juden bis 1933					
a) Historischer Abriß (vom Altertum bis zur Weimarer Republik)		x		x	
b) Die Juden in Deutschland zu Beginn des Nationalsozialismus			x		
c) Wurzeln des Antisemitismus (religiös, wirtschaftlich, "rassisch")	x	x	x	x	x
2. Der nationalsozialistische Kampf gegen das Judentum und andere Bevölkerungsgruppen					
a) Boykott jüdischer Geschäfte (1.4.1933)	x	x	x	x	x
b) Ausschaltung der Juden aus dem öffentlichen Leben (11.4.1933)	x		x	x	
c) Die Nürnberger Gesetze (15.9.1935)	x	x	x	x	x
d) Novemberpogrom 1938 ("Reichskristallnacht")	x	x	x	x	x
e) Emigration	x		x	x	x
f) Verfolgung und Emigration anderer wie					
- Kommunisten, Sozialisten	x	x	x	x	x
- Sinti und Roma	x		x		x
- Christen und Zeugen Jehovas	x	x	x	x	
- Homosexuelle	x		x		
g) Haltung und Verhalten der "arischen" Bevölkerung	x	x	x		
3. Der Völkermord an den Juden und anderen im Zweiten Weltkrieg					
a) "Aktion T 4" (Massenmord an Behinderten 1940-1941)	x	x	x	x	
b) Wannsee-Konferenz (20.1.1942)	x		x	x	x
c) Deportation von Juden nach Polen und Rußland (ab 1941)	x	x	x	x	x
d) Massenmord europäischer Juden in Auschwitz, Treblinka u.a. (1941-1945)	x	x	x	x	x
e) Massenmord an anderen Bevölkerungsgruppen wie					
Sinti und Roma	x		x	x	x
- Polen und russische Kriegsgefangene ("Einsatzgruppen")	x	x	x	x	x
- andere	x		x	x	
f) Erfolgreicher Widerstand gegen Judendeportationen im besetzten Ausland (z.B. Dänemark)	x		x		
g) Jüdischer Widerstand im Warschauer Getto (1943)	x	x	x	x	x
h) Übersicht über die Konzentrations- und Vernichtungslager	x		x	x	
i) Auschwitz					
- Arbeitslager (Zwangsarbeit)	x	x	x	x	x
- Vernichtungslager	x	x	x	x	x
- Tag der Befreiung durch die sowjetische Armee (27.1.1945)		x	x		

(Fortsetzung der Tabelle)

Inhaltliche Schwerpunkte (Kriterien)	Schulbücher A	B	C	D	E
4. Zum Problem von Schuld und Verantwortlichkeit	x		x	x	
5. Wiedergutmachung		x		x	
6. Gegenwartsbezug					
a) für die Bundesrepublik (Antisemitismus, Neonazismus/Ausländerfeindlichkeit)	x		x		
b) zu Israel		x		x	
c) zu Polen und der UdSSR (Vertragspolitik)	x			x	x
7. Theorien und Perspektiven					
a) Faschismustheorien			x	x	
b) Apologetische Geschichtsschreibung					
c) Strategien zum Erkennen/Vermeiden von faschistischen Tendenzen in unserer Gesellschaft					

x = Kenzeichnung der vorhandenen Information

3.2 Ideologiekritische (qualitative) Analyse

Ziel der folgenden Analyse ist es vor allem, zu untersuchen, inwieweit Schulbuchinhalte und ihre Aufbereitung ideologieverhaftet sind. Dies wird an einigen Beispielen demonstriert. Auch unsere Analyse steht unter Ideologieverdacht, da jede Wertung auf einem bestimmten Gesellschaftsbild basiert.

Wir gehen von zwei zentralen Fragestellungen aus:

- Werden die Ereignisse lediglich aneinandergereiht oder auch ihre Ursachen und die Zusammenhänge thematisiert?

- Werden Auswirkungen für Gegenwart und Zukunft unter besonderer Berücksichtigung der Schüler erfragt und aufgezeigt?

1. Beispiel: *Geschichte der Juden bis 1933*
oder
Wer sind sie eigentlich?

Der Zugang zum Thema "Auschwitz" bleibt für Schüler verschlossen, wenn er nicht in seinen historischen Zusammenhang dargestellt wird. Das bedeutet, daß Schüler z.B. Propagandadarstellungen ohne Vermittlung des geschichtlichen Hintergrundes weder einordnen noch einschätzen können. Wird der Eindruck der "Fremdheit" nicht abgebaut, bleiben Voraussetzungen für Antihaltungen[9] bestehen.

In der *Geschichtlichen Weltkunde* kann der Schüler den Eindruck gewinnen, daß Juden plötzlich und unmotiviert zu Beginn des Nationalsozialismus in Deutschland auftreten, gehaßt, verfolgt und schließlich ermordet werden, ohne daß ihre Verankerung in der deutschen Geschichte erörtert würde.[10]

Auch in *erinnern und urteilen* wird zwar der Begriff des Antisemitismus erklärt, die Geschichte der Juden wird jedoch nicht skizziert.[11]

Eine ausführliche Darstellung der jüdischen Geschichte und der Wurzeln des Antisemitismus bieten *Fragen an die Geschichte*[12] und die *Reise in die Vergangenheit*[13].

Auf die Ausgangslage der Juden als deutsche Mitbürger zu Beginn des Nationalsozialismus geht lediglich das Buch *Zeitaufnahme* ein. In vermeintlich guter Absicht wird hier die Bedeutung wichtiger jüdischer Persönlichkeiten für die deutsche Kultur hervorgehoben. Die Priorität, die das Buch den "berühmten Namen" beimißt, muß die Frage nach den einfachen jüdischen Handwerkern und Arbeitern geradezu herausfordern. War es, um es provozierend zu formulieren, weniger empörend, daß auch sie in den Konzentrationslagern umkamen? Das Buch vermittelt den Eindruck, daß es vor allem um "Verluste" für Deutschland und weniger um den Massenmord am europäischen Judentum an sich ging. Dies wird auch durch die Sprache deutlich:

> *"Der Beitrag der jüdischen Gelehrten und Künstler zur deutschen Kultur ist in wenigen Zeilen gar nicht zu beschreiben. Durch die Vertreibung und Vernichtung dieser Mitbürger erlitt Deutschland unersetzliche Verluste."*[14]

Zugleich fällt die unkritische Übernahme des Begriffs "Vernichtung" aus faschistischem Sprachgebrauch auf, mit dem eher Ungezieferbekämpfung als Massenmord an Menschen assoziiert wird.

9 Vgl. v. Hellfeld 1985.

10 Hug, S. 113.

11 Grolle u.a. , S. 29.

12 Schmid, S. 74 f.

13 Ebeling/Birkenfeld, S. 164.

14 Grassmann, S. 72.

2. Beispiel: *Nationalsozialistischer Kampf gegen das Judentum*
oder
Wie fühlten sich die Juden in dieser Zeit?

Alle Bücher stellen die zunehmende Entrechtung und Ausschaltung der Juden aus dem deutschen Alltag dar. Dies geschieht jedoch überwiegend durch eine ereignisgeschichtliche Aneinanderreihung der Maßnahmen und Gesetze in Form darstellender Texte bzw. durch Quellen(auszüge).

1979 wurde die Filmserie "Holocaust" im bundesdeutschen Fernsehen gesendet. Sie löste Gefühle der Anteilnahme, viele Diskussionen, z.B. um Mitschuld, und insgesamt eine bislang meist durch Verdrängung verhinderte Auseinandersetzung mit der nationalsozialistischen Vergangenheit aus.

Die Darbietung nachvollziehbarer Einzelschicksale scheint also *ein* wesentliches Moment zu sein, um Aufarbeitung von Vergangenheit und - als Folge - politisches Lernen zu verwirklichen.

Wie aber wird das Schicksal der Juden in den Schulbüchern vermittelt? Wird es pauschal oder in Form von Einzelschicksalen dargestellt?

In Schmids *Fragen an die Geschichte* werden zwei Fotografien präsentiert: Das eine Bild zeigt eine namenlose Masse mit der Unterschrift: *"Auf der Rampe bei der Ankunft im KZ Auschwitz"*. Auf dem anderen Foto türmt sich ein Berg von Schuhen. Der Kommentar lautet hier: *"Was von ihnen übrig blieb."* Einzige Ergänzung: zwei kurze Tagebuchauszüge des Schriftstellers Jochen Klepper, der mit einer Jüdin verheiratet war.[15]

Wie ernst kann man eigentlich eine namen- und gesichtslose "Masse" Mensch nehmen, die auf solche Art reduziert und verdinglicht wird? Wie sollen Schüler Betroffene verstehen lernen, wenn sie nicht erfahren, wie diese den Schmerz, der ihnen auf vielfältige Weise zugeführt wurde, erlebten, erlitten und verarbeiteten? Die Juden erhalten weder einen Namen, noch ein erkennbares Gesicht, noch eine vernehmbare Stimme, noch eine persönliche Geschichte. Ein Verstehen und Nachvollziehen auf seiten der Schüler muß bei dieser Art der Darstellung ausbleiben.

Für Hugs *Geschichtliche Weltkunde* trifft diese Kritik ebenfalls zu. Unter der Überschrift "Verfolgung und Entrechtung der Juden" heißt es:

> "Der terroristische und brutale Charakter des NS-Regimes entlarvte sich deutlich in der Behandlung der jüdischen Minderheit."

15 Schmid, S. 73.

Im folgenden erfährt der Schüler jedoch nur Gesetzesregelungen, die in ihrer abstrakten Sprache und Aneinanderreihung nicht nur ein Nachvollziehen der Situation erschweren, sondern geradezu unmöglich machen:

> "Die 'Nürnberger Gesetze' von 1935 bezeichneten die jüdischen Mitbürger nur noch als 'Staatsangehörige'. 'Alleinige Träger der vollen politischen Rechte' blieben die 'Staats- oder Reichsbürger', zu denen nur noch nachgewiesene 'Arier' gehören konnten. Einzelbestimmungen legten fest ..."[16]

Auch in Ebeling/Birkenfelds *Reise in die Vergangenheit* liest sich dieser Themenbereich als eine distanziert dargestellte Reihung von Maßnahmen, Jahreszahlen und in Anführungszeichen gesetztem nationalsozialistischen Sprachgebrauch. Ein Ansatz zum Einfühlen bleibt noch vor einer möglichen Identifikation stecken: Auf einem Foto stehen vor einer Klasse zwei jüdische Jungen mit gesenkten Köpfen. Ein anderer Schüler weist auf die Tafel, zu der auch die übrigen Schüler und der Lehrer sehen. Der Buchtext hierzu:

> "In einer Schulklasse nach 1933. An der Tafel steht in 'deutscher Schrift': 'Der Jude ist unser größter Feind! Hütet euch vor den Juden.' Kannst du beschreiben, was im Augenblick in dieser Klasse geschieht?"[17]

Obwohl seit Jahren zahlreiche Zeugnisse Überlebender des Holocaust vorliegen, macht nur das Buch *Zeitaufnahme* von einer solchen authentischen Quelle Gebrauch: Else R. Behrendt-Rosenfeld berichtet über Reaktionen auf die Einführung des Judensterns.[18]

erinnern und urteilen druckt, für Schüler gut nachvollziehbar, Auszüge aus dem Tagebuch der Anne Frank ab und fordert im Anschluß an Zitate aus Erlassen, die die "Ausschaltung" der Juden aus der Öffentlichkeit dokumentieren, die Schüler auf:

> "Versuchen Sie sich zu vergegenwärtigen, was diese Verbote für die Betroffenen bedeuteten."[19]

3. Beispiel: *Der Völkermord an den Juden*
oder
Wer kommt zu Wort?

Auch bei der Darstellung des planmäßigen Völkermordes an den Juden spielt die Sicht, aus der berichtet wird, eine wichtige Rolle. Zu untersuchen gilt, aus welchem Blickwinkel er dargestellt wird. Werden vorwiegend Quellen und Abbildungen herangezogen, die die Rolle der Täter oder die der Opfer in den Vordergrund rük-

16 Hug, S. 113.
17 Ebeling/Birkenfeld, S. 165.
18 Grassmann, S. 74.
19 Grolle u.a., S. 102.

ken? Damit kann festgestellt werden, inwieweit Lesern eine Identifikation mit den Opfern erschwert oder ermöglicht wird.

Das Kapitel "Völkermord und Widerstand" in der *Geschichtlichen Weltkunde* enthält zwei Quellen mit Zahlenangaben, einen Ausschnitt aus dem Protokoll der Wannseekonferenz sowie Teile der Aussage des Kommandanten von Auschwitz, Rudolf Höß. Eine Nahaufnahme der Selektion an der Rampe in Auschwitz sowie ein Foto aus dem Warschauer Getto ergänzen die Perspektive der Täter, denn die Bilder wurden jeweils von der SS zum Beweis dafür aufgenommen, wie reibungslos alle Aktionen verliefen, ein Umstand, der in Schulbüchern nie thematisiert bzw. problematisiert wird.

Das zweite Foto aus dem Warschauer Getto bietet die Möglichkeit, auf die verzweifelte Situation der Opfer einzugehen. Dieses inzwischen nicht nur aus Schulbüchern bekannte Bild zeigt den angsterfüllten und entsetzten Gesichtsausdruck Hände erhebender Frauen und Kinder angesichts der sie bedrohenden Waffen-SS. Die Chance, sich in die Situation der Opfer hineinzuversetzen, nutzt das Schulbuch unverständlicherweise nicht. Der Kommentar lautet lediglich:

> "Bewohner des Warschauer Gettos werden von Angehörigen der Waffen-SS zusammengetrieben"

und ein weiterer Satz im Text ernennt nur das dazugehörige Datum. Fragen, wie es dazu gekommen ist, wieviele Menschen *wie* in diesem Getto lebten und starben, werden weder gestellt noch beantwortet. Auf einer halben Buchseite werden statt dessen unter der Überschrift "Die Mordbilanz" jüdische, polnische und sowjetische Opfer "behandelt". Hierbei werden die Schüler mit *sechzehn* Zahlenangaben konfrontiert.[20]

Wie können sich Schüler mit den Opfern identifizieren? Wie können sie betroffen sein, wenn sie mit abstrakten Zahlen überhäuft werden und nur die Täter zu Wort kommen?

Auch bei *Fragen an die Geschichte* kommen (für den gesamten Bereich der Verfolgung und Ermordung der Juden) fast ausschließlich die Täter (beispielsweise durch Auszüge aus einem Runderlaß des Reichserziehungsministers, den "Nürnberger Gesetzen", dem SA-Befehl zur "Reichskristallnacht" oder dem "Wannseeprotokoll"), genau: siebenmal, zu Wort; dagegen nur einmal ein Opfer - Jochen Klepper. Auch für das Bild der Rampe in Auschwitz gilt: Die Opfer stehen gleichsam auf der "anderen" Seite, der Betrachter des Bildes steht "hinter" der SS.[21]

---

20 Hug, S. 162-164.
21 Schmid, S. 72-74.

Die *Reise in die Vergangenheit* widmet dem Völkermord an den Juden zunächst drei Fotos von Auschwitz:

- *"Ankunft auf der Rampe von Auschwitz"* (sehr unscharf)
- *"'Selektion' - das Aussortieren der arbeitsfähigen Männer"* und
- *"Auf dem Weg in die Gaskammer"*.

Der Kommentar hierzu lautet:

> "Die Juden wurden zusammengetrieben und nach Polen verschleppt, um dort 'vernichtet' zu werden. Die SS hatte regelrechte 'Todesfabriken' eingerichtet, die größte bei dem polnischen Dorf Auschwitz."[22]

Es ist offensichtlich, daß diese Kommentare nicht die Perspektive des einzelnen Verfolgten wiedergeben. Die Assoziation von Vieh, das willenlos zusammengetrieben wurde, wird nicht in Frage gestellt; die folgende Seite stellt die Aussage von Rudolf Höß in den Mittelpunkt der Thematik. Eine Tabelle, die *"Zahlen zur Vernichtung des europäischen Judentums"* summiert, sowie das Foto eines Überlebenden aus Auschwitz beschließen den Bericht (S. 168).

Positive Ansätze dagegen zeigt *erinnern und urteilen.* Im Kapitel über den Holocaust kommen viermal Täter, einmal ein "neutraler" Wissenschaftler und immerhin zweimal die Opfer zu Wort.[23]

Auch die *Zeitaufnahme* gibt Ausschnitte aus dem Bericht eines fünfzehnjährigen jüdischen Jungen über sein Leben in der Verfolgung wieder. Durch zwei Zeichnungen eines jungen Prager Juden, A. Kantor, über seine Erlebnisse in Auschwitz 1943/44

> "Das Hälftlingskommando holt die Toten aus der Gaskammer" und "Verbrennung in Gruben, da die Öfen überbeansprucht wurden"

können Jugendliche etwas aus der Sicht der Betroffenen erfahren, die eine andere "Sprache" als z.B. Höß sprechen.[24]

4. Beispiel: *Zur Frage der Schuld und Verantwortung oder Was können wir daraus lernen?*

Wenn Auschwitz nicht nur für vergangene Ereignisgeschichte steht, sondern politisches Lernen fördern soll, so kann dies in Schulbüchern in der Behandlung der

---

22 Ebeling/Birkenfeld, S. 165.
23 Grolle u.a., S. 102-104.
24 Grassmann, S. 74.

Schuld- und Verantwortungsfrage geschehen.[25] Wie schwer sich die Autoren von Schulbüchern mit dieser Aufgabe immer noch tun, sollen folgende Beispiele zeigen:

In dem Kapitel *"Judenverfolgung - Judenvernichtung"* des Lehrbuchs *Fragen an die Geschichte* treten leitende Politiker, die SS sowie die Gesetzgebung als Verantwortliche und Ausführende auf. Die Frage, wie die deutsche Mitbevölkerung reagierte, welchen Anteil an Mitwissen und Mitverantwortung sie hatte, wird nicht thematisiert. Zwar kommen im 11. Kapitel mehrere Wissenschaftler zu Wort[26], dies geschieht aber aus der "sicheren" Entfernung der Wissenschaft einerseits und der zeitlichen Distanz (1969, 1975 und 1979) andererseits.[27]

Die *Reise in die Vergangenheit* bedient sich der Sprache und der Gefühlslage der Zeitgenossen, ohne dies jedoch für Schüler kenntlich zu machen:

> "Gewiß, sie hörten von dem einen oder anderen Nachbarn, der verschwunden war. Konzentrationslager - das war so ein Wort, das seit 1933 des öfteren aufklang. Sie wurden für kurze Zeit nachdenklich, als die Nachrichten von der 'Reichsmordwoche' 1934 durch das Land gingen. Sie bedauerten, daß ihr Hausarzt 1936 plötzlich seine Praxis schließen mußte, weil er ein Jude war. Sie sahen mit ungutem Gefühl, ... Und es beklemmte sie ...[28]

"Sie", die deutschen Bürger, werden hier ebenfalls zu einer einheitlichen Gruppe erklärt, Abweichungen nicht berücksichtigt oder erwähnt. In der *Geschichtlichen Weltkunde* heißt es:

> "Die Ermordung arbeitsfähiger Menschen und der Ausfall umfangreichen Transportraumes mußten vielmehr die Kriegsführung stören. Aber hier galt allein der Wahnsinn der Rassentheorie. Die Regie der Vernichtungsmaschine lag in den Händen der SS-Polizeimacht, die ihre Untaten zwar weitgehend geheimzuhalten versuchte, aber kaum verhindern konnte, daß große Teile des deutschen Volkes von den Massenmorden erfuhren."[29]

Tatsachen, wie z.B. die Ausbeutung der Arbeitskraft Inhaftierter und die Beteiligung der Industrie daran, verschweigt das Lehrbuch. Es versäumt auch, die Mitwisser an Verhaftung, Deportation und Vernichtung zu benennen, die SS bleibt allein schuldig, als gehöre sie einer fremden Rasse an. An der gleichsam brenzligen Stelle des "Erfahrens der Morde" jedoch bricht die Darstellung ab. Entsprechend ist die anschließende Aufforderung an die Schüler, *"die Frage des Schuldanteils"* zu diskutieren, auf Vorwissen bzw. Ergänzung des Lehrers angewiesen.

---

25 Vgl. Kogon, S. 396 ff.

26 Vgl. Anm. 43 in diesem Beitrag.

27 Schmid, S. 72-75 und 92.

28 Ebeling/Birkenfeld, S. 157.

29 Hug, S. 163.

Aus den genannten Beispielen können Schüler nicht mehr ableiten als die Gewißheit, daß Verfolgung und Massenmord zu den unvermeidlichen, nicht verhinderbaren Bestandteilen des Nationalsozialismus zählten, für die Organisationen, Funktionsträger sowie Gesetze verantwortlich waren, die es seit dem Ende des Zweiten Weltkrieges nicht mehr gibt.

In *erinnern und urteilen* wird die Frage nach "Schuld und Verantwortung" relativiert, indem über die angeordnete Geheimhaltung einerseits und die Realitäten des täglichen Lebens wie Verschleppung am hellichten Tage, Frontberichte und Beteiligung an "Maßnahmen" andererseits berichtet wird.

Dem in Deutschland fehlenden massenhaften, passiven Widerstand gegen Verschleppungen von Juden wird der anderer Länder entgegengehalten.[30] Eine Karte lokalisiert Konzentrations- und Vernichtungslager und berichtet von Außenstellen und Zwangsarbeitslagern. Die Aufforderung *"Ziehen Sie Schlüsse daraus"* (S. 103) stellt den richtigen Zusammenhang her zwischen der Lage der Vernichtungslager außerhalb des Reichsgebiets und dem sog. Euthanasieprogramm, dessen Einstellung 1941 auf Grund der vor allem kirchlichen Proteste erreicht wurde (S. 102).

Auch in der *Zeitaufnahme* wird die Verantwortlichkeit des einzelnen nicht direkt behandelt; zumindest erfahren die Schüler jedoch, daß es auch *"Zeugenaussagen von Zuschauern, unter ihnen deutsche Offiziere und Soldaten"* über öffentliche Morde und Hinrichtungen gab.[31]

Der Themenbereich "Widerstand", der an dieser Stelle zumindest angrenzt, wird im Rahmen dieser Analyse nicht berücksichtigt. Hier kann nur auf die entsprechende Schulbuchanalyse von Schramm[32] sowie auf die Tatsache verwiesen werden, daß die Schulbücher unter dieser Überschrift vorwiegend die einzelnen Gruppen des Widerstandes, wie z.B. kirchliche oder kommunistische Gruppen, nicht aber die Haltung der breiten Bevölkerung behandeln.

Die an den vorstehenden Beispielen aufgezeigten Schwierigkeiten, die die Verfasser der Schulbücher mit dem Thema Schuld und Verantwortung haben, könnten auch *ein* Grund dafür sein, daß bestimmte Bereiche ganz ausgespart werden. So fehlen z.B. Justiz und Verwaltung, Industrie, Banken und Reichsbahn als Beteiligte und Mitorganisatoren des Massenmordes. Stellt sich aber ein Lehrbuch nicht ausreichend den Fragen nach Ursachen, nach Schuld und Verantwortung, so kann auch kein politisches Lernen angeregt werden. Die Leser verbleiben gleichsam in Erstarrung vor dem Schrecklichen, dem Unfaßbaren. So können die Schüler keine Entscheidungen treffen, die Auswirkungen auf das eigene Verhalten hätten.

---

30 Vgl. Grolle u.a., S. 104.

31 Vgl. Grassmann, S. 73.

32 Vgl. Schramm 1980.

Fazit:

> "Wir merken uns: Zum System der nationalsozialistischen Diktatur gehörte die Verfolgung der politischen Gegner und der Juden. Mit dem Namen Auschwitz verbindet sich eines der erschütterndsten Kapitel der Menschheitsgeschichte."[33]

5. Beispiel: *Zum Problem der Gegenwart und der Theorien*
oder
Was hat das Thema heute mit uns zu tun?

Die obenstehenden Ausführungen lassen bereits vermuten, daß Schulbücher kaum dazu auffordern, Verbindungen aus der nationalsozialistischen Diktatur zur Gegenwart zu ziehen:

a) Die Thematik der *Wiedergutmachung* wird - wenn überhaupt - nur in Verbindung zum Staat Israel aufgegriffen. Sinti und Roma oder Homosexuelle werden in diesem Zusammenhang nicht einmal mehr erwähnt.

b) Die *Vertragspolitik mit Polen und der UdSSR* wird im Rahmen der Entwicklung der Bundesrepublik behandelt; es wird aber nicht unmittelbar an das Kriegsgeschehen angeknüpft, d.h. es gibt auch keine Seitenverweise im Text. Eine Ausnahme bildet *Fragen an die Geschichte.* Vor der Behandlung des Warschauer Vertrages von 1970 erfolgt eine ausführliche Darstellung der Geschichte der deutsch-polnischen Beziehungen, die auch die nationalsozialistische Polenpolitik (mit Querverweisen) berücksichtigt.[34]

c) Drei der Bücher fordern die Schüler auf, aus ihrer Regionalgeschichte etwas über das Schicksal der Juden in Erfahrung zu bringen.
Die *Geschichtliche Weltkunde* gibt hierfür keine näheren Anregungen oder Hilfestellungen: *"Versuche, Informationen über das Schicksal ehemaliger jüdischer Mitbürger aus deinem Heimatort zu bekommen."*[35]
Die *Zeitaufnahme* dagegen stellt eine Doppelseite unter die Überschrift: *"Wir schreiben ein Kapitel Heimatgeschichte - Nationalsozialismus in unserem Ort (ein Projekt)".*
Beiträge wie *"Keiner entkommt der Vergangenheit"* zeigen den Schülern, daß unter die Geschichte kein trennender Schlußstrich gezogen werden kann. Abbildungen und Fragen wie beispielsweise

> "Was kann man erforschen" oder "Wo kann ich etwas finden?", "Wie kann ich etwas finden?" und "Was kann ich an Funden erwarten?", "Wie werte ich Funde aus?"

---

33 Ebeling/Birkenfeld, S. 174.
34 Schmid, S. 209 f.
35 Hug, S. 163.

geben Schülern konkrete Hilfestellungen.[36]

In *erinnern und urteilen* werden die Schüler aufgefordert:

> "... Fragen Sie die Älteren. Stellen Sie unbequeme Fragen. Was geschah in ihrem Ort, in Ihrer Stadt? Was können Sie den Akten der Gemeinde- oder Stadtverwaltung im Archiv entnehmen? und *"Wie kann man, können Sie Ähnliches verhindern?"* (Hervorhebung der Autoren).[37]

d) Die Empfehlung, ehemalige Konzentrationslager zu besuchen[38], fehlt in den untersuchten Schulbüchern. Die *Zeitaufnahme* regt zumindest an:

> "Stelle fest, welches KZ sich in der Nähe Deines Wohlsitzes befand und informiere Dich darüber."[39]

e) Die Problematik des *Antisemitismus*, des *Neofaschismus* oder der *Ausländerfeindlichkeit* heute wird von drei Büchern völlig ausgespart.[40] Thematisiert wird dieser Bereich in *erinnern und urteilen*, z.B. durch die Frage

> "Haben Sie - wenn auch in abgeschwächter Form - ähnliche Äußerungen wie die von Himmler schon einmal gehört? Diskutieren Sie solche Anschauungen und ihre Gründe."

Dies bezieht sich auch auf einen Quellenauszug, in dem es u.a. heißt:

> "Unsere Sorge, unsere Pflicht, ist unser Volk und unser Blut; dafür haben wir zu sorgen und zu denken, zu arbeiten und zu kämpfen, ..."

Ein weiteres Beispiel ist die Arbeitsanweisung:

> "Kennen Sie Meinungen und Schlagworte, Entwicklungen und Gruppen von heute, die Sie an den Nationalsozialismus erinnern?"[41]

Die *Zeitaufnahme* fragt: *"Ist es wieder möglich?"* und versucht, Antworten zu geben; es werden verschiedene Positionen vorgestellt.[42]

f) *Erklärungsansätze zum Entstehen von Nationalsozialismus und Faschismus*, die Historiker und Psychologen beispielsweise zu geben versuchen, bieten lediglich zwei Bücher. Damit ist die Frage nach Vermeidungsstrategien bzw.

---

36 Grassmann, S. 82 f.

37 Grolle u.a., S. 104; Hervorhebungen im Original.

38 Vgl. auch Laurien 1987.

39 Grassmann, S. 71.

40 Vgl. Tabelle (Kriterienraster) in diesem Beitrag.

41 Grolle u.a., S. 97 und 100.

42 Grassmann, S. 80.

dem aktiven Entgegensetzen von politischem Bewußtsein und Handeln verbunden.

Die *Zeitaufnahme* versucht dies in dem Kapitel "*Faschismus-Theorien. Kann man erklären, was man nicht begreifen kann?*" mit Texten, Bildern und Karikaturen. Dabei werden unterschiedliche wissenschaftliche Positionen[43] zitiert und hinterfragt - eine Aufgabe, die in ihrem Schwierigkeitsgrad sicher nur von Gymnasialschülern geleistet werden kann.[44]

Auch *Fragen an die Geschichte* zitiert unter der Überschrift "*Wer trägt die Schuld? Beispiele aus der wissenschaftlichen Diskussion*" verschiedene Positionen[45]. Die Auseinandersetzung mit unterschiedlichen Sachurteilen, die sicher hohe Ansprüche an das Abstraktionsniveau der Schüler stellt, zeigt, daß es "*die* Geschichte" nicht gibt, sondern daß sie nur in Interpretationen erfahrbar und zugänglich ist.[46]

Die ideologiekritische Analyse zeigt, daß die Geschichtsbücher zum Teil noch nach dem Konzept der alten Lernschule (Lernen als "Selbstzweck") konzipiert sind. Lernen, vor allem geschichtliches und politisches, muß aber vorrangig die Bewältigung künftiger Lebenssituationen ermöglichen.[47] Zwei Bücher, *erinnern und urteilen* sowie die *Zeitaufnahme*, zeigen hier bereits positive Ansätze und Lösungsmöglichkeiten.

4. Resümee

Unsere Analyseergebnisse zur Darstellung der Thematik "Auschwitz" in Schulgeschichtsbüchern legen folgende Schlußfolgerungen nahe:

- Die Materialgrundlage muß so strukturiert sein, daß Schüler *Ursachen und Zusammenhänge* nachvollziehen können. Insofern muß die Geschichte der Juden und die des Antisemitismus hinreichend berücksichtigt werden.
  Eine Aneinanderreihung von Quellen ohne nähere Einordnung sollte vermieden werden, da ihre Bedeutung von Schülern kaum richtig eingeschätzt werden kann.

- Die *Opfer des Nationalsozialismus* dürfen nicht verdinglicht, nicht als namenlose Masse aufgeführt werden. Ihre Geschichte darf daher nicht auf Tabellen (z.B. Todesstatistiken) und sie betreffende Gesetze und Verordnungen reduziert sein. Vielmehr sollten Einzelschicksale dargestellt werden, weil nur dadurch

43 R. Kühnl, F. Neumann, C.J. Friedrich.
44 Grassmann, S. 80 f.
45 R. Kühnl, K.D. Bracher und K. Hildebrand.
46 Schmid, S. 92.
47 Vgl. Dörr 1975.

Heranwachsenden Betroffenheit, Identifikation und Parteinahme ermöglicht werden kann. Dabei müssen auch die Opfer selbst zu Wort kommen.

- *Schuld und Verantwortung* bilden im Hinblick auf die Vergangenheitsbewältigung wichtige Lernpotentiale, die Schulbücher gegenwärtig nur unzureichend aufgreifen. In diesem Zusammenhang dürfen Ereignisse nicht nur mit der Person Adolf Hitlers und seiner Funktionsträger erklärt werden, sondern es muß auch nach dem Mitwirken von Justiz und Verwaltung, von Wirtschaft und Industrie gefragt werden.
  Zu thematisieren wären außerdem Mitwisserschaft und Mitverantwortung der Bevölkerung sowie die Problematik der Vergangenheitsbewältigung und der Entnazifizierung nach dem Krieg.
  Es gibt aber auch einige Beispiele für die Parteinahme zugunsten Verfolgter, dargestellt an deutschen Einzelschicksalen oder auch dem Beispiel Dänemarks, die u. E. im Schulbuch stärkere Berücksichtigung finden sollten.

- Geschichte darf nicht monokausal beschrieben und damit gleichsam als "unvermeidlich" versiegelt werden. Statt dessen sollten Schüler in der Auseinandersetzung mit der Geschichte des Nationalsozialismus und der Bewertung von Auschwitz erfahren können, daß - je nach gesellschaftlich-politischem Standort und Erkenntnisinteresse - voneinander abweichende Ergebnisse entstehen. Hieraus könnten sich politische Kategorien entwickeln, die Heranwachsende zur *Bewältigung der Vergangenheit* befähigen.

- Neben der Würdigung der Geschichte und ihrer besonderen Umstände müssen bei einer demokratischen Erziehung zur Verantwortung des einzelnen auch *handlungsleitende Normen für gegenwärtige Probleme* erörtert werden. D.h., daß insbesondere die aktuellen Bezüge, wie z.B. Antisemitismus und Ausländerfeindlichkeit heute, problematisiert und in Beziehung zu den Schülern gesetzt werden.

- Auch die *didaktische Aufbereitung* des Themas muß den erhobenen Forderungen entsprechen:

  • *Bilder* zum Thema "Auschwitz" sollten nicht nur illustrierende Funktion haben, sondern vor allem auch als genuine Geschichtsquellen kritisch betrachtet werden.

  • *Arbeitsanweisungen* und *-aufgaben* sollten weniger Wissen abfragen, sondern vielmehr zu Deutungen, Interpretationen, Bewertungen, zu Vermutungen und Hypothesen motivieren.

- *Weiterführende Anregungen zur eigenen, vertiefenden Beschäftigung* mit dem Gegenstand sollten im Schulbuch nicht fehlen. Hierzu eignen sich z.B. Hinweise auf geeignete Jugendliteratur wie das Tagebuch der Anne Frank, Anregungen zur Befragung von oder zum Gespräch mit Zeitzeugen, aber auch eine Ermutigung zum Besuch eines ehemaligen Konzentrationslagers.

Literatur

ARNDT, Ino/SCHEFFLER, Wolfgang: Organisierter Massenmord an Juden in nationalsozialistischen Vernichtungslagern. Ein Beitrag zur Richtigstellung apologetischer Literatur. In: Bracher/Funke/Jacobsen (Hrsg.): Nationalsozialistische Diktatur 1933-1945. Eine Bilanz. Schriftenreihe der Bundeszentrale für politische Bildung. Bd. 192, Bonn 1983, S. 539-571

DÖRR, Margarete: Das Schulbuch im Geschichtsunterricht - Kriterien für seine Beurteilung. In: Jäckel, Eberhard/Weymar, Ernst (Hrsg.): Die Funktion der Geschichte in unserer Zeit, Stuttgart 1975, S. 294-309

ERDMANN, Karl Dietrich: Judenvernichtung und "Ausmerzung lebensunwerten Lebens". In: Bracher/Funke/Jacobsen (Hrsg.), a.a.O., S. 529-538

FRITZSCHE, K. Peter: Hat der Antisemitismus eine Chance? Thesen zur Gefahr und zu den Grenzen der politischen Eskalation des Antisemitismus in der Bundesrepublik. In: Gegenwartskunde, 1987, H. 3

FRÖHLICH, Klaus: Das Schulbuch. In: Pandel, Hans-Jürgen/Schneider, Gerhard (Hrsg.): Medien im Geschichtsunterricht, Düsseldorf 1985, S. 91-114

HELLFELD, Matthias von: Die Sicht der Opfer fehlt - Tagung über die "Endlösung der Judenfrage" im Schulbuch. In: Das Parlament Nr. 44/2, Nov. 1985

JANNSEN, Bernd: Wege politischen Lernens, Frankfurt/M. 1986

KOGON, Eugen: Der SS Staat. Das System der deutschen Konzentrationslager, Gütersloh 1974

LAURIEN, Hanna-Renate: "Schule und Antisemitismus". Ein Brief der Senatorin an Lehrer, Eltern und Schüler. Der Senator für Schulwesen, Berufsausbildung und Sport, Berlin 1987

MARIENFELD, Wolfgang: Schulbuchanalyse und Schulbuchrevision. Zur Methodenproblematik. In: Internationales Jahrbuch für Geschichts- und Geographieunterricht, Band XVII, Braunschweig 1976, S. 47-58

MOMMSEN, Hans: Die Last der Vergangenheit. In: Habermas, Jürgen (Hrsg.): Stichworte zur 'geistigen Situation der Zeit'. 1. Band: Nation und Republik, Frankfurt/M. 1979, S. 164-184

SCHALLENBERGER, E. Horst (Hrsg.): Das Schulbuch - Produkt und Faktor gesellschaftlicher Prozesse. Zur Sache Schulbuch, Band 1, Kastellaun 1973.

SCHATZKER, Chaim: Die Juden in deutschen Geschichtsbüchern. Schulbuchanalyse zur Darstellung der Juden, des Judentums und des Staates Israel. Schriftenreihe der Bundeszentrale für politische Bildung. Band 173, Bonn 1981

SCHRAMM, Torsten-Dietrich: Der deutsche Widerstand gegen den Nationalsozialismus. Seine Bedeutung für die Bundesrepublik Deutschland in der Wirkung auf Institutionen und Schulbücher, Berlin 1980

SENATOR FÜR SCHULWESEN, BERUFSAUSBILDUNG UND SPORT (Hrsg.): Dienstblatt des Senats von Berlin, Teil III - Schulwesen, Wissenschaft, Kultur. Nr. 3, Berlin 1986

WEBER, Dagmar: "Auschwitz" in bundesdeutschen Geschichtsbüchern. In: Rathenow, Hanns-Fred und Weber, Norbert H. (Hrsg.): Auschwitz - mehr als ein Ort in Polen, Berlin 1986, S. 105-113

IV. Auschwitz erfahrbar machen

Jugendliche in Auschwitz - Reflexionen nach fünfundzwanzig Jahren Gedenkstättenarbeit

Tadeusz Szymański

Ich habe persönliche Gründe, über meine Erfahrungen mit Jugendgruppen zu berichten, die die Gedenkstätte in Auschwitz besuchen. Vor dem Zweiten Weltkrieg leitete ich Gruppen polnischer Pfadfinder und lernte die Haltung der Jugend zu vielen Erscheinungen und Problemen einzuschätzen. Als Polen überfallen wurde, sah ich die Methoden der Kriegführung (Brände, Bombardierungen, Erschießungen u.a.m.) und erlebte diese Tragödie zusammen mit der polnischen Jugend. Vom Mai 1941 bis zum Kriegsende war ich als Widerstandskämpfer (Pfadfinder) in Gefängnissen und Konzentrationslagern (Auschwitz, Grossen, Buchenwald) inhaftiert. In Auschwitz wurde ich unter der Häftlingsnummer 20034 registriert; sie ist noch heute auf meinem Arm deutlich lesbar.

Das Konzentrationslager Auschwitz mit seinen insgesamt 40 Nebenlagern, von denen einige weit entfernt lagen, war zuerst nur als Lager für Polen gedacht und wurde später mit Menschen aller Länder Europas gefüllt. Es wuchs zusehends, vor allem, als die großen deutschen Konzerne Fertigungsstätten einrichteten, in denen sie die Häftlinge durch Sklavenarbeit ausbeuteten.

Schon im Lager Auschwitz machten sich die Häftlinge ebenso wie in anderen Lagern Gedanken: Wie werden nach dem Kriege die Opfer des Nazi-Regimes geehrt? Zumindest stellte man sich ein Denkmal, ein Monument, als nötigen Ausdruck der Ehre vor. Damals waren die Häftlinge davon überzeugt, daß alle Mächte und Völker aus dem Zweiten Weltkrieg lernen und die Nazis bestrafen würden. Es schien, daß nach einem so grausamen Krieg die Solidarität der Menschen und Völker nicht nur unter den Widerstandskämpfern fortbestehen werde und daß sich das Leben nach diesen Hoffnungen gestalten werde.

Einem Zufall verdanke ich, daß ich am 1. Oktober 1946 eine Stelle im neu entstandenen Auschwitz-Museum antreten konnte. Bis 1977 arbeitete ich in der Gedenkstätte Oświecim, für deren Gestaltung und Aufbau es kein Vorbild gab. Diese Arbeit war für mich nicht eigentlich ein "Beruf", sondern eine schöpferische Tätigkeit. Seit 1977 bin ich im Ruhestand; als ehemaliger Häftling bemühe ich mich jedoch, weiterhin mit der Jugend in Kontakt zu bleiben und ihre Fragen zu beantworten, vor allem die, die Großeltern, Eltern, Schule, Schulbücher und Medien offengelassen haben.

In den ersten Nachkriegsjahren wurde das Museum in Oświecim vor allem von jenen Menschen besucht, die ich "Pilger" nenne. Sehr wenige sahen in der Gedenkstätte ein touristisches Objekt. Erst in den letzten Jahren wächst die Zahl der "Touristen", die Auschwitz ohne tieferes Interesse besuchen. Manchmal legen sie Blumen oder Kränze zu Ehren der Opfer nieder, als ob sie ein "Ritual" erfüllten. Nicht selten geschieht es, daß ein "Tourist", mit der Wirklichkeit des ehemaligen Konzentrationslagers Auschwitz konfrontiert, bewußt oder unbewußt die Haltung eines "Pilgers" annimmt.

Inzwischen sind es über 17 Millionen Menschen, die die Gedenkstätte besucht haben, unter ihnen über 4 Millionen Ausländer. Etwa ein Drittel der Besucher sind Jugendliche; aus Polen, seinen westlichen und östlichen Nachbarländern sowie aus allen Staaten der Welt. Sie kommen aus den Ländern der Täter, aus den Ländern der Opfer des "Dritten Reiches", aber auch aus Ländern, die wenig oder gar nicht vom Zweiten Weltkrieg betroffen waren. Meist kommen sie in organisierten Gruppen, aber die Zahl jugendlicher Einzelbesucher wächst wie auch die Zahl derer, die mit ihren Familien - überwiegend solchen, deren Angehörige in Auschwitz ermordet wurden - nach Oświecim kommen.

Die Bedeutung der Gedenkstätte Auschwitz in Oświecim

Das Gelände der Gedenkstätte Auschwitz wird manchmal als der größte Friedhof der Welt bezeichnet. Er hat weder Gräber noch Grabsteine. Es ist aber kein toter, schweigender Friedhof. Wer will, kann viel erfahren und lernen, kann sogar in der Stille viel hören. Egal, ob nun die Besucher vorbereitet sind oder nicht, es gibt mannigfaltige Möglichkeiten, die die Besucher dazu zwingen, der grausigen Wirklichkeit des ehemaligen Konzentrationslagers Auschwitz ins Auge zu sehen:

Da ist einmal das Gelände der ehemaligen Lager Auschwitz I und II, mit vielen Kilometern Stacheldrahtzaun; da sind die noch vorhandenen Gebäude und Baracken, da sind die Ruinen der Krematorien und die Spuren der Scheiterhaufen. Im Museum selbst (Auschwitz I) wird versucht, die Geschichte des Lagers darzustellen. Daneben gibt es vierzehn nationale *Ausstellungspavillons*, die von den einzelnen Ländern eingerichtet wurden: Belgien, Bulgarien, Dänemark, der Deutschen Demokratischen Republik, von Frankreich, Italien, den Niederlanden, von Österreich, Jugoslawien, Polen, der Sowjetunion und Ungarn. Die Länder stellen jeweils aus ihrer Sicht die Geschichte des Zweiten Weltkrieges dar. Hervorzuheben ist auch die jüdische Ausstellung, die die Vorbereitung und Verwirklichung der sogenannten "Endlösung" der Judenfrage, aber auch den Widerstandskampf der Juden zeigt.

Meistens wird den Besuchern der *Film* von der Befreiung des Konzentrationslagers Auschwitz, der in acht Sprachen vorhanden ist, in jeweils ihrer Sprache vorgeführt. Außerdem gibt es noch fast hundert andere Filme, die vor allem von Gruppen angesehen werden, die mehrere Tage in Oświecim bleiben, wie Studentengruppen oder Gruppen der "Aktion Sühnezeichen/Friedensdienste".

Im *Archiv* haben Forscher, Studiengruppen, vor allem aber Mitglieder der "Aktion Sühnezeichen/Friedensdienste" die Möglichkeit, Dokumente zu sichten und auszuwerten sowie in der mehrere tausend Bände umfassenden Bibliothek zu arbeiten. Dies gilt auch für die im Lager entstandenen künstlerischen Werke. Außerdem besteht ein *"Suchdienst"*, bei dem Informationen über ehemalige Inhaftierte eingeholt werden können.

Nach Absprache können Gruppen auf dem Gelände der Gedenkstätte *Arbeiten* verrichten, die der Pflege und Erhaltung der Anlagen dienen, damit über Auschwitz "kein Gras wächst". Nach meinem Eindruck entstehen während des Aufenthaltes in der Gedenkstätte des öfteren innere Spannungen bei den Jugendlichen; die körperliche Arbeit aber wirkt dabei "*ent*-spannend" und gibt ihnen Zeit zum Nachdenken. Nicht nur Gruppen werden auf diese Weise tätig. Bei der Arbeit kommt es häufig zu interessanten Begegnungen zwischen Menschen verschiedener Nationen. Da leider oft zu wenig Zeit für einen Aufenthalt in Oświecim insgesamt vorgesehen ist, stehen auch derartige Begegnungen manchmal unter Zeitdruck. Wer sich aber Zeit nimmt, mithelfen kann und das Gespräch sucht, versteht eindeutig die Rolle der Gedenkstätte als im Dienste des Friedens stehend.

Jugendliche Besuchergruppen in Auschwitz

Man kann die Jugend, die Auschwitz besucht, in drei Gruppen einteilen:

- Jugendliche, die aus Staaten der ehemaligen Täter stammen,
- Jugendliche aus Ländern, die von den Nazis überfallen wurden, und
- Jugendliche derjenigen Länder, die sich am Kriege nicht beteiligt haben.

Da die jugendlichen Besucher der Gedenkstätte aus unterschiedlichen Ländern mit je eigener politischer Sozialisation kommen, ist auch ihre Motivation für einen solchen Besuch sehr differenziert. Dennoch versuche ich - bei aller Unzulänglichkeit - einige pauschale Einschätzungen zu geben.

Nach meiner Beobachtung sind die jugendlichen Besucher aus der *Deutschen Demokratischen Republik* über den Krieg und die Verbrechen der Nationalsozialisten gut informiert. Ihren Äußerungen konnte ich entnehmen, daß sie ihre eigenen Gedenkstätten und Denkmäler bewußt und freiwillig pflegen. Bei der Konfrontation mit Auschwitz zeigen sie sich frei von Belastungen oder Schuldgefühlen. Ihnen ist anzumerken, daß sie versuchen, aus der Geschichte zu lernen. Das erleichtert auch den Abbau von Vorurteilen. Die DDR-Jugendlichen kommen in der Regel in organisierten großen Gruppen fast ausschließlich im Sommer und im Austausch mit polnischen Jugendlichen. Sie sind stark von der schulischen Erziehung und durch ihre Mitgliedschaft in der Freien Deutschen Jugend (FDJ) beeinflußt, so daß ich sie als Vertreter der Jugend in der DDR betrachte.

Das gilt für die Jugendlichen aus der *Bundesrepublik Deutschland* leider nicht in gleichem Maße. Dort scheint Mut dazu zu gehören, nach Polen und Auschwitz zu fahren. Wir hörten von Schwierigkeiten, von Vorurteilen der Eltern, von Versagung finanzieller Unterstützung für solche Fahrten. Anfangs waren es Jugendgruppen der Gewerkschafts- und der Evangelischen Jugend, die trotz aller Schwierigkeiten kamen. Seit etwa zwanzig Jahren werden von der "Aktion Sühnezeichen/Friedensdienste" Fahrten zu den polnischen Gedenkstätten Auschwitz, Lublin-Majdanek und Stutthof organisiert. Die Teilnehmer an den Gruppenreisen werden in Vorbereitungsseminaren zwar gut informiert, sind aber anderen Einflüssen gegenüber nicht immer gefeit: Beispielsweise sagten manche Gruppen nach dem Reaktorunglück in Tschernobyl entweder die Reise ganz ab, oder einzelne Teilnehmer der Gruppen verzichteten auf die Fahrt, als ob nur Polen von den Auswirkungen dieses Unglücks betroffen gewesen wäre. Auch die meisten anderen Jugendgruppen sind auf die Konfrontation mit dem ehemaligen Konzentrationslager Auschwitz vorbereitet. Die Teilnehmer zeigen Betroffenheit, bekommen Schuldgefühle. Das äußert sich unterschiedlich, oft in Schweigen, seltener in Fragen. Auch Unruhe oder Aggressivität einzelner gegenüber den anderen Gruppenmitgliedern sind zu bemerken. Dieses stetige Anwachsen der Spannung im Laufe der Besichtigung der Gedenkstätte ist allerdings nicht nur für deutsche Gruppen kennzeichnend. Leider gibt es auch Jugendgruppen, die sich nur zwei bis vier Stunden Zeit für einen Aufenthalt in Oświecim nehmen. Mir wurde berichtet, daß sie versuchen, sich dann auf der Weiterfahrt durch Polen abzureagieren, zum Beispiel durch laute Musik, Streit oder sogar Alkohol.

Die Gruppen der "Aktion Sühnezeichen/Friedensdienste" leisten durch ihre körperliche Arbeit einen nützlichen Beitrag zur Pflege der Gedenkstätte und bauen gleichzeitig ihre Spannungen ab. Bei der Durchführung des umfangreichen Programms während ihres längeren Aufenthalts in der Gedenkstätte sind es Gespräche mit ehemaligen Häftlingen, wissenschaftlichen Mitarbeitern des Archivs, der Bibliothek und anderer Forschungsabteilungen, die großen Anklang finden. Das kann man den Reiseberichten der Gruppen entnehmen, und auch in den Nachbereitungsseminaren der "Aktion Sühnezeichen/Friedensdienste" wird das deutlich. Welche weitergehenden Auswirkungen eine solche Reise hat, zeigt sich in den Aktivitäten der Jugendlichen, wenn sie wieder zu Hause sind. Sie halten Vorträge, machen kleine Ausstellungen, zeigen selbstgedrehte Filme oder berichten in kleineren Veröffentlichungen von ihrer Reise. Daß derartige Tätigkeiten nicht überall Gefallen finden, zeigt ein Vorkommnis in Esslingen: Dort wurde eine kleine und bescheidene Ausstellung einer Gruppe gesprengt. Aber nicht nur in der Bundesrepublik gibt es solche Vorfälle: Im englischen Birmingham wurde ein Magazin mit Exponaten einer Auschwitz-Ausstellung in Brand gesetzt, wobei unersetzliche Gegenstände des Museums in den Flammen verlorengingen.

Jugendliche aus der Bundesrepublik haben sich auch darüber beklagt, daß sie zu wenig unmittelbare Kontakte zu polnischen Jugendlichen fänden. Das aber gelingt nicht schon bei dem ersten Besuch. Jugendliche, die öfter nach Polen kommen, finden es dann leichter, die Bekanntschaft mit Gleichaltrigen in Polen zu machen oder gar Freundschaften zu schließen. Dazu ist anzumerken, daß ein polnischer Jugendlicher, der nur Informationen über die deutsche Konsumgesellschaft sucht, nicht der richtige Ansprechpartner ist. Trotz der sprachlichen Verständigungsschwierigkeiten kommt es zu Annäherungen, und viele der Vorurteile können abgebaut werden. In den letzten Jahren ist mir nicht zu Ohren gekommen, daß ein polnischer Jugendlicher Haßgefühle gegenüber jungen Deutschen geäußert hätte. Werden von den polnischen Reiseleitern Gesprächspartner eingeladen, entsteht nicht selten der Verdacht, daß diese als Propagandisten engagiert würden. Das gilt nicht nur für bundesdeutsche, sondern auch für Gruppen aus anderen westlichen Ländern. Die deutschen Jugendlichen stellen so viele Fragen, daß es kaum möglich ist, auf jede einzelne einzugehen. Das macht aber auch deutlich, daß sie zu Hause wohl auf viele Fragen keine Antwort bekommen.

Nach einigen Tagen des Aufenthalts in der Gedenkstätte Auschwitz haben die meisten Jugendlichen den Vorsatz, mehr für Versöhnung und Frieden zu tun. In den letzten Jahren kommen immer mehr Wehrdienstverweigerer aus der Bundesrepublik Deutschland nach Auschwitz, um hier freiwillig ihren Ersatzdienst abzuleisten - für viele von ihnen der einzige Beweggrund zu kommen. In der realen Begegnung mit Auschwitz wächst bei vielen das Interesse, sich mit der Vergangenheit auseinanderzusetzen. Leider ist nicht bei allen Jugendlichen ein solches Engagement von Dauer.

Die Jugendlichen aus *Österreich* kommen sehr viel seltener nach Auschwitz. Auch zeigen sie sich weniger betroffen als bundesdeutsche Jugendliche. Nach meinen Vermutungen liegt der Hauptgrund wohl darin, daß sie sich eher als Opfer des Nationalsozialismus (Österreich wurde "zwangsweise" ins Dritte Reich eingegliedert) und nicht als Nachkommen der Täter fühlen. In zahlreichen Gesprächen gewann ich den Eindruck, daß sich viele Jugendliche mit den österreichischen Widerstandskämpfern identifizieren, die, wie die wenigsten wissen, eine wichtige Rolle im Lager spielten. Im Ausstellungspavillon ihres Landes erhalten sie zusätzliche Informationen darüber.

Nur wenige Jugendliche aus *Italien*, einem Land, das sich mit dem "Dritten Reich" verbündet hatte, kommen nach Auschwitz. Auch sie fühlen sich eher als die Nachkommen der "Opfer" und wissen, daß viele Menschen nach Auschwitz verschleppt wurden. Die rassistische Teilung der Menschen in Juden und Arier können sie nicht nachvollziehen.

Auch das Kaiserreich *Japan* gehörte zu den Verbündeten des "Dritten Reiches". Die wenigen Japaner, die nach Auschwitz kamen und die ich durch das Lager führte, kamen gezielt hierher, obwohl sie auch andere Gedenkstätten außerhalb Polens besuchten. Sie waren von dem, was in Auschwitz geschehen war und was sie sehen konnten, stark beeindruckt. Vor allem fragten sie danach, wie es möglich war, daß Auschwitz entstehen konnte, wie ein Häftling überleben konnte und wer ihm dabei half.

Während einer einmonatigen Reise durch Japan aus Anlaß des UN-Friedensjahres 1985-1986 konnte ich feststellen, daß die jungen Japaner, die ich in der Gedenkstätte betreut hatte und die ich in Japan wiedersah, zu Hause nicht nur über Auschwitz erzählt hatten. Sie beteiligten sich an einer Ausstellung zum Thema "Legacies of Auschwitz", die großen Widerhall in der Öffentlichkeit fand. Auschwitz, Hiroshima und Nagasaki wären ihrem Verständnis nach nicht möglich gewesen, wenn es diesen verbrecherischen Krieg nicht gegeben hätte. Von den Verbrechen des japanischen Militarismus hört man allerdings kaum etwas, da sich die meisten Japaner eher als Opfer des Zweiten Weltkrieges fühlen. Ein Effekt dieser Betrachtungsweise besteht darin, daß japanische Jugendliche - wenn auch nicht alle - die Idee unterstützen: Nie wieder Krieg, nie wieder Auschwitz, Hiroshima und Nagasaki!

Polen war das erste Opfer des "Dritten Reiches" und fiel nach hartem Kampf. Jeder fünfte Pole ließ sein Leben entweder im Krieg oder in den Vernichtungslagern der Nazis. Das weiß und spürt noch jede polnische Familie. Mehr als die Hälfte der jugendlichen Auschwitzbesucher sind Polen. Nicht nur durch Schulbücher und den Unterricht (Stoff der 8. Klasse), sondern auch durch die eigene Familie, durch Filme und die Massenmedien sind sie über die Geschehnisse informiert.[1] In der Gedenkstätte Auschwitz suchen sie die Bestätigung und Ergänzung dessen, was sie bereits wissen. Sie fragen danach, wer die Täter waren, nach dem Widerstandskampf und wie er möglich war, wodurch einige der Vernichtungsmaschinerie entgehen konnten, und warum nur so wenigen die Flucht gelang. Sie wollen über die Filme, die sie gesehen haben, und über die Prozesse gegen die "Hitleristen" (wie in der polnischen Sprache die Nazis im Unterschied zu den anderen Deutschen genannt werden) diskutieren. Sie haben großes Vertrauen zu den Mitarbeitern der Gedenkstätte. Oft stellen sie "hinter dem Rücken" ihrer Lehrer Fragen, auf die sie in der Schule keine genaue Antwort bekamen, z.B. ob es Kontakte zwischen Männern und Frauen gab.

Meist sind es organisierte Gruppen, wie Schulklassen oder Jugendgruppen, die die Gedenkstätte besuchen. Immer öfter kommen auch einzelne, manchmal zwei- oder dreimal, weil sie noch weitere Einzelheiten erfahren möchten. Wenn die polnischen Jugendlichen Angehörige der "Aktion Sühnezeichen/Friedensdienste" an der Arbeit sehen, werden viele Fragen geweckt. Es versetzt sie in Staunen, daß auch aus dem Westen Menschen kommen, die daran arbeiten, die Erinnerung zu bewahren. Das Verhalten der einzelnen ist nicht immer eindeutig. Vielleicht wur-

1 Vgl. hierzu den Beitrag von Muszyński in diesem Band.

den manche nicht ausreichend auf den Besuch des Museums Oświecim vorbereitet. Im weiteren Verlauf des Besuchs wird jedoch bei fast allen ungeteiltes Interesse wach. Gelegentlich äußern nicht nur polnische Jugendliche den Wunsch, daß die Geschichte durch andere und neue, technisch bessere Medien vermittelt werden sollte. Nach einer Diskussion darüber sehen die meisten ein, daß die bescheidene Art und Weise, in der es hier geschieht, Auschwitz angemessen ist.

Die Jugendlichen aus anderen sozialistischen Ländern, wie der *Sowjetunion, der Tschechoslowakei oder Ungarn*, unterscheiden sich in ihren Reaktionen nicht wesentlich von der polnischen Jugend. Gruppen aus diesen Ländern kommen ebenfalls meist im Sommer, die Jugendlichen aus der Tschechoslowakei im Rahmen eines beiderseitigen Austauschs. Oft kaufen die Angehörigen organisierter Gruppen von ihrem eigenen Geld Blumen und Kränze und legen sie am Denkmal nieder. Die Gruppen aus der Sowjetunion pflegen noch einen schöneren Brauch: Jeder einzelne pflückt Blumen auf einer nahen Wiese und legt sie nieder. Auch in den Länderausstellungen werden Blumen niedergelegt. Viele junge Menschen haben Tränen in den Augen, scheuen sich aber, diese Art von "Schwäche" vor der ganzen Gruppe zu zeigen.

Resümee

Den Mitarbeitern der Gedenkstätte Auschwitz und des Museums Oświecim ist klar, daß sie auf die Interessen der Jugendlichen eingehen müssen. Das geschieht nicht nur durch die Beobachtung der Reaktionen, sondern auch anhand soziologischer Untersuchungen, aus denen hervorgeht, daß es nur wenige Jugendliche gibt, die Einzelheiten über die Grausamkeiten und den Sadismus, die im Konzentrationslager praktiziert wurden, erfahren möchten.

In Auschwitz wurde Völkermord verübt, und man darf diesen Völkermord nicht zum Mord an den Juden verengen, darf das alles nicht vergessen und verdrängen. Wer das Gesehene versteht, wird zur Versöhnung ermutigt, und ihm wird das Weiterleben ermöglicht.

Sich an die Vergangenheit zu erinnern, hat nichts mit Diffamierung des deutschen Volkes zu tun.

All das Gesagte sind Äußerungen von Jugendlichen aus verschiedenen Ländern. Ein junger Deutscher sagte nach längerem Aufenthalt im Museum Oświecim zu mir: "Wir fühlen uns als zum Frieden Berufene." Das war nicht nur eine Floskel, sondern eher ein Schwur. Ich freute mich über seine Worte. Wenn diese Einstellung bei mehr Jugendlichen Schule macht und durch Taten bestätigt wird, dann ist der Zukunft gedient.

Viele Jugendliche fahren mit nicht erfüllten Erwartungen nach Hause zurück. Es ist nicht zu bewerkstelligen, in wenigen Tagen die Geschichte des Nachbarlandes Polen und die von Auschwitz kennenzulernen. Nach dem Besuch der Gedenkstätte Auschwitz erklären Jugendliche, deren Eltern Angst gehabt hatten und sie nicht fahren lassen wollten, daß solche Ängste unbegründet seien. Ein Jugendlicher erzählte mir, daß er der Fahrt nach Auschwitz viel zu verdanken habe und durch das, was er erlebte, neue Lebensziele gefunden habe. Solche Äußerungen zeigen, daß sich die Arbeit der Gedenkstätte lohnt. Seit dem Bestehen des deutsch-polnischen Vertrages von 1970 leisten auch die Jugendlichen beider Länder ihren Beitrag, diesen Vertrag mit Leben zu füllen. Das führt zu friedlichem Zusammenleben. Wenn wir es nicht erreichen, in Frieden miteinander zu leben, werden wir überhaupt nicht zusammenleben können. Auch die Wissenschaftler, die ständig an der "Verbesserung" der Vernichtungsmittel arbeiten, haben Kinder, die zu friedlichem Zusammenleben der verschiedenen Nationen beitragen können.

Gedenkstättenarbeit - Lernen für die Zukunft

Barbara Distel

Vorbemerkungen

Stellt man heute die Frage nach Gedenkstätten als Orte des Lernens für die Zukunft, so kommt man zumindest in der Bundesrepublik Deutschland nicht darum herum, die noch nicht abgeschlossene Diskussion der Historiker über die *Singularität* von Auschwitz mit einzubeziehen. Sie betrifft die KZ-Gedenkstätte existentiell. Die Wochenzeitung "Die Zeit" hat ja quasi als optisches Kennzeichen dieser Diskussion über die dazu veröffentlichten Artikel ein kleines Foto des Eingangstores des Konzentrationslagers Dachau mit der Inschrift "Arbeit macht frei" gesetzt; außerdem waren die einzelnen Beiträge zusätzlich mit Fotos der KZ-Gedenkstätten Majdanek, Mauthausen und Dachau illustriert. Man kann dies vielleicht als ein Zeichen dafür verstehen, daß die Arbeit an diesen Gedenkstätten durch die Diskussion um den angeblich "negativen Mythos" (Nolte), der durch die von den Siegern geschriebene Geschichte entstanden sei, grundsätzlich in Frage gestellt wird.

Vielleicht eignet sich die Gedenkstätte des ehemaligen Konzentrationslagers Dachau, die als eine der ersten Einrichtungen dieser Art innerhalb der Bundesrepublik geschaffen wurde, besonders gut dazu, vor dem Hintergrund ihrer Entstehungsgeschichte und der dort geleisteten Arbeit die heutige Situation dieser Arbeit zu hinterfragen.

1. Zur Entstehungsgeschichte

Das Konzentrationslager Dachau war nach 12jährigem Bestehen am 29. April 1945 von Einheiten der US-Armee befreit worden. 1933 wurde es als erstes Konzentrationslager - und zugleich Musterlager - für die folgenden eingerichtet und als vorletztes Lager vor Mauthausen bei Linz befreit.

Nach der Befreiung dauerte es etwa drei Monate, bis die letzten Überlebenden nach Hause zurückkehren konnten. Anschließend fanden hier drei Jahre lang amerikanische Militärgerichtsprozesse gegen NS-Täter statt.

Im Jahre 1948 wurde das ehemalige Schutzhaftlager den deutschen Behörden übergeben, die dort in den ehemaligen Häftlingsbaracken Flüchtlinge, vor allem aus osteuropäischen Ländern, einquartierten. Seine Geschichte in den Jahren 1933-1945 geriet damals zunächst völlig aus dem Gesichtsfeld der lokalen, aber auch der allgemeinen Öffentlichkeit; lediglich das ehemalige Lagerkrematorium und der dazugehörige Bereich wurden von Anfang an als Friedhof und Mahnstätte gepflegt.

1955 fand anläßlich des 10. Jahrestages der Befreiung des Lagers Dachau ein erstes internationales Treffen der überlebenden Häftlinge statt, und im Anschluß daran begannen die Bemühungen der ehemaligen politischen Gefangenen um die Schaffung einer Gedenkstätte. Das internationale Dachau-Komittee, eine Organisation, die es bereits in der Schlußphase des Konzentrationslagers gegeben hatte, wurde wiedergegründet und kämpfte nahezu 10 Jahre lang für die Errichtung einer Mahn- und Gedenkstätte. Es wurde unterstützt durch ein Kuratorium aus Vertretern des öffentlichen Lebens in Bayern, unter denen zu diesem Zeitpunkt noch zahlreiche ehemalige Verfolgte des NS-Regimes waren, die sich, über unterschiedliche politische Auffassungen und Parteigrenzen hinweg, gemeinsam um die Bereitstellung der finanziellen Mittel für die Gedenkstätte Dachau bemühten.

Am 5. Mai 1965 konnte anläßlich des 20. Jahrestages der Befreiung des Konzentrationslagers Dachau die Gedenkstätte eröffnet werden. Sie war, finanziert vom Freistaat Bayern, nach den Plänen und Vorstellungen der Überlebenden entstanden: Um das Gelände des ehemaligen Häftlingslagers wurde die Begrenzung, d.h. die Mauer und die Wachtürme, ausgebessert und instandgesetzt; das sogenannte Hindernis, das jede Flucht eines Gefangenen unmöglich gemacht hatte und das aus einem Rasenstreifen, einem Wassergraben und einem Stacheldrahtverhau bestanden hatte, wurde über 100 m hinweg rekonstruiert. Die Baracken, die baufällig waren und sich größtenteils nicht mehr im Originalzustand befanden, mußten abgerissen werden. Zwei Baracken wurden als Abschluß des Appellplatzes rekonstruiert, eine davon mit den Inneneinrichtungen, wie sie im Lager Dachau bestanden hatten.

Das Museum wurde im ehemaligen Wirtschaftsgebäude untergebracht. Dort wird auf einer Fläche von etwa 2500 qm eine Dokumentarausstellung zur Vorgeschichte des sogenannten Dritten Reiches, zur Geschichte des Konzentrationslagers Dachau und zur Entwicklung des KZ-Systems bis zur Befreiung im Jahre 1945 gezeigt. Die Ausstellung wird durch einen 20minütigen Dokumentarfilm ergänzt; außerdem sind dem Museum eine Präsenzbibliothek und ein Archiv angeschlossen.

An Originalgebäuden stehen neben dem ehemaligen Wirtschaftsgebäude (heute Museum) noch das frühere Eingangsgebäude (Jourhaus), das Lagergefängnis (Bunker) und die beiden Krematorien.

In den sechziger Jahren wurden darüber hinaus auf dem Gelände der Gedenkstätte drei religiöse Bauten errichtet: die katholische Todesangst-Christi-Kapelle, die evangelische Versöhnungskirche, der ein Gesprächsraum angeschlossen ist, und eine jüdische Gedenkstätte. Direkt im Anschluß an die Gedenkstätte wurde - unterstützt durch einen katholischen Bischof aus München, der selbst Gefangener im Lager Dachau gewesen war - das Karmel Kloster "Heilig Blut" gebaut.

2. Dachau als Gedenkstätte

Nun haben seit der Eröffnung der Gedenkstätte im Frühjahr 1965 mehr als 11 Millionen Menschen diesen Ort besucht. Dabei kamen in den ersten zehn Jahren jährlich etwa 300 000 Besucher. Der Anteil der persönlich Betroffenen, d.h. ehemaliger Häftlinge und Angehöriger ehemals Verfolgter, war relativ hoch; das unmittelbare Zeugnis der Überlebenden war noch sehr gegenwärtig und stand im Mittelpunkt der Arbeit.

Relativ selten jedoch kamen Schulklassen und Jugendgruppen nach Dachau, obwohl es bereits seit 1964 eine Empfehlung des Bayerischen Staatsministeriums für Unterricht und Kultus an die Abschlußklassen der bayerischen Schulen gab, eine der in Bayern gelegenen KZ-Gedenkstätten - Dachau oder Flossenbürg - zu besuchen. Es gab kaum Überlegungen zur didaktischen Aufbereitung des Themas oder zur Einbeziehung des Besuchs der Gedenkstätte in die Programme des Geschichtsunterrichts.

Insgesamt überwog in diesem Zeitraum der Anteil der ausländischen Besucher (bis zu 75% der Gesamtbesucherzahlen), die zum überwiegenden Teil aus dem angelsächsischen Sprachraum kamen und heute noch kommen. Insbesondere einem großen Teil der Besucher aus den USA sind zwar die Fakten über die nationalsozialistische Vernichtung der europäischen Juden bekannt, es mangelt ihnen jedoch an Kenntnissen über Zusammenhänge der europäischen Zeitgeschichte. Daß es auch eine Verfolgung nichtjüdischer Opfer gegeben hat, gerade im Lager Dachau, das ja ursprünglich zur Ausschaltung der politischen Opposition errichtet worden war, ist vielfach unbekannt. "Dachau" ist - ebenso wie Auschwitz und Treblinka - vor allem ein Synonym für die Vernichtung der Juden. Darüber, was die ausländischen Besucher an diesem Ort wirklich bewegt, gibt es außer subjektiven Eindrükken und wenigen Hinweisen im Gästebuch der Gedenkstätte, keine gesicherten Aussagen. Ein Grund dafür mag sein, daß es noch immer zu wenig Mitarbeiter gibt, die zu einem Gespräch oder zum Gedankenaustausch mit den Besuchern zur Verfügung stehen.

Seit Mitte der siebziger Jahre haben sich nun folgende Entwicklungen ergeben, die die Arbeit an der Gedenkstätte Dachau weitgehend bestimmt und verändert haben:

- Die *Besucherzahlen* stiegen jedes Jahr kontinuierlich stark an und erreichten bis zum Jahr 1983 mehr als 900.000 Besucher. Darunter ist die Zahl der deutschen Schulklassen und Jugendgruppen überproportional stark angewachsen, so daß sich der Anteil der deutschen Besucher insgesamt auf etwa die Hälfte der Gesamtbesucherzahlen erhöht hat. Im Zusammenhang mit diesem Anstieg gab es eine immer stärkere *Nachfrage nach Unterrichtsmaterialien*, nach didaktischen Konzepten, nach Formen und Möglichkeiten, den Besuch einer KZ-Gedenkstätte in den schulischen Unterricht und in die politische Bildungsarbeit einzubeziehen.

Etwa im gleichen Zeitraum sind an vielen Orten der Bundesrepublik Initiativen und Arbeitsgruppen entstanden, die unter den unterschiedlichsten Bedingungen und Voraussetzungen die Geschichte der NS-Zeit im lokalen Bereich, beispielsweise die eines KZ-Außenlagers, zu erforschen und aufzuarbeiten versuchten. Der Besuch in Dachau war häufig Auslöser für eine solche lokale Forschungsarbeit.

- Das *Archiv der Gedenkstätte Dachau*, ursprünglich nur als Hintergrundinformation für die Dokumentarausstellung eingerichtet, gewann im Laufe der Jahre an Bedeutung, und die Bestände konnten insbesondere durch Materialfunde von Initiativgruppen immer wieder ergänzt werden. Die Notwendigkeit des Dachau-Archivs gründet sich allerdings nicht nur auf das gestiegene Interesse an der Lokalgeschichte der Jahre 1933-1945. Vielmehr ging es darum, alle noch auffindbaren Fakten und Materialien zur Geschichte des KZ-Systems zu sammeln und die Herkunft jedes ausgestellten Dokuments zweifelsfrei nachzuweisen, weil die Gedenkstätte von Anfang an Zielscheibe rechtsextremer Angriffe war: Immer wieder wurde versucht, ihr Fälschungen zu unterstellen, wie es etwa in der sogenannten "Gaskammer-Lüge von Dachau", einem jahrelangen Dauerbrenner der "Nationalzeitung", zum Ausdruck kam. Darüber hinaus konnte das Archiv mit seinen Quellen auch solchen - scheinbar seriösen -, aber eindeutig als rechtsextrem einzustufenden Publikationen, wie z.B. Diwalds "Geschichte der Deutschen" (1978), entgegentreten. Im Laufe der Jahre hat sich dazu eine enge Zusammenarbeit und ein kontinuierlicher Austausch an Informationen und Materialien mit anderen Gedenkstätten und zeitgeschichtlichen Archiven und Institutionen entwickelt. Hier ist anzumerken, daß die "Aktion Sühnezeichen/Friedensdienste e.V." Berlin, finanziell unterstützt durch Institutionen wie die Bundeszentrale für politische Bildung und die Friedrich-Ebert-Stiftung, seit einigen Jahren regelmäßige Zusammenkünfte mit Vertretern von Gedenkstätten und -Initiativen organisiert, die dem Erfahrungs- und Informationsaustausch dienen.

3. Erfahrungen mit Jugendlichen in der Gedenkstätte Dachau

Die deutschen Besucher der KZ-Gedenkstätte Dachau sind zum überwiegenden Teil Jugendliche, die entweder im Rahmen des Schulunterrichts oder mit einer Jugendgruppe nach Dachau kommen; in den letzten Jahren kamen rund 6000 Schulklassen und Jugendgruppen jährlich.

Die Schulklassen kommen größtenteils aus Bayern und dem angrenzenden Baden-Württemberg. Seit 1981 hat das Bayerische Staatsministerium für Unterricht und Kultus je einen Lehrer aus der Haupt-, Berufs- und Realschule sowie dem Gymnasium für einen Teil ihrer Arbeitszeit freigestellt, die die Schulklassen bei ihrem Gang durch die Gedenkstätte begleiten und betreuen. Allerdings kommt diese

Betreuung nur einer Minderheit der Klassen zugute: Vor allem in den Sommermonaten ist das Verhältnis zwischen Nachfrage und Zusage etwa im Verhältnis 1:10. Darüber hinaus suchen immer mehr Lehrer nach Unterrichtsmaterialien und Vermittlungskonzepten, um ihren Schülern dieses schwierige Thema nahezubringen. Nicht zuletzt im Rahmen der Schülerwettbewerbe des Bundespräsidenten zum Thema "Alltagsgeschichte im Nationalsozialismus" sind zum Teil hervorragende Arbeiten zur KZ-Thematik erstellt worden.

Zweifellos ist positiv zu bewerten, daß der Besuch einer Gedenkstätte inzwischen weitgehend Eingang in den Unterricht gefunden hat. Das bayerische Kultusministerium empfiehlt, wie bereits erwähnt, daß jede Abschlußklasse die KZ-Gedenkstätte Dachau oder Flossenbürg besuchen sollte, "um einen besonders eindringlichen Anschauungsunterricht über die verbrecherischen Handlungen der nationalsozialistischen Staatsführung"[1] zu erhalten.

In diesem Zusammenhang bleibt jedoch kritisch anzumerken:

- Noch immer gibt es viele - zu viele - unzureichend informierte Lehrer, die den Besuch der Gedenkstätte mit ihren Schülern ungenügend oder gar nicht vorbereiten.
- Da Gedenkstättenfahrten von der Landeszentrale für politische Bildung bezuschußt werden, neigen viele Lehrer dazu, "Dachau" im Rahmen eines Klassenausflugs "mitzunehmen".
  Allzuoft findet der Besuch kurz vor den Sommerferien statt, wenn das Schulprogramm abgeschlossen und es kaum noch möglich ist, die Schüler für ein so schwieriges Thema zu interessieren. Hinzu kommt, daß in den Sommermonaten Tausende ausländischer Besucher in der Gedenkstätte sind und es von daher sehr schwierig ist, sich auf die Gedenkstätte und ihre Ausstellung zu konzentrieren.

Es ist sicher nicht einfach, Schüler im Alter von 14 bis 17 Jahren, die stark mit ihrer eigenen Entwicklung beschäftigt sind und die sich oftmals in einer Phase der Abgrenzung zu erwachsenen Autoritäten wie Eltern oder Lehrern befinden, dazu zu bringen, sich ernsthaft für eine solche Schulveranstaltung zu interessieren und mehr dazu beizutragen, als sie schlicht über sich ergehen zu lassen. Hinzu kommt, daß es immer schwieriger wird, Jugendlichen die Einsicht zu vermitteln, daß die Auseinandersetzung mit dem "Nationalsozialismus" auch für sie noch heute von Bedeutung ist.

Es gibt allerdings auch Beispiele dafür, daß es einer Klassengemeinschaft gelingen kann, das Thema nicht nur als ein historisches Kapitel zu "behandeln", und zwar dann, wenn sich die Gelegenheit zu einer persönlichen Begegnung mit einem ehemaligen Häftling ergibt - eine leider immer seltener werdende Möglichkeit.

---

1 Amtsblatt des Bayerischen Staatsministeriums für Unterricht und Kultus, 1964, S. 249.

Auch antisemitische Vorfälle an der Schule sind geeignet, den Jugendlichen vor Augen zu führen, daß die Vergangenheit gar nicht so weit zurück liegt. In solchen Situationen kann die Aufarbeitung der Vergangenheit durch den Besuch in der Gedenkstätte besonders eindrucksvoll vermittelt werden. Die Qualität der Auseinandersetzung hängt allerdings entscheidend davon ab, wie der Lehrer selbst zu diesem Thema steht, ob er es für wesentlich hält, ob auch er bereit ist, eigene Probleme damit, Ängste und Wissensdefizite den Schülern gegenüber zuzugeben und, falls nötig, auch über den Rahmen der Unterrichtszeit hinaus, als Berater und Gesprächspartner zur Verfügung zu stehen.

Es gibt in der Stadt Dachau zwei aus dem Rahmen fallende Beispiele der Einbeziehung des Themas in den Unterricht, die hier kurz vorgestellt werden sollen:

- Seit 1981 bestehen Kontakte zwischen einem Gymnasium in Dachau und einer High-School in Jerusalem, aus denen sich ein Schüler- und Lehreraustausch entwickelt hat und bei dem aufgrund des Austausch-Standortes in der Bundesrepublik die Geschichte der Jahre 1933-1945 einen ungewöhnlich hohen Stellenwert hat. Zunächst fuhr eine Gruppe Dachauer Lehrer nach Jerusalem, dann kam - gewiß nicht ohne Vorbehalte - eine Gruppe israelischer Lehrer nach Dachau, die während ihres Aufenthaltes bei ihren Dachauer Kollegen wohnten. Im darauffolgenden Jahr hielt sich eine Gruppe Dachauer Schüler zwei Wochen lang in Israel auf, worauf israelische Oberschüler mit einigen Lehrern zu einem Gegenbesuch nach Dachau kamen. Auch die Schüler waren wechselseitig in den jeweiligen Familien untergebracht. Alle Beteiligten waren sich darüber einig, daß diese sicherlich nicht immer problemlos verlaufenden Begegnungen, die mit dem Kennenlernen des gegenseitigen persönlichen und kulturellen Umfeldes verbunden waren, ein wichtiger Schritt in Richtung auf das Verständnis von Geschichte als Teil der Gegenwart waren. Der gemeinsame Besuch der deutschen Gastgeber und der Israelis in der KZ-Gedenkstätte hat allen Teilnehmern auf schmerzhafte Weise klargemacht, wie belastet diese Gegenwart trotz beiderseitigen guten Willens noch immer ist.

- In Dachau gibt es den zeitgeschichtlichen Verein "Zum Beispiel Dachau", der sich unter anderem auch darum bemüht, Kontakte zu ausländischen Organisationen ehemaliger Widerstandskämpfer und Deportierter herzustellen. Eine besonders enge Verbindung besteht seit einigen Jahren zu einer Sektion französischer Widerstandskämpfer im südfranzösischen Département Var. Nun gibt es in Frankreich die Tradition, daß Preisträger von Schulaufsatz-Wettbewerben zum Thema "Widerstand und Verfolgung" von den lokalen Widerstandsorganisationen zu einer gemeinsamen Fahrt in ein ehemaliges Konzentrationslager eingeladen werden, meist nach Natzweiler-Struthof im Elsaß. 1983 kam aufgrund der Bemühungen des Vereins eine Gruppe dieser Preisträger aus diesem Département nach Dachau. Sie wurde von Lehrern und einigen ehemaligen Wi-

derstandskämpfern begleitet. Die französische Widerstandsorganisation FNDIRP war Mitträger der Veranstaltung, die darüber hinaus auch vom deutsch-französischen Jugendwerk unterstützt wurde.
Auch in diesem Fall wohnten die französischen Schüler in Dachauer Gastfamilien, ebenso wie die Dachauer Schüler im darauffolgenden Jahr in Frankreich in französischen Familien untergebracht wurden. Erwartungsgemäß war dies zunächst ein schmerzhafter Prozeß, zumindest für die ehemaligen Deportierten, bei denen durchaus nicht von Anfang an einhellige Zustimmung zu finden war. Daß einige von ihnen schließlich bereit waren, mit nach Dachau zu fahren und dort vor jungen Deutschen über ihre Erfahrungen in deutschen Konzentrationslagern zu berichten, und daß die deutsche Gruppe anschließend in Frankreich eine herzliche Gastfreundschaft erfuhr, wie sie es sich niemals erträumt hätte, sind Zeichen dafür, daß auch eine Versöhnungsarbeit der kleinen Schritte erfolgreich sein kann. Dabei war wohl der interessanteste Aspekt für beide Gruppen der Umgang mit der jüngsten Geschichte im Unterricht des Nachbarlandes; vielleicht hat aber auch die Verbindung mit einem Freizeitprogramm, dem Kennenlernen der Landschaft und Kultur, das Interesse an diesem Projekt so ansteigen lassen, daß die ehrenamtlichen Organisationen inzwischen nahezu überfordert sind.

Es bleibt anzumerken, daß dies sicher Ausnahmebeispiele sind, aber vielleicht können von ihnen Impulse für die generelle Praxis des Unterrichts zu diesem Thema ausgehen.

Aufgrund unserer Erfahrungen mit *Schulklassen* in der Gedenkstätte Dachau sollte ein solcher Besuch innerhalb eines "Gesamtprogramms" erfolgen und auf die Schüler keinesfalls als vereinzeltes "Schockerlebnis" wirken. Der Besuch muß vorbereitet und im Anschluß daran ausführlich besprochen und vertieft werden. Dies geschieht am besten unmittelbar nach dem Rundgang: Hier können Zweifel und Vorbehalte der Schüler am ehesten artikuliert werden. Es gibt zahlreiche Lehrer, die darauf Wert legen, daß ihre Schüler den Besuch selbst aktiv vorbereiten und mitgestalten und sich nicht nur "berieseln" lassen. Der "Lernort Dachau", der Jugendliche per se schon bewegt, stellt eine pädagogische Herausforderung mit hohen Ansprüchen an den einzelnen Lehrer dar, an sein Engagement und an seine Fähigkeit, den Schülern diesen Ort lebendig werden zu lassen.

Im Unterschied zur Schulklasse kann der Besuch einer *Jugendgruppe* oder einer Gruppe aus der Erwachsenenbildung zumeist nicht in einem rigiden Zeitplan ablaufen. Bei Jugendgruppen besteht eher die Möglichkeit, Dauer und Programm des Besuches nach den Bedürfnissen und Interessen der Gruppe zu planen und eventuell noch vor Ort zu verändern. Dabei hat sich in den vergangenen Jahren immer stärker die Überzeugung durchgesetzt, daß ein einmaliger Rundgang durch die KZ-Gedenkstätte nicht ausreicht, Jugendlichen mit wenigen Vorkenntnissen mehr als einen kurzen Eindruck zu vermitteln. Vor allem Pädagogen und Jugendgruppenleiter haben festgestellt, daß junge Menschen, die ja heute mit einer Vielzahl undifferenzierter Voreinstellungen und Vorurteile nach Dachau kommen und ungebrochen Meinungen der Eltern und Klischees aus den Medien wiedergeben, ein längerfristiges Programm benötigen, um sich selbst als Teil der Geschichte begreifen zu können und die Notwendigkeit der Aneignung von Wissen darüber zu bejahen.

4. Zur Errichtung der "Internationalen Jugendbegegnungsstätte Dachau"

Seit 1980 arbeiten kontinuierlich zwei Freiwillige der "Aktion Sühnezeichen/Friedensdienste" (Berlin) für jeweils ein bis eineinhalb Jahre in der Gedenkstätte Dachau, die auch als Gesprächspartner für jugendliche Besucher oftmals die Verbindung zwischen der Gedenkstätte und kirchlichen und anderen Organisationen vor Ort herstellen.

Als Ende 1981 in Auschwitz der Grundstein für eine internationale Jugendbegegnungsstätte gelegt wurde, die inzwischen gemeinsam von der "Aktion Sühnezeichen/Friedensdienste" und der polnischen Widerstandskämpferorganisation ZBOWID errichtet worden ist, entstand der Wunsch, daß auch die Gedenkstätte in Dachau durch eine solche Einrichtung ergänzt werden sollte. Seither wird versucht, Unterstützung für das Projekt "Internationale Jugendbegegnungsstätte Dachau" zu finden, damit gezeigt werden kann, wie in einer solchen Einrichtung über das bestehende Angebot der Gedenkstätte hinaus, das Thema für die Jugendbildungsarbeit nutzbar gemacht werden kann.

Zunächst war es ein Initiativkreis mit Vertretern der Jugend- und Erwachsenenbildung sowie interessierten Einzelpersonen; seit zwei Jahren ist es der eingetragene "Förderverein für eine Internationale Jugendbegegnungsstätte Dachau", der sich bemüht, konzeptionelle Vorarbeit zu leisten und in der Öffentlichkeit für die Idee zu werben.

Folgende Überlegungen sprechen für die Schaffung einer Jugendbegegnungsstätte:

- Es gibt in Dachau und Umgebung keine billige Übernachtungsmöglichkeit für Jugendliche. Die Münchner Jugendherberge und die Zeltplätze der Umgebung sind, zumindest während der Sommermonate, so stark belegt, daß es nahezu unmöglich ist, Gruppen dort unterzubringen. (Nur in Ausnahmefällen können Jugendgruppen in kirchlichen Gemeindehäusern in Dachau selbst untergebracht werden.)

- Viele tausend Jugendliche aus nahezu allen Ländern der Erde kommen - oftmals allein und auf eigene Faust - jedes Jahr nach Dachau. Sie wissen oft wenig und sind auf der Suche nach Gesprächspartnern. Seit vielen Jahren bleibt die Chance der Begegnung mit diesen Jugendlichen ungenutzt, nicht zuletzt, weil es keine räumlichen Voraussetzungen dafür gibt.

- Die KZ-Gedenkstätte Dachau als Vermächtnis der Überlebenden mahnt an und informiert über die Geschichte dieses Ortes während der Jahre 1933-1945. Ihre Dokumentation endet mit der Befreiung der Konzentrationslager im April 1945. Alle Themen aber, die sich aus "Dachau" ergeben, bewegen heute viele Jugendliche - seien es die Verfolgungen von NS-Tätern, Probleme des Antisemitismus, des Fremdenhasses oder des Neonazismus - und können in der Gedenkstätte allenfalls am Rande behandelt werden. Eine Jugendbegegnungsstätte böte die Möglichkeit, solchen Fragen nachzugehen.

- Viele Bewohner der Stadt Dachau stehen der Gedenkstätte und auch den Besuchern der Gedenkstätte reserviert gegenüber. Sie fühlen sich in besonderer Weise haftbar gemacht für die Vergangenheit, die nicht nur den "Dachauern" anzulasten sei, und sie beklagen häufig, daß die Besucher nur die Gedenkstätte, nicht jedoch die Stadt selbst besuchen. Die Möglichkeit eines mehrtägigen Aufenthalts in Dachau böte auch die Chance der Begegnung mit jungen Dachauern, des Kennenlernens des lokalen Umfeldes und der Geschichte, die hier ja nicht erst 1933 begonnen hat.

Um modellhaft aufzuzeigen, was mit einer Einrichtung "Internationale Jugendbegegnungsstätte Dachau" geleistet werden könnte, führen Mitglieder der katholischen Jugend Dachau, der evangelischen Jugend München und des Fördervereins seit einigen Jahren im Sommer ein mehrwöchiges "Internationales Jugendbegegnungszeltlager Dachau" durch. Dabei wird vor allem auch auf die Erfahrung zurückgegriffen, die die "Aktion Sühnezeichen/Friedensdienste" seit vielen Jahren in der Gedenkstättenarbeit gesammelt hat und die gezeigt haben, daß eine Verbindung von theoretischem Lernen und praktischer Arbeit sowie zusätzlichen Freizeitangeboten Jugendliche stark anspricht und motiviert.

In Dachau haben die Teilnehmer der Zeltlager neben dem Kennenlernen der Gedenkstätte, dem Lesen in Archiv und Bibliothek auch ausführlich Gelegenheit, mit Zeitzeugen zu sprechen, ehemalige Häftlinge kennenzulernen und sie zu befragen. Darüber hinaus besteht gerade hier die Möglichkeit, Spuren der Gewaltherrschaft, beispielsweise auch solchen in der näheren Umgebung, zum Beispiel von Arbeitskommandos und KZ-Friedhöfen, nachzugehen. An praktischer Tätigkeit haben sie bisher Aufräumungsarbeiten an dem etwa 2 km vom Lagergelände entfernten ehemaligen SS-Schießplatz geleistet, auf dem in den Jahren 1941/42 vor allem sowjetische Kriegsgefangene erschossen wurden.

Im Sommer 1986 hat sich ein Team von etwa 15 Dachauer Jugendlichen zusammen mit Freiwilligen der "Aktion Sühnezeichen/Friedensdienste" und einigen Mitgliedern des Fördervereins kontinuierlich um die Teilnehmer des 4. Zeltlagers gekümmert. Zwei Dachauer Künstler haben einen Workshop angeboten, in dem das Thema künstlerisch aufgearbeitet werden konnte, und eine internationale Teilnehmergruppe arbeitete auf dem nahezu vergessenen alten jüdischen Friedhof Münchens und hatte mehrere Begegnungen mit Vertretern der jüdischen Gemeinde.

Obwohl die Idee einer Internationalen Jugendbegegnungsstätte in Dachau von Anfang an ein breites positives Echo gefunden hat und inzwischen auch durch ein Kuratorium mit namhaften Vertretern des öffentlichen Lebens unterstützt wird, gibt es vor allem im lokalen Bereich eine Vielzahl politischer Widerstände gegen ein solches Projekt. So lehnte der Dachauer Stadtrat ebenso wie der Kreistag nach einer offiziellen Anfrage des Bayerischen Kultusministeriums im Oktober 1987 die Errichtung einer Internationalen Jugendbegegnungsstätte in Dachau mit scharf formulierten Anträgen gegen die Stimmen der SPD und der Grünen ab. Zahlreiche Berichte auch in der überregionalen und internationalen Presse setzten sich daraufhin kritisch mit dieser Entscheidung und der Situation in Dachau auseinander. Im Bayerischen Landtag wurde das Konzept des Fördervereins Internationale Begegnungsstätte Dachau von den Fraktionen der SPD und der Grünen unterstützt, während die CSU einen Antrag einbrachte, mit dem das Kultusministerium beauftragt wurde, bis Mitte 1988 ein alternatives Konzept vorzulegen.

Der Verein versucht inzwischen, vor Ort inhaltlich weiterzuarbeiten und vor allem das "Modell Internationales Jugendbegegnungszeltlager Dachau" weiterzuentwickeln und zu qualifizieren. Dabei verstärkt sich bei den Mitgliedern das Gefühl, daß die Zeit drängt und davonläuft. Denn auch für die Jugendbegegnungsstätte gilt die Frage, die sich schon seit Jahren der Gedenkstätte stellt und die immer dringlicher wird: Was geschieht, wenn die überlebenden Häftlinge nicht mehr da sind: Wer wird an ihre Stelle treten? Wird es genügend jüngere Menschen geben, die bereit sind, diese Arbeit qualifiziert fortzuführen, ohne daß sie im tagespolitischen Hickhack zerrieben wird?

Deshalb ist jeder aufgerufen, sich dafür einzusetzen, daß "Dachau" und "Auschwitz" nicht relativiert oder verharmlost werden, daß die Opfer nicht vergessen und dadurch noch einmal ermordet werden.

"Damit kein Gras darüber wächst." Mit einer Hauptschulklasse in Auschwitz[1]

Josef-Maria Metzke

Vorgeschichte

Auf dem Hintergrund verstärkt auftretender neonazistischer und ausländerfeindlicher Aktivitäten in Berlin (West) wurden 1983 zwei Gedenkstättenfahrten nach Auschwitz geplant, als deren Teilnehmer in erster Linie Hauptschüler gewonnen werden sollten, die, wie die Erfahrung leider zeigt, eher als andere für neofaschistisches Gedankengut anfällig sind.

Auch in meiner Klasse (10. Klasse einer Hauptschule in Neukölln) war es zu rassistischen und ausländerfeindlichen Äußerungen gekommen, denen mit geeigneten Maßnahmen begegnet werden sollte. Hierzu gehörte beispielsweise ein Seminar in Berlin-Neukölln zum Thema: *"Widerstand in der Nazizeit und Entwicklung nach 1945 am Beispiel des Bezirks Neukölln"*, in dem die Schüler sich mit den damaligen Widerstandsaktivitäten in ihrem Kiez auseinandersetzen konnten. Während dieses praxisorientierten Seminars war in der Klasse der Wunsch entstanden, anstelle einer herkömmlichen Klassenfahrt eine Gedenkstättenfahrt nach Auschwitz zu unternehmen, die zu Pfingsten 1983 realisiert wurde.

Mit der Gedenkstättenfahrt wurde folgende Zielsetzung verbunden:

- Die Jugendlichen sollten sich vor Ort von der Systematik faschistischer Ausrottungspolitik gegenüber Juden und anderen Minderheiten überzeugen können,

- die vorhandenen Vorurteile gegenüber einem Land mit einer anderen politischen Ordnung reflektieren und korrigieren und vor allem

- die Fähigkeit erwerben, sich der sich immer weiter ausbreitenden neofaschistischen Propaganda argumentativ entgegenzustellen.

---

1 Dieser Beitrag erschien zuerst im "Mahnruf", Zeitschrift der VVN. Die von den Schülern erarbeitete Broschüre "Tagebuch einer Fahrt nach Auschwitz/Polen" ist für DM 5,- bei der VVN/VdA, Boddinstraße 64, 1 Berlin 44, erhältlich.

Während ihres Aufenthaltes in Auschwitz sollten die Teilnehmer auf dem Gelände der Gedenkstätte Erhaltungsarbeiten durchführen und sich zudem im Archiv des ehemaligen Konzentrationslagers mit Hilfe der mit großer Akribie geführten Aufzeichnungen von der unvorstellbaren Grausamkeit der Faschisten überzeugen können.

Wichtiger Bestandteil der Fahrt waren zwei Vorbereitungsseminare in Berlin, auf denen z.B. die Kenntnisse der Teilnehmer in Hinblick auf die polnische Geschichte (dreimalige Teilung, Besetzung durch Nazideutschland, das deutsch-polnische Verhältnis) erweitert werden sollten. Darüber hinaus galt es, die Jugendlichen darauf vorzubereiten, in Polen trotz der "Gnade ihrer späten Geburt" auf die deutsche Vergangenheit angesprochen zu werden und diesbezüglich einen eigenen Standpunkt zu entwickeln. Unterstützt wurden diese Absichten durch Gespräche mit einem ehemaligen Häftling des Konzentrationslagers Buchenwald, Referaten und Diskussionen über das System der KZ und zwei Filmbeiträgen.

Fünf Tage lebten und arbeiteten wir in Auschwitz. Harte körperliche Arbeit und die ungewohnte Form des Zusammenlebens führten häufig zu Spannungen, dennoch waren am Schluß alle mit sich zufrieden und stolz auf ihre Ergebnisse. Am besten veranschaulicht dies die von den Schülern erarbeitete Dokumentation: *"Tagebuch einer Fahrt nach Auschwitz/Polen"*.

Es fällt mir schwer, die Eindrücke dieser Fahrt zusammenzufassen, zu analysieren. Ich möchte statt dessen etwas aus dem Tagebuch zitieren, das ich in diesen Tagen führte:

22.5.83

Im Bus - Fahrt von Wroclaw nach Auschwitz. Schreibt sich so leicht, ist unerträglich zugleich.

Wunderschöne Landschaft, verschiedene Grautöne, weite Flächen, durch die sich Pappelalleen schlängeln. Wiesen mit den gelbbunten Tupfern des beginnenden Sommers.

Aus dem Buslautsprecher "Kristallnacht" von BAP. Stehe unter sehr starker Spannung: ein Gefühl, daß alles sein kann - nur nicht Neugier.

Stefan hat vorhin gefragt: "Hier sind also die Deutschen marschiert?" Ja, hier sind die Deutschen marschiert, die Deutschen. Und die, die nicht mitmarschiert sind, bis alles in Scherben fiel, die vielen zwar, aber eben doch zu wenige, die waren auch dort, wo wir jetzt hinfahren oder in anderen gleichermaßen schrecklichen Orten.

Dort. Synonym für Apokalypse, Endzeit ... Adorno hat einmal gesagt, daß nach Auschwitz keine Kultur mehr sein könne. Er hat unrecht gehabt, aber er hielt es für das allererste Ziel der Erziehung *"... daß Auschwitz nicht noch einmal sei."* Und damit hat er recht. *Deshalb sitze ich mit den Schülern hier im Bus auf der Fahrt nach dort.*

Überhaupt die Schüler. Sie sind einfach toll in ihrer Unsicherheit und zugleich Direktheit. Mit großen Augen Besitznahme des Nobelhotels und seines Swimmingpools, als wir in Polen ankamen. Freude am Verreistsein, auch an der alten Stadt Wroclaw. Wenngleich unter Genüssen wohl mehr die leiblichen verstanden werden.

Noch.

Wie wird das sein - dort? Wird sich die schon jetzt vorhandene Beklemmung lösen, lösen können? Gestern abend noch ein Blick in ein Buch. Kinderschicksale. Über zwei Millionen polnischer Kinder wurden von den Faschisten ermordet. Ein Wort, das all dies Leid nicht umfaßt. Gibt es ein anderes?

23.5.83

Kann ich über das Lager schreiben, darüber, was ich gesehen habe, gefühlt habe, noch fühle? Darüber, was ich in den Gesichtern der Jugendlichen gesehen habe, dieses grenzenlose Erschrecken, als wir vor den Bergen abgeschnittenen Frauenhaars standen, das Weinen all der Kinder uns aus den unzähligen Schuhen ans Ohr drang, und auch das Lachen, das sich mit den Puppen, den Spielsachen, den Lätzchen, Röckchen und Hemdchen verbindet? Jedem einzelnen dieser Kinder wurde mehr als nur das Leben genommen!

Was geht in einem Fünfzehnjährigen vor, der unter einem Berg von Koffern, auf denen Geburtstag, Herkunft und Ankunftstag aufgeschrieben steht, "Berlin-Moabit" und ein Alter von zehn Jahren entdeckt? Was in einem sechzehnjährigen Mädchen, das sicher an den kleinen Bruder oder die kleine Schwester denken muß? Ich weiß es nicht - und weiß es doch. Mitbekommen aber habe ich, daß Andreas voller Wut ein Hakenkreuz übermalen will, das ausgerechnet in die Wand der ehemaligen Gaskammer geritzt ist. Und wir werden das tun.

25.5.83

Pan Adam, ehemaliger Häftling, von dessen braungebranntem Unterarm die eintätowierte Häftlingsnummer uns förmlich anspringt, was bei den Jugendlichen Erschrecken und Faszination gleichzeitig auslöst, gibt an uns Eimer, Reisigbesen, Schaufeln und anderes aus. An der Rampe - wenn ich das so hinschreibe wie "am Bahnhof", "auf dem Marktplatz" - fällt mir auf, daß unser Hiersein schon eine gewisse Normalität bekommt, auch die Begrifflichkeit, die so leicht über die Lippen geht ... und doch immer irgendwie unwirklich bleibt. Wir gehen an der Rampe entlang ins Frauenlager, vorbei an Stacheldraht, Wachtürmen, Baracken aus Stein und den Resten derer aus Holz, von denen nur noch die Schornsteine übriggeblieben sind. Es ist trübe, Nieselregen, feuchte Kälte, die frieren macht, und die Trostlosigkeit des Ortes, an dem wir uns befinden, unterstreicht ... Unsere Aufgabe ist es, in einer der Lagerküchen Gerümpel wegzuräumen, Staub und Dreck zu entfernen. Große, verrostete Kessel stehen da herum und Becken, in denen Kartoffeln und ähnliches gewaschen wurden. Der Staub von vielen, vielen Jahren dringt in uns, macht husten, während wir in Staubwolken eingehüllt arbeiten.

Beim Reinigen - Dreck herausschippen - eines der Bottiche stoße ich auf eine total vergammelte Jacke, wie sie im Museum der Gedenkstätte ausgestellt sind. Fast ehrfürchtig klopfe ich den Dreck ab und lege sie auf einen Holzstapel. Ich werde an diesem Tag noch auf zwei solcher Kleidungsstücke stoßen. Eines davon, fast gänzlich überwachsen, auf der Rampe.

Als wir gestern zu unserem ersten Arbeitseinsatz gingen, formulierte Andreas sein Unbehagen. Es sei ihm peinlich - vor all den Leuten. Stefan meinte, wir müßten das nur tun, weil wir Deutsche seien. Als er tags darauf in Birkenau sich ein paar Knochensplitter, sozusagen als Souvenir, einstecken will, raste ich total aus. Überhaupt nicht mehr Pädagoge, sondern nur noch wütend, über diese sechzehn Jahre Sozialisation, die nicht durch drei Tage weggewischt werden können.

... Zwischen dem Stacheldraht des Stammlagers arbeiten wir an diesem Tag in der "neutralen Zone", also dort, wo kein Häftling sich je lebend aufhielt. Ich finde einen Knochen, weiß nicht, wovon er stammen mag, aber ich bin zutiefst erschrokken. An diesem Ort spielt es keine Rolle, ob dieser Fund ganz normale Ursachen hat, hier gibt es einfach nichts, was diese Normalität möglich sein läßt! Beate erzählte mir heute dasselbe, als sie in der Baracke mit gleichem Fund konfrontiert war.

Während dieser Arbeit waren meine Nerven aufs fast Unerträgliche angespannt, konnte ich mich auf das Herumgenöle der Schüler "Wie lange dauert das denn noch" überhaupt nicht einlassen.

Dieses Hiersein, die Fülle von Eindrücken, die verarbeitet werden müssen. Zum Glück gibt es da den Fußball, den Eisstand und all dieses. Und auch den Besuch im Chemiewerk. Das Werk selbst können wir nicht besichtigen - Sicherheitsgründe. Die ehemaligen Buna-Werke sind's, die IG-Farben. Auch das eigentlich gespenstisch. Das ganze löst sich in einer Wahnsinnsdisco im Jugendclub des Betriebs auf, deutsch-polnische Verständigung. Wir alle tanzen uns eine Menge von der Seele! ...

29.5.83

Vor drei Tagen die Arbeit im Archiv der Gedenkstätte. Unser Thema ist Widerstand, eben nicht "wie die Lämmer zur Schlachtbank"! Im Studieren der peinlichst geführten SS-Akten wird das sowieso schon Unfaßbare noch unbegreiflicher. Seitenlange Listen in den Totenbüchern, auf amtlichen Vordrucken in fünf Zeilen gefaßte "Urteile", Strafen wegen Wegnehmens eines Apfels, z.B. sechs Tage Stehzelle - also ein faktisches Todesurteil. Pingeligst genau angelegte Statistiken über Versuche an Frauen, gestochen scharf die Schrift des "Dr." Kremer in seinem Tagebuch, wo neben der Feststellung, daß es draußen regnerisch sei, zum Mittagessen ausgezeichneten Sauerbraten mit Knödeln gab, vermerkt ist "... lebendfrisches Material von Leber und Milz erhalten ..."! Kopien von Kassibern finden wir, in denen Nachrichten über das Massenmorden nach draußen geschmuggelt wurden oder für erwiesene Hilfe durch Medikamente gedankt wird.

Gestapo-Akten über die Flucht von Häftlingen und die darauffolgenden Vergeltungsmaßnahmen. Dokumente über die Kinder in Auschwitz, Dokumente grenzenloser Menschenverachtung. In der Vitrine im Flur des Archivs Beispiele von Häftlingsarbeiten, von Kassibern, primitiven Eßwerkzeugen, eine Tasche mit Hostien und vieles mehr. Und eben auch das für einen SS-Mann angefertigte Zigarrenetui mit der Aufschrift "Zigarrenetuis aus Menschenleder dürfen nicht hergestellt werden!" Wir erfahren, daß das "Musikzimmer" und die "Malerwerkstatt", in der die SS für sich selbst und das schon damals existierende Lagermuseum arbeiten ließ, daß diese Räume dort waren, wo sich heute das Archiv befindet. Wenn ich von dort aus dem Fenster blicke, auf die Wand der gegenüber gelegenen ehemaligen Lagerküche, wo ein großes Foto des "Orchesters" abgebildet ist, das die aus- und einziehenden Arbeitskolonnen begleitete und so manchen auf seinem letzten Weg, glaube ich, in den knirschenden Schritten der Touristengruppen, eine andere, schleppende Gangart herauszuhören, von zerschundenen Menschen in Zebraanzügen, die nicht umsonst "dort" gewesen sein dürfen!

Mein letzter Gang zum Lager führt mich noch einmal zu der Gaskammer und dem direkt dahinter errichteten Galgen, an dem im Jahre 1947 Höß gerichtet wurde. Doppeltes Symbol. Das Hakenkreuz in der Wand des Krematoriums brauchen wir nicht mehr zu entfernen. Es ist nicht mehr da. "Keiner ist vergessen, nichts ist vergessen."

Bleibt nachzutragen, daß wir in Auschwitz auch damit konfrontiert wurden, daß hier türkische Frauen und Männer ermordet wurden. Wir haben also weiter nachzuforschen, ein Kapitel zu erhellen, das uns bis dahin allen unbekannt gewesen war. Das gilt nicht nur im Hinblick auf die türkischen Schüler.

Inzwischen haben weitere Klassen meiner Schule ein Seminar über Faschismus und Widerstand in Neukölln absolviert, drei besuchten das ehemalige Konzentrationslager Sachsenhausen, und im Spätsommer dieses Jahres wird wieder eine Klasse nach Polen, nach Majdanek, fahren.

Erfolge, sicherlich, aber noch ist die Gefahr nicht gebannt, vor der ehemalige Auschwitz-Kinder in ihrem Appell warnen:

> "Wir, die jüngsten Häftlinge der schrecklichsten Hitlermordgrube - des Konzentrationslagers in Oświecim-Brzezinka, geboren in diesem Lager, oder hierher als Kinder gewaltsam verschleppt, deren erste Kindheitserinnerungen Grausamkeit, Hunger und Elend, den Qualm des Krematoriums, Stacheldraht und Tod enthalten - wir richten einen Appell an die Mütter, an alle Menschen auf der ganzen Welt, denen der Frie-

den, die Freiheit und das Glück der eigenen Kinder teuer ist - es zu keinem neuen Krieg kommen zu lassen, zu keiner Wiederbelebung des Faschismus und keiner Kernwaffenaufrüstung, die eine Katastrophe für die ganze Menschheit bedeuten würden ..."

(aus dem Appell ehemaliger Auschwitz-Kinder)

Auschwitz - Stätte gegenwärtiger Vergangenheit

Studierende der TU Berlin besuchen die Gedenkstätte

Gisela Krebs

Beim Lesen der Zeitung

Ich lese in der Zeitung, daß die Mörder
von Mord und Totschlag nichts gewußt.
(Meine Schwester nähte damals ihren
Puppen gelbe Flicken auf die Brust.)

Volker von Törne

1. Der interdisziplinäre Fachbereich Erziehungs- und Unterrichtswissenschaften der TU Berlin, an dem nicht nur Pädagogen, Soziologen, Psychologen und Politologen, sondern auch Natur- und Ingenieurwissenschaftler tätig sind, bietet seit Jahren Lehrveranstaltungen an, die friedenspädagogische Fragestellungen aus der Sicht unterschiedlicher Disziplinen in Forschung und Lehre erörtern.[1]

Im Wintersemester 1984/85 besuchte ich ein zweisemestriges erziehungswissenschaftliches Seminar mit dem Thema "Völkerverständigung als Element der Friedenserziehung". Vorbereitung, Durchführung und Auswertung einer Studienreise in die Volksrepublik Polen standen im Zentrum der Veranstaltung. Aufgrund der deutsch-polnischen Beziehungsgeschichte kam Auschwitz dabei eine besondere Rolle zu.

Vierzig Jahre danach bewegten auch uns "Nachgeborene", Studierende des Lehramts und Studierende der Sozialpädagogik, immer wieder die gleichen Fragen:

- Konnte man wirklich nichts wissen?
- Wie konnte es überhaupt zu Auschwitz kommen?

---

1 Vgl. Preuß-Lausitz, Ulf u.a.: Kriegskinder, Konsumkinder, Krisenkinder. Zur Sozialisationsgeschichte seit dem Zweiten Weltkrieg. Weinheim 1983; Rathenow, Hanns-Fred/Weber, Norbert H. (Hrsg.): Friedenstage an Berliner Schulen, Berlin 1984; Reich, Brigitte/Weber, Norbert H. (Hrsg.): Unterricht im Dienste des Friedens, Düsseldorf 1984; Quitzow, Wilhelm: Naturwissenschaftler zwischen Krieg und Frieden, Düsseldorf 1986; Arbeitsgruppe "Lehrer und Krieg" (Hrsg.): Lehrer helfen siegen. Kriegspädagogik im Kaiserreich - mit Beiträgen zur NS-Kriegspädagogik, Berlin 1987.

- Welche gesellschaftlichen und politischen Strukturen machten es möglich?
- Wie gehen wir heute mit unserer Geschichte um, verdrängen wir sie, wollen wir sie nicht wahrhaben, oder nehmen wir auch dieses Kapitel unserer Vergangenheit an?

Die Beschäftigung mit der Geschichte unseres Volkes führte uns schnell in die tagespolitische Auseinandersetzung des Frühjahrs 1985 (um den vierzigsten Jahrestag des Endes des Zweiten Weltkriegs) und ließ die Aktualität von Auschwitz als ein "Nicht-Abgeschlossen-Sein" vergangener Ereignisse deutlich werden.

Ausgehend von den aufgeworfenen Fragen erarbeiteten wir im 1. Teil des Projektes (WS 1984/85) zunächst theoretische Grundlagen der Friedenserziehung. Dabei galt unser besonderes Interesse folgenden inhaltlichen Schwerpunkten, die hier nur angedeutet werden können:

- Erörterung und aktueller Stand der Friedensforschung,
- Konzeptionen der Friedenserziehung in der Bundesrepublik Deutschland seit 1945,
- Möglichkeiten der einzelnen Schulfächer im Hinblick auf eine Erziehung zum Frieden.

Grundlage für die weitere Arbeit wurde der in Anlehnung an den norwegischen Friedensforscher Johan Galtung entwickelte Friedensbegriff, der "Frieden" nicht als bloße "Abwesenheit vom Krieg" definiert, sondern als einen Prozeß des Abbaus personaler und struktureller Gewalt[2] ansieht.

Im Sommersemester 1985 (2. Teil des Projekts) untersuchten wir die Frage, was "Frieden" als Abwesenheit von personaler und struktureller Gewalt auf zwischenstaatlicher Ebene heißen könnte. Diese Fragen wollten wir am Beispiel der Geschichte der deutsch-polnischen Beziehungen erörtern. Hierfür sprachen vielerlei Gründe:

- Die Beziehungsgeschichte dieser beiden Länder war in besonderem Maße - vor allem in den letzten 200 Jahren - von Gewaltstrukturen geprägt.
- Die Befreiung des Konzentrationslagers Auschwitz jährte sich zum 40. Male, ebenso der 8. Mai 1945.
- Die "Ostdenkschrift" der Evangelischen Kirche in Deutschland, die seinerzeit maßgebliche Anstöße für die neue Ostpolitik der Brandt-Scheel-Regierung gegeben hatte, war inzwischen 20 Jahre alt geworden.
- Die Unterzeichnung des "Warschauer Vertrages" jährte sich zum 15. Male.

2 Vgl. Galtung 1975.

Den Hauptteil unserer Vorbereitung auf die Studienfahrt bildete die Beschäftigung mit den Ereignissen in Polen während des Zweiten Weltkrieges, dem Terror und dem Leid im Konzentrationslager Auschwitz sowie mit der Entwicklung des deutsch-polnischen Verhältnisses nach 1945.

Wie gegenwärtig die Probleme der deutsch-polnischen Geschichte waren und sind, wie wenig abgeschlossen, aufgearbeitet und im Grunde "nicht-angenommen", zeigte uns die politische Auseinandersetzung im Frühjahr 1985:

- In Erwartung des 8. Mai 1985 wurde über viele Monate in der Öffentlichkeit darüber diskutiert, ob dieser Tag des Jahres 1945 für das deutsche Volk "Befreiung" oder "Kapitulation" gewesen sei und welche historischen und politischen Implikationen mit einer Entscheidung für den einen oder anderen Begriff verbunden sind.
- Aus Anlaß des 40. Jahrestages besuchten der damalige amerikanische Präsident Reagan und Bundeskanzler Kohl gemeinsam die Gedenkstätte des ehemaligen KZ Bergen-Belsen und den Soldatenfriedhof Bitburg. Sie wollten damit demonstrieren, daß eigentlich "alle" unter dem Krieg gelitten hätten und Täter und Opfer nicht klar zu benennen seien. Hiermit lösten sie einen Sturm der Entrüstung aus.
- Zur selben Zeit bereitete die Landsmannschaft der Schlesier ihr Jahrestreffen vor unter der Parole "Schlesien bleibt unser"; Bundeskanzler Kohl hatte sein Kommen zugesagt. Wochenlange Diskussionen um dieses Motto - seinen im Grunde revanchistischen Inhalt und die möglichen Ängste, die es bei Teilen der polnischen Bevölkerung auslösen könnte - zwang die Führung der "Schlesier", diese Formulierung zu neutralisieren. Wir zweifelten, ob sich dadurch an der inhaltlichen Zielsetzung des Treffens irgendetwas geändert hatte.

Ich glaube, nie wurde uns Seminarteilnehmern der Zusammenhang von historischen Gewaltstrukturen zwischen Polen und Deutschen und bundesrepublikanischer Wirklichkeit so deutlich wie in diesem Frühjahr 1985. Mit diesem "Gepäck" traten wir Ende Juni unsere Fahrt an.

2. Das Reiseprogramm vor Ort bot uns täglich die Möglichkeit, über die Probleme der deutsch-polnischen Beziehungen früher und heute zu diskutieren.

In das Zentrum unseres Aufenthalts rückte aber unweigerlich der Besuch der Gedenkstätte Auschwitz-Birkenau. Wir waren der Meinung, daß wir uns auf die "Begegnung am Ort" - auch durch Bildmaterial und Augenzeugenberichte - gut vorbereitet hätten. Die direkte Konfrontation mit diesem Teil unserer Geschichte löste jedoch unerwartet heftige Reaktionen aus. Einige von uns schrieben ihre Gedanken und Gefühle, die sie beim Rundgang durch die Gedenkstätte bewegten, nieder:

"Martha, die uns durch das Lager führte, hatte bereits ihre erste Station erreicht und sprach zu uns mit leiser, einfühlsamer Stimme. Ich konnte ihr nicht zuhören, zu sehr war ich mit mir selbst beschäftigt ... In den angrenzenden Räumen waren Kinderspielzeug, Baby- und Kleinkinderkleidung sowie Fotos der inhaftierten Opfer ausgestellt. In unserer Gruppe machte sich immer tiefere Betroffenheit breit. Viele von uns gingen meist allein durch die Räume; sie versuchten, die Sprachlosigkeit voreinander zu verbergen."

"Es sammelt sich etwas an in meinem Körper, es drückt. Nein, so stark will ich es nicht. Kinder hinter Stacheldraht bringen mich zum Weinen. Einen Augenblick versinke ich. Soll ich weitergehen?"

"Während des Rundganges in Auschwitz hatten die Todeszäune immer wieder meinen Blick angezogen. Sie schienen mir ein Sinnbild für den Versuch der Verdrängung zu sein; Grausamkeiten sollten aus dem Leben ausgegrenzt werden. Hinter den Zäunen begann für die Menschen damals eine andere Welt, in der die Gesetze der Menschlichkeit keine Gültigkeit mehr hatten."

"Ich stehe vor den Vitrinen mit dem Kinderspielzeug. Ob die kleine Johanna Weissbrod noch Gelegenheit zu spielen hatte? Die zerbrochene Puppe ... die Kleider und Hemdchen ... Ich denke an meine drei Kinder, auch in dem Alter. Eine Vitrine ist fast bedeckt mit Blumensträußen. Wie gut tut es, an dieser Stelle zu weinen!"

"Kinderkoffer - Waisenkinder. Ich beginne, das Ausmaß der Katastrophe zu begreifen. Niemand hat mir je davon erzählt, wie dies all diese Dinge tun. Die systematische Vernichtung eines Volkes, nein, vieler Völker. Warum? Sie starben so sinnlos ... Tränen sind Zeichen der Schwäche, und Schwäche bedeutet Tod. Ich konnte in Auschwitz auch nicht weinen, ich hatte es mir verboten, ich wollte keine Schwäche zeigen. Dann werden die anderen auch schwach, was nützt eine heulende deutsche Besuchergruppe?"

"Es fällt mir schwer, das Unfaßbare an mich heranzulassen, aber es ist wichtig zu begreifen, daß es Orte und Ereignisse gibt, an denen die Menschlichkeit verloren hat. Orte, die mir zeigen, wozu Menschen fähig sind, die mich der Illusion berauben, es könnten magische Kräfte die Geschichte doch noch zu etwas Gutem wenden ... Was heißt trauern? Es hat nichts damit zu tun, bestimmte Stellen, Berge von Haaren oder Kinderschuhen nicht ansehen zu können. Ich habe kein Recht, wegzuschauen. Wenn mir übel wird, fliehe ich. Trauer heißt: Hinsehen und Auschwitz in mich hineinnehmen."[3]

Unter dem Eindruck des Besuchs der Gedenkstätte versuchten wir am Abend, mit unseren Gefühlen der Trauer und Wut zurechtzukommen, aber auch erneut - jetzt um so heftiger - Fragen nach den Ursachen dieses Kapitels der Geschichte unseres Volkes zu stellen und vor allem erste Konsequenzen zu formulieren, die sich aus der Auschwitz-Begegnung ergeben hatten. Dürfen wir die "Gnade der späten Geburt" für uns in Anspruch nehmen, oder gilt die Aufforderung Richard von Weizsäckers: "Die Jungen sind nicht verantwortlich für das, was damals geschah. Aber sie sind verantwortlich für das, was in der Geschichte daraus wird"?[4]

Auschwitz - mehr als ein Ort in Polen!

3. Nach Berlin zurückgekehrt, begannen wir, die Eindrücke der Fahrt und die durch sie ausgelösten Fragen aufzuarbeiten. Schnell kristallisierten sich zwei Problembereiche heraus:

3 Alle Zitate aus: Auschwitz - mehr als ein Ort in Polen. Hrsg. von Hanns-Fred Rathenow und Norbert H. Weber, Berlin 1986, S. 34 ff.

4 Weizsäcker 1985, S. 34.

- Welchen Beitrag können wir zur Verständigung zwischen Deutschen und Polen vor dem Hintergrund der NS-Ausrottungspolitik in Polen leisten? Inwieweit kann dadurch der Forderung Rechnung getragen werden, daß Völkerverständigung ein Element der Friedenserziehung sei?
- Inwieweit muß Auschwitz als Stätte gegenwärtiger Vergangenheit gesehen werden? Was hat Auschwitz mit uns heute zu tun?

Dabei erwies sich, daß wir beiden Fragenkomplexen nicht gleichermaßen gerecht werden konnten. Die Seminarteilnehmer entschieden sich dafür, die Problematik der "Vergangenheitsbewältigung" am Beispiel "Auschwitz" in den Vordergrund zu stellen und die Arbeitsergebnisse in Form einer Dokumentation zu veröffentlichen.[5] Hinzu kam, daß einige besonders daran interessiert waren, sich der vergessenen bzw. verdrängten Geschichte der eigenen Familie zu nähern:

- Warum war es zu Hause "tabu", die Großmutter nach "früher" zu fragen? Warum erntete man "eisiges Schweigen" bei dem Versuch? Die Großmutter hatte 1935 ein jüdisches Mädchen adoptiert und es unter eigenen großen Opfern zu schützen vermocht. Das jüdische Mädchen von damals - meine Mutter heute ...

- Unter den gestapelten Reisekoffern der Auschwitz-Opfer befand sich einer mit dem eigenen seltenen Familiennamen. "Sollte etwa jemand aus der Familie umgekommen sein - was weiß ich eigentlich über meine Familie?" Die Familie mit ihrer wenig heldenhaften Geschichte annehmen und so auch ein Stückchen an die eigenen Wurzeln herankommen ...

- Sich mit der Mutter auseinandersetzen, deren Bruder als Soldat im damaligen Posen umgekommen ist: Warum gibt es kein ordentliches Grab für ihn? Ihr vermitteln, daß der junge Soldat sicher auch Opfer geworden ist, aber zunächst Teil der Ursache ungeheuren Leids für andere Völker war ...

Eine Kommilitonin befaßte sich mit der Frage, welche Rolle das Phänomen der Verdrängung beim "Funktionieren" von Auschwitz gespielt hat, eine andere beschäftigte sich mit den Lebenswegen einiger "Täter" des Konzentrationslagers, insbesondere mit ihren Aussagen im Auschwitz-Prozeß 1964:

- Ich machte meinen Dienst, was mir befohlen wurde.
- Ich tat nur, was ich tun mußte.
- Ich habe mich nicht gekümmert um ...
- Ich war doch nur eine kleine Nummer.
- Ich tat nur meine Pflicht.

---

5 Auschwitz - mehr als ein Ort in Polen. Hrsg. von Hanns-Fred Rathenow und Norbert H. Weber, Berlin 1986.

In diesem Zusammenhang diskutierten wir noch einmal Adornos Vortrag aus dem Jahre 1966 mit dem Titel "Erziehung nach Auschwitz", vor allem, wie wir als Pädagoginnen und Pädagogen den ersten Satz der Rede *"Die Forderung, daß Auschwitz nicht noch einmal sei, ist die allererste an Erziehung"* heute umsetzen können und müssen.[6] Von welchen Grundsätzen und welchem Menschenbild muß Erziehung sich leiten lassen, um dieses Ziel zu erreichen? Wie muß Erziehung - und auch das gesellschaftliche Umfeld - gestaltet werden, damit sich keine Menschen mit gebrochenem Rückgrat, sondern solche mit aufrechtem Gang entwickeln?

Hier ist auch die Praxis der historisch-politischen Bildung im engeren Sinne kritisch zu befragen. Reicht es, ein formales Demokratieverständnis zu vermitteln im Sinne einer Institutionenlehre und das Thema "Auschwitz" auf einer halben Geschichtsbuchseite abzuhandeln? Mit diesem Aspekt beschäftigten sich einige Kommilitoninnen, indem sie eine Reihe von deutschen, holländischen, polnischen, französischen und britischen Schulbüchern analysierten - nicht gerade zum Ruhm der deutschen Geschichtsbücher!

Wenn man diesem Einstellungssyndrom des Verdrängens, Vergessens und Vertuschens im Umgang mit unserer jüngsten Vergangenheit beikommen will - und dies ist nicht nur eine Aufgabe der historisch-politischen Bildung in der Schule -, so werden wir gerade die Art und Weise, wie mit der Zeit 1933-1945 heute umgegangen wird, zum eigenständigen Thema erklären müssen. Die Verwobenheit von Vergangenheit und Gegenwart ist immer wieder aufzuzeigen, ebenso, wer aus welchen Interessen heraus eine "Entsorgung" der Geschichte betreiben und uns der Verantwortung für Auschwitz entheben möchte. Die Ereignisse im Frühjahr 1985 und die "Historikerdebatte" machen uns die Dringlichkeit dieses Anliegens in seltener Weise offenbar.

Literatur

ADORNO, Theodor W.: Erziehung nach Auschwitz, in: Kadelbach, Gerd (Hrsg.), Erziehung zur Mündigkeit, Frankfurt 1970, S. 88-105

ARBEITSGRUPPE "LEHRER UND KRIEG" (Hrsg.): Lehrer helfen siegen. Kriegspädagogik im Kaiserreich - mit Beiträgen zur NS-Kriegspädagogik, Berlin 1987

GALTUNG, Johan: Strukturelle Gewalt. Beiträge zur Friedens- und Konfliktforschung, Reinbek 1975

PREUSS-LAUSITZ, Ulf u.a.: Kriegskinder, Konsumkinder, Krisenkinder. Zur Sozialisationsgeschichte seit dem Zweiten Weltkrieg, Weinheim 1983

6 Adorno 1970, S. 88.

QUITZOW, Wilhelm: Naturwissenschaftler zwischen Krieg und Frieden, Düsseldorf 1986

RATHENOW, Hanns-Fred/WEBER, Norbert H. (Hrsg.): Friedenstage an Berliner Schulen, Berlin 1984 (= Flügelschläge für den Frieden, Band 2)

RATHENOW, Hanns-Fred/WEBER, Norbert H. (Hrsg.): Auschwitz - mehr als ein Ort in Polen, Berlin 1986 (= Flügelschläge für den Frieden, Band 3)

REICH, Brigitte/WEBER, Norbert H. (Hrsg.): Unterricht im Dienste des Friedens, Düsseldorf 1984

TÖRNE, Volker von: Zwischen Geschichte und Zukunft, Berlin 1981

WEIZSÄCKER, Richard von: Von Deutschland aus, Berlin 1985

Majdanek - eine szenische Reise

Mitglieder der Evangelischen Jugend verarbeiten ihre Erfahrungen

Thomas Laengerer

> "Angefangen hat das Ganze mit einer Fahrt von - ich glaube fünfzehn - Jugendlichen der Evangelischen Jugend Kreuzberg und Tiergarten nach Polen. Dort waren wir eine Woche in Lublin und eine in Warszawa. Lublin liegt nahe dem ehemaligen Konzentrationslager Majdanek, das heute eine Gedenkstätte ist. Um zur Erhaltung dieser Gedenkstätte beizutragen und etwas über unsere eigene Geschichte zu erfahren, arbeiteten wir in Majdanek und lasen im Archiv.
> Unsere Arbeit bestand zum größten Teil darin, Schuhe von ehemaligen Häftlingen zu putzen, die in drei großen Holzbaracken aufbewahrt werden, als Zeugen für die vielen Menschen, die hier gequält und getötet wurden. Während unseres Aufenthalts erfuhren wir viel über die Geschichte des Lagers Majdanek. Als wir voll von Eindrücken wieder nach Berlin zurückkamen, wollten wir dem, was wir gesehen, gehört und gefühlt hatten, Ausdruck geben. So entstand das Theaterprojekt 'Majdanek', das nicht nur von der Nazizeit erzählt, sondern auch einen Bogen zur heutigen Zeit schlägt." (Maike)

Immer wieder, so wußten wir aus unseren Erfahrungen als pädagogische Leiter der Fahrten, standen unsere Jugendlichen vor demselben Problem: Zurückgekehrt aus Auschwitz, Majdanek, Stutthof und wieder eingetaucht in ihre alltägliche Wirklichkeit von Schule oder Ausbildung, wollte niemand etwas von ihren Erfahrungen wissen. Das Interesse von Mitschülern oder Kollegen erschöpfte sich allzuschnell in Fragen wie: "Na, wie war's?" oder "Habt ihr denn genug zu essen gekriegt?" Für inhaltlich tiefergehende Gespräche waren die meisten nicht zu haben. Hinzu kam die eigene Sprachlosigkeit. Wie denn nun über das reden, was man erlebt hatte? Ein munteres Gespräch über die Ermordung von Millionen von Menschen in der Pause? Das Sprechen über Majdanek fällt schwer. Man muß eine ganz besondere Sprache, einen bestimmten Rahmen finden. In Majdanek gab es diesen Rahmen. Eine Gruppe, die sich mehr oder weniger gut vorbereitet auf den Weg gemacht hatte, sich mit unserer Geschichte konfrontieren zu lassen. Das Gefühl von Gemeinschaft war entstanden, das Sich-verstanden-Fühlen im Kreis der anderen. Hier konnte man reden, hier war die Hemmschwelle relativ niedrig.

Unsere Aufgabe als Pädagogen: Jugendlichen zur Sprache zu verhelfen; Erfahrungen greifbar, erzählbar, benutzbar zu machen; einen Rahmen anzubieten, in dem

Gespräche möglich werden. Schon in Lublin wurde die Idee geboren, das Erlebte szenisch zu verarbeiten. "Von der Bühne aus kann man doch Menschen gut erreichen! Wenn sie nicht zu uns kommen, dann geh'n wir eben zu ihnen. Auf Veranstaltungen, in Seminare und Schulen ..." Aber ein Theaterstück über ein KZ? Geht das angesichts eines emotional so stark belastenden Wissens um unsere eigene Vergangenheit? Kann in diesem Zusammenhang das Medium Theater neben dem Medium Film bestehen? Kann es neue Aspekte liefern?

Wir begannen gleich mit der Arbeit, als wir aus Polen zurückgekehrt waren und unsere Erlebnisse noch ganz frisch waren. Wir begannen mit Improvisationsübungen, versuchten Assoziationen und Bilder in Körpersprache umzusetzen. Parallel dazu fand der Verständigungsprozeß darüber statt, was das Stück leisten sollte. Wir entwickelten Kriterien:

- Das Stück sollte Fakten liefern. *Wann*, in welcher Zeit, *wo* , an welchem Ort, *wie*, auf welche Art und Weise fand *was* statt? Wer war beteiligt? Wie war es dazu gekommen?
- Das Stück sollte ein Spiegel dessen sein, was wir erlebt hatten, ein Spiegel unserer Gefühle, unserer Gedanken und unseres Unwohlseins. Auch den Prozeß der Umwandlung unserer Betroffenheit in Wut, die schöpferische Energie freisetzt, wollten wir darstellen.
- Gegenwartsbezug sollte geschaffen werden. Leben wir heute im Faschismus? Nein! Warum finden wir trotzdem Verhaltensweisen, die faschistisch anmuten? Wo und wann finden wir diese?
- Nicht zuletzt wollten wir wiederum Betroffenheit beim Zuschauer wecken, Betroffenheit, aus der - so hofften wir - Aktivität werden sollte.

Der Anfang des Stückes war leicht zu finden. Wir wollten gleich mit ganzer Kraft einsteigen, den Zuschauer fesseln, ihn nicht mehr loslassen und so immer weiter durch die Szenen führen: Das Aufzählen der KZs mit sämtlichen Darstellern auf der Bühne, die Namen der KZs in fast endloser Reihe durcheinandergesprochen, eine Anhäufung von Worten des Schreckens: Auschwitz, Bergen-Belsen, Mauthausen, Dachau, Sachsenhausen, Bürgermoor, ..., Majdanek, gipfelnd in einem bedrohlichen Ton, fast einem Schrei.

Dann die Fakten:

> "Konzentrations- und Vernichtungslager Majdanek, nahe Lublin, heute Volksrepublik Polen. Von 1941 bis 1944 Vernichtung von 360 000 Männern, Frauen und Kindern aus sechsundzwanzig Ländern."

Dann Fragen:

> "Was war da los?" und die Antwort: "Ich habe von allem nichts gewußt."

Schließlich unser Selbstverständnis:

> "Halt! Ich weiß davon. Ich habe gesehen, in Majdanek, im Lager, im Oktober 1985. Ich habe den Stacheldraht gesehen und die Wachtürme, die Holzbaracken, das Krematorium, den Galgen ..."

Bis zur letzten Aufführung wurde diese Eingangsszene von den Jugendlichen mit immer gleicher Intensität gespielt. Keine Probe, keine Aufführung, in der nur ein Funke von Unkonzentriertheit, Distanz oder gar Blödelei entstanden wäre. Auch im Zuschauerraum herrschte nach dieser Szene immer vollkommene Stille. Wir hatten eine Sprache gefunden, über Majdanek zu reden.

Die zweite Szene entstand spielerisch. Mit stummen "Körperbildern" unterstützten wir den "Bericht des Jerzy Pfefer", den wir im Archiv der Gedenkstätte gefunden hatten. Pantomime mit dokumentarischem Text, unterlegt mit leiser atonaler Musik.

Aber dann, wie weiter? Ein ganzes Stück selbst schreiben? Das war schwer. Wir begannen zu lesen, nach Bearbeitungen des Themas in der Literatur zu suchen. Paul Celans "Todesfuge" drängte sich geradezu auf, eine Analogie zum 3. November 1943 in Majdanek, dem "Blutmittwoch", an dem 18 000 Juden ermordet wurden. Wir waren schon in der Gedenkstätte selbst auf das Gedicht gestoßen, Susanne hatte es mitgebracht und während unserer Abendrunde vorgelesen. Wir waren verblüfft über die Ähnlichkeit: "Ein Mann wohnt im Haus ..., er spielt mit den Schlangen ...": das "unschuldige", kleine weiße Haus des Lagerkommandanten. "Er befiehlt uns, spielt auf nun zum Tanz ..."[1] 18 000 Juden ermordet bei den Klängen fröhlicher Marschmusik.

Wir versuchten, das Gedicht rhythmisiert als Gruppe zu sprechen, versuchten den Einzelvortrag. Wir drehten und wendeten den Text, wir scheiterten. Zu stark ist die Dichte, die Symbolik des Textes, zu unaussprechbar das Geschehene, als daß wir es in Bildern hätten ausdrücken können. Wir suchten weiter und fanden zunächst zu uns selbst zurück. Was hatten wir in unseren Händen? Unsere Erinnerungen, eine Handvoll Tagebuchaufzeichnungen, Gedichte, und vor allem einen noch immer stetig wachsenden Gruppenzusammenhalt, eine starke Identifikation mit dem Geschehen. In Majdanek war ein Gedicht entstanden. Einer der Teilnehmer hatte es geschrieben. Es schilderte unsere Arbeit inmitten der vielen Schuhe. Auszüge aus diesem Gedicht bildeten die Grundlage für eine Darstellung unserer Situation beim Putzen der Schuhe.

> "Eine, zwei, nein drei Baracken mit Schuhen fanden wir, als wir Majdanek besuchten.
> Der Rest von 800 000 Paar Schuhen, die bei der Befreiung des Lagers gefunden wurden.
> Wir putzten Schuhe, damit sich kein Staub über die Geschichte legt.
> Verrottetes,

1 Celan 1961.

steifes Leder,
graubraun vor Staub,
Krümel,
Stoffetzen,
Gummisohlen aus Autoreifen,
geflickte Ledersohlen,
zu klaffenden Mäulern aufgerissen,
durchgerutscht,
abgeschunden, ..."

Dieses pantomimisch dargestellte, authentische Zeugnis unserer stummen Arbeit, unserer Gefühle und unserer Fassungslosigkeit beim Putzen eines Kinderschuhs wurde szenisch durchsetzt von Geschichten über diese Schuhe, die während der Arbeit in unserer Phantasie entstanden waren.

Bild 1 (Photo: Hermann J. Müller)

"Ein Männerschuh. Was bist du für ein Schuh, - ein großer, schwerer Männerschuh? Nachts erwischt auf kalter, regennasser Straße vielleicht. Geschlagen, verschleppt und umgebracht im KZ. Welche Geschichte erzählst du mir ?"

Die Verfolgung und Verschleppung eines Mannes, der Widerstand leistete. Die Geschichte eines Kindes, das *leben* möchte, im KZ aber nur die Welt der Qual, des Leidens und des Todes erlebt, dargestellt anhand des "Poems" von Selma Meerbaum-Eisinger :

"Ein Bauer vielleicht,
oder ein Städter, ...
aus dem Bett gerissen,
von Festen gezerrt ..."

Die Geschichte eines kleinen Verräters, der einen Nachbarn denunziert und schließlich selbst von der SS abgeholt wird:

"Ich hab' doch nur gesagt, daß das Radio mit den Auslandssendungen nicht von hier kam."[2]

Unzählige dieser Bilder konnten wir aufreihen. Wir beschränken uns auf diese drei.

"Ich habe nur hundert Schuhe in der Hand gehabt,
Hunderttausende liegen noch da,
alle sind getragen worden,
alle mit Geschichten.
Auf der Straße
so viele Menschen,
und alle tragen Schuhe."

An dieser Stelle des Stückes wurde uns deutlich, daß es eine Grenze gibt, durch die Darstellung des Leidens und die Dokumentation des Schreckens beim Zuschauer Betroffenheit zu wecken. Wir hatten uns vorgenommen, beim Zuschauer Atemlosigkeit zu bewirken. Er sollte sich nicht zurücklehnen, abschalten und sich distanzieren können. Um unser Ziel weiter zu verfolgen, benötigten wir neue Mittel. Das Stück bedurfte jetzt dringend einer Aufwärtsbewegung, eines Hoffnungsschimmers. Mit dem "Lob der Dialektik" von Brecht schafften wir den Übergang. Wir rhythmisierten das Gesicht und teilten es auf verschiedene Sprecher auf.

Es gelang uns damit, die Unterdrückung des Menschen einerseits:

"Das Unrecht geht heute einher mit sicherem Schritt. Die Unterdrücker richten sich ein auf zehntausend Jahre ..."

und andererseits die Hoffnung zu zeigen:

2 Brecht 1957.

"Wer noch lebt, sage nicht, niemals! Das Sichere ist nicht sicher ..."

Dies - zugespitzt auf den Aufruf zur Veränderung

"Wer verloren ist, kämpfe ... Denn die Besiegten sind
die Sieger von morgen ..."[3]-

diente uns als Motor für die folgende Befreiungsszene.

Die Frage war, wie deutsche Jugendliche die Befreiung eines Konzentrationslagers auf polnischem Boden, die unter maßgeblicher Beteiligung der "Roten Armee" geschah, nachempfinden. Wie konnten wir Patriotismus darstellen, ohne dabei in abgegriffene Klischees oder Kitsch abzugleiten?

Unser Lied zur polnischen Flagge: "Hoch mit der Fahne der Freiheit, ich halte dich hoch. Hoch fliege, Vogel des Friedens, flieg hoch!"

3 Brecht 1981.

Wir versuchten, weitgehend zu abstrahieren, uns auf einfachste Mittel zu beschränken. Mit allen Darstellern gleichzeitig auf der Bühne zogen wir in pantomimischer "slow motion" eine riesige weiß-rote polnische Flagge aus dem "Schlamm der Erde" als Symbol für den Kampf des polnischen Volkes für den Wiederaufbau ihres Landes. Dazu die Liedzeilen:

> "Hoch mit der Fahne der Freiheit, ich halte dich hoch. Hoch fliege, Vogel des Friedens, flieg hoch!"

> "Am 22. April 1944 wird das Lager Majdanek durch die 'Rote Armee' befreit. Ein knappes Jahr später ist die faschistische Macht zerschlagen. Ein neuer Staat, eine neue Gesellschaftsordnung sollten entstehen in der Hoffnung auf Frieden, Freiheit und eine gerechte Welt."

Wir ergänzten diese Szene mit dem Schwur von Buchenwald und hatten damit den wesentlichen Teil der Arbeit geleistet. Wir hatten die Fahrt und unsere Erfahrungen dokumentiert, unserer Motivation und Hoffnung Ausdruck verliehen. Erste Aufführungen bestätigten unseren Weg als richtig, die Zuschauer zeigten sich von der Intensität des Stückes und unserer Spielweise beeindruckt. Sie stellten Fragen, Diskussionen entstanden, und es wurde deutlich, welcher Mißbrauch heutzutage mit Begriffen wie "Frieden", "Freiheit" und "eine gerechte Welt" betrieben wird.

Aber ganz offensichtlich fehlte unserem Stück der Zeitbezug. Was hat Majdanek mit uns zu tun, die wir später geboren wurden?

Bei der Bearbeitung des zweiten Teiles montierten wir wiederum Literaturbeiträge mit eigenen Arbeiten. Dabei versuchten wir, eigene Erlebnisse zu schildern: den "kleinen" alltäglichen Faschismus, erlebt mit zwei Polizisten in Zivil an einem Fußgängerübergang, die Auseinandersetzung zwischen zwei deutschen und einem türkischen Jugendlichen im Jugendzentrum; schließlich "Ich, Ulrike, schreie"[4], eine Szene, die den Tod von Ulrike Meinhof und unsere gegenwärtige gesellschaftliche Realität thematisiert.

Vom KZ "Majdanek" nach Stuttgart "Stammheim" - wir wußten um die Gefährlichkeit dieses Unternehmens. Entstanden war der Wunsch, diese Szene zu spielen, aus zwei Gründen: Zunächst hatten wir uns einfach interessehalber zusammen den Film "Stammheim" angesehen und waren darüber ins Gespräch gekommen. Wir erkannten, daß Stammheim und die Problematik der RAF eine Zuspitzung unserer gesellschaftlichen Verhältnisse darstellten: eine sich in den Menschen entwikkelnde Verzweiflung angesichts eines übermächtigen Apparates "Staat"; eine wachsende Kluft zwischen Wunsch und Wirklichkeit, zwischen dem Wunsch nach Frieden und der Wirklichkeit einer permanenten Aufrüstung, der Kriegsvorbereitung und Kriegsführung in Stellvertreterkriegen. Die Kluft zwischen dem Wunsch nach sozialer Gerechtigkeit und der Wirklichkeit eines ungeheuren Reichtums auf der einen und einer zunehmenden Verarmung auf der anderen Seite.

4 Vgl. Rame 1979.

In der Szene "Ich, Ulrike, schreie" tritt eine massive Gesellschaftskritik zutage. Eine Kritik, die sich, wie wir feststellten, nicht nur auf den Fall Ulrike Meinhof und die RAF bezieht, sondern die eine umfassende Anklage gegen den Ausverkauf menschlicher Werte ist.

> "Es ist absurd! Mir nehmt ihr jede Farbe, aber eure graue Welt da draußen habt ihr in grellen Farben frisch angestrichen, damit niemand merkt, wie morsch sie ist. Ihr zwingt den Menschen die Farbe geradezu auf. Den Himbeersaft habt ihr giftig rot gefärbt, egal ob das Krebs verursacht oder nicht; ..."[5]

Wir hielten fest: Stammheim ist kein KZ! Dieser Begriff ist besetzt und steht für Völkermord, geschehen in Auschwitz, Majdanek ... Wir teilen die Methoden der RAF nicht und auch nicht deren Ziele, aber am Tod Ulrike Meinhofs wird deutlich, woran dieser Staat krankt, in dem wir leben.

Unter dem Motto "Aus der Geschichte lernen" waren wir nach Auschwitz gefahren. Wer aus der Geschichte lernt, entwickelt Sensibilität für gesellschaftliche Zusammenhänge, entwickelt Kriterien für ein besseres, gerechteres Leben. Solche Kriterien werden in dem Text von Franca Rame in außerordentlich gedrängter Form vermittelt. Deshalb entschieden wir uns für diese Szene. Im Rückblick war diese Entscheidung genau richtig. Natürlich entstanden hitzige Diskussionen. Das gerade war der zweite Grund für die Wahl dieser Szene gewesen: Wir wollten eine spontane Auseinandersetzung, ein spontanes, direktes Verhalten der Zuschauer erreichen. Eine der Äußerungen: "Ich merke, daß ich hier Widerstände habe, aber gerade deshalb ist es wichtig, daß wir darüber reden."

> "Schlaft nur, schlaft, ihr dumpfen, satten Bürger in meinem Deutschland und auch all ihr rechtschaffenen Menschen in Europa: Schlaft ruhig wie die Toten! Mein Geschrei wird euch nicht wecken."[6]

An das Ende des Stückes setzten wir das "Verfassungslied" der "Lokomotive Kreuzberg":

> "In der tödlichen Stille nach dem letzten großen Krieg
> haben sie uns Recht gegeben, ohne Waffen hier zu leben ...
> Angesichts der Todeslager aus dem letzten großen Krieg
> haben sie uns Recht gegeben, nun politisch frei zu leben ...
> Refrain:
> Wir streuen Salz in alte Wunden, es wird nichts vergessen von uns.
> Ja, sie haben die Verfassung erfunden, - die quält sie ja noch im Schlaf, da haben sie
> Sachen gesagt, von den' woll'n sie heut nichts mehr wissen.
> Was, sie wollen nicht? Sie müssen!"

---

5 Rame 1979.
6 Ebd.

Zuletzt betonten wir noch einmal unser Selbstverständnis: Geschichte nicht vergessen, sondern aktiv für ein Lernen aus der Geschichte eintreten. Wach sein, mißtrauisch sein, "Sand sein im Getriebe der Welt", damit das, was geschehen ist, nie wieder geschieht.

Nach zehn Aufführungen schauen wir auf viele heftige Diskussionen mit den Zuschauern zurück, auf eine noch immer wachsende Nachfrage, das Stück aufzuführen (was letztendlich unsere Kräfte übersteigt) und auf großen persönlichen Zuspruch, die Arbeit fortzusetzen. Nicht zuletzt sind wir stolz darauf, unser Ziel erreicht zu haben, 1000 DM für die Aktion Sühnezeichen/Friedensdienste zu sammeln.

Die Nachbereitung unserer Erlebnisse in Majdanek hat uns eineinhalb Jahre in Atem gehalten. Nicht jede Polenfahrt der Evangelischen Jugend kann so nachbereitet werden, das würde die Kräfte weit überfordern. Mit dieser Art der Nachbereitung ist es jedoch gelungen, das Thema "Antifaschismus" und ein aktives Umgehen mit der Geschichte auf positive Weise in die Lebenswelt der beteiligten Jugendlichen einzufügen.

Wenn ein Jugendlicher einem Arbeitskollegen, der Witze über Juden oder Türken reißt, Paroli bietet, so kann er dies nur durch seinen in der Arbeit gewonnenen Bewußtseinshintergrund tun. Er hat sich in dem langen Zeitraum der Beschäftigung mit dem Thema die Sicherheit erworben, darüber zu reden, ohne Angst haben zu müssen, das Falsche zu sagen. Das bedeutet allerdings nicht, daß damit gleichzeitig die Ängste überwunden wären, die mit freiem Sprechen im allgemeinen verbunden sind.

Ich selbst betrachte diese Arbeit keineswegs als die einzige Möglichkeit, eine Fahrt nachzubereiten. Im nachhinein stelle ich jedoch fest, kaum eine Arbeit erlebt zu haben, die in ihrer Kontinuität so intensiv wie diese war. Probleme der Motivation oder der beständigen Mitarbeit, wie ich sie aus anderen Zusammenhängen kenne, gab es nicht. Im Gegenteil, manchmal bestanden die Akteure darauf, das Stück nochmals im ganzen zu proben, um sicherer zu werden, wenn ich ihnen dieses Durchhaltevermögen nicht mehr zutraute.

Ob diese erfreuliche Tatsache auf die Art und Weise der Zusammenarbeit, das Thema oder auf was auch immer zurückzuführen ist, läßt sich nicht schlüssig klären. Zu beobachten ist jedenfalls eine gesteigerte Aufmerksamkeit eines jeden für die Befindlichkeit der anderen, eine hohe Sensibilität im Umgang miteinander.

Die gelungene Arbeit in einer Gruppe, deren Mitglieder so unterschiedlicher Herkunft sind - Arbeiter und Auszubildende sowie Gymnasiasten und ein Student - stellt für mich den Beweis dar, daß sich in der Jugendarbeit Verschiedenartigkeit der Mitglieder des Teilnehmerkreises befruchtend auswirkt, daß sie gegenseitig voneinander lernen können, wenn hierfür Grundlagen wie in unserem Projekt vorhanden sind.

Literatur

BRECHT, Bertolt: Furcht und Elend des Dritten Reiches, Berlin 1957

CELAN, Paul: Die Todesfuge, Stuttgart 1961

RAME, Franca: Nur Kinder, Küche, Kirche, Berlin 1979

Spuren suchen - Anstöße für einen geschichtsbewußten Umgang mit der Gegenwart

Axel Preuschoff

Wer erinnert sich nicht gerne an seine Karl-May-Zeit? Wir waren dabei, als die nur wenige Stunden oder Tage alten Spuren Winnetou den richtigen Weg wiesen und sich am Ende die Spurendeutung bestätigte. Aber was wir mit Karl May erleben und lernen konnten, nämlich Spuren zu erkennen und zu erforschen, das war nur für unsere Pfadfinderspiele im Stadtwald hilfreich, weniger für unser alltägliches Leben. Denn wie in meiner Generation so werden auch heute nur wenigen jungen Menschen Hinweise, Anregungen und Anstöße gegeben, die Spuren der Vergangenheit erkennen und deuten zu können. Erinnern diese an den deutschen Faschismus, werden Gegensätze und damit Grundfragen der politischen Kultur in unserem Land besonders deutlich. War meine Schulzeit noch von einem gestörten Verhältnis der Kriegs- und Nachkriegsgeneration zu ihrer Geschichte beeinflußt, das sich in Verbindung mit der herrschenden Totalitarismusideologie in Geschichtsverzerrung und -Verdrängung äußerte, so zeigte sich spätestens in der Auseinandersetzung um dem 8. Mai 1985 eine neue Qualität im Umgang mit der Geschichte. Erstmals wurden offiziell Positionen bezogen, die zuvor nur von der mit dem antifaschistischen Widerstand verbundenen Minderheit unseres Landes zu hören waren. Bundespräsident von Weizsäcker führte am 8.5.1985 im Deutschen Bundestag u.a. aus:

> "Als Deutsche ehren wir das Andenken der Opfer des deutschen Widerstandes, des bürgerlichen, des militärischen und glaubensbegründeten, des Widerstandes in der Arbeiterschaft und bei Gewerkschaften, des Widerstandes der Kommunisten."[1]

Neben diesem eindeutigen Hinweis auf den antifaschistischen Widerstand als Grundlage jeglicher Auseinandersetzung mit der jüngsten Vergangenheit erteilte der Bundespräsident auch der von Bundeskanzler Kohl bemühten "Gnade der späten Geburt" eine Absage, indem er in seiner Rede darauf hinwies, es gehe nicht darum

> "Vergangenheit zu bewältigen. Das kann man gar nicht. Sie läßt sich ja nicht nachträglich ändern oder ungeschehen machen. Wer aber vor der Vergangenheit die Au-

1 von Weizsäcker 1985, S. 759.

gen verschließt, wird blind für die Gegenwart. Wer sich der Unmenschlichkeit nicht erinnern will, der wird wieder anfällig für neue Ansteckungsgefahren."[2]

Im Sinne von Weizsäckers bemüht sich seit einigen Jahren eine "neue Geschichtsbewegung"[3], durch Spurensuche Anstöße für einen geschichtsbewußten Umgang mit der Vergangenheit zu geben.

"Verheißungsvoll ist immerhin, daß landauf, landab begonnen wird, verdrängte Tatsachen überhaupt wieder in Augenschein zu nehmen: Wie ist unsere Gemeinde damals nationalsozialistisch geworden? Wodurch hat Hitler die Leute begeistert? Wie hat sich das Leben im Nationalsozialismus genau abgespielt? Gab es in der Gemeinde Widerstand? Wie ist sie vom Krieg getroffen worden? Hat sie Kriegsgefangene oder Verschleppte aufgenommen, und was hat sie mit diesen angestellt? Was haben Väter als Soldaten gemacht? In welcher Weise waren die Mütter in all das verwickelt? Was hat sich in unserem Ort zum und nach Kriegsende getan? Was ist unter den Teppich gekehrt, was aufgeräumt worden? Welche Tradition pflegen wir heute? An welche Helden erinnern wir uns öffentlich: an die Krieger, an die Widerständler, an die Verfolgtenopfer? Wessen geistige Erben sind wir eigentlich?[4]

Die so konkret formulierten Fragen verhindern, daß wir "vor der Vergangenheit die Augen verschließen" und "blind für die Gegenwart"[5] werden. Als Beispiel möge uns das Westberliner Rathaus Charlottenburg dienen, der Sitz des Bezirksamtes. Begleiten wir eine kleine Gruppe junger Menschen, die hier auf den Spuren gegenwärtiger Vergangenheit ist. Wir sind konfrontiert mit den vielen Hinweistafeln, die dem Bürger helfen sollen, möglichst schnell zum Ziel zu kommen. Sie können aber auch das Gegenteil bewirken, besonders dann, wenn es sich - wie in unserem Fall - um Besucher handelt, die nicht irgendein behördlich faßbares Anliegen in einer der Amtsstuben vortragen wollen, sondern ein anderes Ziel verfolgen. "Wo geht's denn hier zum Pommernsaal?" fragt einer aus der erwähnten Besuchergruppe einen mit Anzug und Krawatte bekleideten vorbeieilenden Mann, dem unterstellt wird, im Rathaus zu arbeiten. Dieser stellt sich dem Fragenden, der noch mit Blick auf seinen Zettel ergänzt: "Dort sollen an der Eingangstür zum Pommernsaal Bilder von Charlottenburger Bürgern zu sehen sein, die von den Nazis umgebracht worden sind." Die Antwort: "Über Bilder und Nazis kann ich ihnen keine Auskunft geben - aber wenn Sie zum Pommernsaal wollen, dann gehen sie bitte hier gleich die Treppe hoch, dann rechts den Gang entlang, der direkt am Pommernsaal vorbeiführt." Das gemurmelte "Danke" bekommt der Mann schon nicht mehr mit. Die Besuchergruppe, vier Frauen und drei Männer, junge Erwachsene, die sich im Rahmen eines Seminars der Aktion Sühnezeichen/Friedensdienste auf der Spurenforschung nach Orten des Widerstandes und der Verfolgung wäh-

2 von Weizsäcker 1985, S. 760.
3 Vgl. Kinter u.a. 1985.
4 Richter 1986, S. 262.
5 von Weizsäcker 1985, S. 760.

rend der Nazi-Zeit befinden, setzt sich in Richtung des beschriebenen Weges in Bewegung.

Bevor nun die Geschichte fortgesetzt wird, wollen wir zunächst den Zettel lesen, der ja Anlaß für die Frage nach dem Pommernsaal war:

> "1. Station, ca. 10.30 Uhr:
> Rathaus Charlottenburg, Otto-Suhr-Allee 100, 1000 Berlin 10, am U-Bahnhof Richard-Wagner-Platz.
>
> Anregung:
> Im Rathaus am Eingang zum Pommernsaal sind Bilder von Bürgern aus Charlottenburg zu finden, die in der Nazi-Zeit ermordet worden sind bzw. an den Folgen von Folter und Haft starben. Wie heißen sie? Kanntet Ihr schon einen Namen? Welcher politischen Richtung gehörten sie an? Waren sie berufstätig? Aus welchen Gründen wurden sie von den Nazis verfolgt? Sind Euch noch weitere Bürger aus dem Bezirk bekannt, die damals verfolgt wurden? Warum hängen gerade diese Bilder dort? Vergleicht die Bildaufschriften und stellt Euch noch weitere Fragen, die Ihr Euch im Informationsbüro, in der Pressestelle oder sonst wo im Rathaus beantworten (lassen) könnt.
>
> Bitte:
> Die Straße, die zur Gedenkstätte Plötzensee führt, heißt Hüttig-Pfad. Am Hauseingang in der Seelingstraße 21 ist eine Tafel mit dem Namen Richard Hüttig angebracht, und auch unter den Bildern am Pommernsaal werdet Ihr seinen Namen finden. Bitte versucht herauszufinden, was im Rathaus über R. Hüttig bekannt ist, was an Publikationen zu finden ist."

Soviel zum Inhalt des Zettels, der zu insgesamt acht Stationstexten gehört, die die Gruppe zur Orientierung für ihre Spurensicherung im Bezirk Charlottenburg zuvor erhalten hat. Auf dem Weg zum Pommernsaal stimmt ein Gruppenmitglied leise ein Lied an:

> Maikäfer flieg!
> Dein Vater ist im Krieg,
> deine Mutter ist im Pommernland,
> Pommernland ist abgebrannt,
> Maikäfer flieg."

Danach folgt ein Dialog: "Wo liegt denn überhaupt Pommern?" "Weiß ich nicht, irgendwo zwischen der Sowjetunion und Polen. Es gehört heute jedenfalls nicht zu Deutschland - ich meine nicht zur Bundesrepublik, nicht zur DDR und auch nicht zu Charlottenburg." "Warum heißt dann der Saal Pommernsaal?" Die Antwort bleibt aus. Wie sollte sie auch lauten? Die Gruppe erreicht schließlich den Pommernsaal, verteilt sich vor den Bildern, und jeder liest sich die darunter angebrachten Schildchen durch:

- Richard Hüttig, 18.3.1908/14.6.1934. Als Verurteilter im v.d.Ahé-Prozeß hingerichtet.

- Lic. Dr. Dietrich Bonhoeffer, 4.2.1906/9.4.1945. Ev. Theologe, ermordet in Flossenbürg.

- Ernst Schneppenhorst, 19.4.1881/24.4.1945. Gewerkschaftsführer, Landtagsabgeordneter, Minister a.D., von der SS ermordet im Zellengefängnis Moabit.

... und zwölf weitere Namen. Eins der Bilder zeigt Ernst Heilmann, der als Vorsitzender der SPD-Reichstagsfraktion am 3.4.1940 im KZ Buchenwald ermordet wurde. Alle Namen und Angaben werden von der Gruppe notiert, wobei auffällt, daß bei einigen Titel, Berufsbezeichnung, Parteizugehörigkeit usw. angegeben sind und bei anderen - wie ausgerechnet bei Richard Hüttig - eine Erklärung zu lesen ist, die für diese Besuchergeneration nicht allzuviel aussagt. Grund genug zu erwarten, auf diese Fragen im Rathaus die erhofften Antworten und Ergänzungen zum Tafeltext zu erhalten. Nun erfolgt für die Spurenforschergruppe ein "Akt politischer Bildung", der jeden mündigen Bürger die Hochachtung oder Scheu vor der Behörde vergessen läßt. Zunächst geht es zur Pressestelle, dort - wie an allen folgenden Stellen, an die die Gruppe weiterverwiesen wird - gibt es auf die Fragen immer nur ähnliche Reaktionen: Ratlosigkeit, deutlich gezeigtes Interesse für die jungen Leute; ja Freundlichkeit und dann die Weitervermittlung bis in das Büro des stellvertretenden Bezirksbürgermeisters. Von seiner Sekretärin werden sie schließlich zum Amtsleiter der Verwaltung geschickt. Dort nun hat der Amtsleiter, Herr R., keine Chance, die Gruppe weiterzuvermitteln. Also stellt er sich den wohl erstmals seit den 50er Jahren in diesem hohen Hause wieder gestellten Fragen:

> "Warum fehlen u.a. die Bilder der von den Nazis ermordeten Männer und Frauen der sogenannten 'Roten Kapelle?' Von dieser bedeutenden Widerstandsgruppe wohnten z.B. Mildred und Arvid Harnack in der Fredericiastraße 26a und Libertas und Harro Schulze-Boysen in der Altenburger Allee 14. Warum fehlt Ilse Stöbe aus der Wielandstraße 37? Sie alle wohnten in Charlottenburg, hatten dort ihren Nazi-Prozeß im Dezember 1942 vor dem damaligen Reichskriegsgericht in der Witzlebenstraße 4/10 und wurden wie viele andere in einem zu einer Hinrichtungsstätte eingerichteten ehemaligen Geräteschuppen des Gefängnisses Plötzensee von den Nazis ermordet."

Diese Fragen und Informationen konnten deswegen so differenziert vorgetragen werden, weil sich einige aus der Gruppe zwischenzeitlich schon durch die Stadtbücherei gegraben hatten, bei der Abteilung Volksbildung anfragten und schließlich nach einem Telefonat mit dem Büro des VVN/Verband der Antifaschisten entsprechende Informationen erhielten, die sie in der Kaffeepause den anderen weitergaben. Der Amtsleiter war jedenfalls verblüfft und erinnerte:

> "Damals war doch der Korea-Krieg, es gab den 'Eisernen Vorhang' in Deutschland. Das muß man aus dem Zeitgeist betrachten. Ich spekuliere jetzt nur. Damit Sie mich

nicht falsch verstehen, ich spreche jetzt nicht als Amtsleiter, sondern privat zu Ihnen. Ich glaube, daß sich die demokratischen Parteien in der Auswahl der Bilder völlig einig waren."

Soweit die privaten Ansichten des Amtsleiters. Auch wenn sich damals die demokratischen Parteien einig waren, ist doch die Frage naheliegend: Was hätten die betroffenen Opfer des Naziregimes dazu gesagt? Wie hätten sich diejenigen dazu geäußert, deren Bilder am Pommernsaal hängen? Eine Bildauswahl, die fast unbeachtet, wenige Meter von der Stelle im Rathaus angebracht ist, wo unübersehbar an die "für das Vaterland Gefallenen des 1. und 2. Weltkrieges" in Marmor und durch einen Plastikkranz erinnert wird.

Wir können den im nachhinein befragten Opfern des Naziterrors unterstellen, daß sie geantwortet hätten: "Warum ausgerechnet ich? Warum nicht auch Otto Grüneberg, Otto Bandemann, Konrad Lohn, Philipp Zöllner und die vielen anderen Charlottenburger? Und warum nicht Carl von Ossietzky, Herausgeber der "Weltbühne", aus der Kantstraße 152?"

Da forscht eine Gruppe der Aktion Sühnezeichen/Friedensdienste nach den Spuren der jüngsten Vergangenheit im Rathaus Charlottenburg und erhält durch die nichtbeantworteten Fragen oder durch die unzureichende Darstellung des Widerstandes einen Einblick in einen Bereich unserer Vergangenheit, der eigentlich diejenigen demokratischen Traditionen repräsentiert, die für die gegenwärtige Politik und das gesellschaftliche Leben die allerwichtigste Wertorientierung sein müßte. Sie - die Nachkriegsgeborenen - erfahren durch ihre Spurensuche, daß die Opfer des antifaschistischen Widerstandes und die Verfolgten des Naziregimes - verglichen mit der äußeren Ehre der "Helden des 1. und 2. Weltkrieges" - nicht nur unzureichend geehrt werden. In peinlicher Weise steht dieses Beispiel für die vielen verpaßten Chancen, aus der Vergangenheit die richtigen, humanistisch orientierten Konsequenzen für die Gegenwart zu ziehen. Damit konfrontiert, erfahren unsere Spurenforscher über das persönliche Schicksal der Betroffenen, wie die Lebensbedingungen jener Zeit aussahen und was dazu geführt hat, daß der damals etwa gleichaltrige Richard Hüttig von den Nazis ermordet wurde. Richard Hüttig, geboren am 18.3.1908 in Berlin, war Leiter der Häuserschutzstaffel des "Kampfbundes gegen den Faschismus" in Charlottenburg. Über ihn schreibt Jan Petersen in seinem Buch "Unsere Straße", das er schon während der ersten Jahre der Naziherrschaft über die damaligen Ereignisse der heutigen Krumme Straße schrieb:

> "1. Februar 1934. Heute hat der Prozeß gegen Richard Hüttig und die Genossen seiner Häuserschutzstaffel begonnen. Wie ich schon früher erwähnte, werden sie beschuldigt, bei einem Zusammenstoß mit der SA und SS Mitte Februar vorigen Jahres den SS-Scharführer von der Ahé erschossen zu haben. Der Zusammenstoß erfolgte bei einer der vielen Strafexpeditionen, die die Nazis nach ihrer Machtübernahme in Charlottenburg machten. Unsere Genossen setzten sich damals zur Wehr. Sie besaßen keine Schußwaffen, aber die SA schoß. Dabei wurde von der Ahé tödlich getroffen."

> Am 17. Februar berichtete der "Völkische Beobachter": Es konnte nicht einwandfrei festgestellt werden, daß Hüttig, beziehungsweise wer überhaupt den Schuß abgegeben hat. Hüttig hat jedoch die Kugel gegossen, die das Leben Ahés vernichtete, unbeschadet des Umstandes, aus welchem Lauf sie kam."

Und selbst das Nazi-Gericht mußte zur Kenntnis nehmen, daß der Zeuge, SA-Mann Amor, zuständig war für die "verirrte" Kugel, die von der Ahé tödlich traf. Schließlich stellte die "Nachtausgabe" vom 14. Jan. 1934 selbstherrlich fest: "Ziel des Prozesses ist nicht nur, Sühne zu finden ..., sondern mit allen Machtmitteln des Gesetzes den bolschewistischen Spuk in Charlottenburg restlos auszuräumen."

Soweit erste Ergebnisse einer erforschten Spur, die darauf hinweist, daß R. Hüttig zu den ersten gehörte, an dem die Nazis einen Justizmord verübten. Im Rathaus war darüber nichts zu erfahren, obwohl gerade dort so viele Spuren der Vergangenheit zu sehen sind, wenn man seine Augen davor nicht verschließt. Wenn man beispielsweise aus einem der rückseitigen Rathausfenster hinausschaut, blickt man auf die Straße "Alt-Lietzow". Damals hieß sie Lützower Straße. In der Nr. 10 wohnte nach 1924 Erich Mühsam, und in dem Haus nebenan, dort, wo heute ein Parkplatz ist, wurde am 3.3.1933 der damalige KPD-Vorsitzende Ernst Thälmann verhaftet. Aber nicht nur diese Spuren werden hier sichtbar. Unsere Gruppe findet auch heraus, daß ausgerechnet derjenige, der für die vielen Mordtaten propagandistisch verantwortlich war, ab 1929 Stadtverordneter für Charlottenburg gewesen ist: Josef Goebbels. In "seinem" Bezirk befand sich auch der SA-Mordsturm 33, der mit seinem Terror gegen Kommunisten, Sozialdemokraten, jüdische Bürger und fortschrittliche Intellektuelle mit dazu beitrug, das Naziregime zu etablieren.

Mit diesen Einblicken in die nicht allzuweit zurückliegende Geschichte verläßt unsere Gruppe das Rathaus. In nur wenigen, nahezu abenteuerlichen Stunden haben sie zuvor unbekannte "Geschichtsbücher" aufschlagen können, die ihnen Anstöße für einen geschichtsbewußten Umgang mit der Gegenwart ermöglichten.

Literatur

GALINSKI, Heinz: Beweiszwang für die Opfer, Freispruch für die Täter. In: antifaschistisches magazin der VVN/VdA, 1. Quartal 1987

KINTER, Jürgen u.a.: Spuren suchen. Leitfaden zur Erkundung der eigenen Geschichte, Hamburg 1985

MÜLLER, Henning: Der Bolschewismus ist schuld an Auschwitz. In: antifaschistisches magazin der VVN/VdA, 2. Quartal 1987

RICHTER, Horst E.: Die Chance des Gewissens, Hamburg 1986.

WEIZSÄCKER, Richard von: Ansprache des Bundespräsidenten am 8. Mai 1985. In: Blätter für deutsche und internationale Politik, 30. Jg., 1985,S. 758-768

Es empfiehlt sich, für die praktische Spurenforschung vor Ort entsprechende Publikationsverzeichnisse anzufordern:

Vereinigung der Verfolgten des Naziregimes/
Verband der Antifaschisten (VVN/VdA)
Boddinstraße 64, 1000 Berlin 44

Studienkreis zur Erforschung und Vermittlung der
Geschichte des deutschen Widerstandes e.V.
Rossertstraße 9, 6000 Frankfurt am Main 1

V. Medien/Bibliographie

Audiovisuelle Medien zum Thema Auschwitz

Michael Metto

Didaktische Hinweise

Die in diesem Beitrag vorgestellten Filme sind eine Auswahl aus einem inzwischen umfangreichen audiovisuellen Medienangebot staatlicher und privater Stellen.

Gesichtspunkte für die Auswahl waren die Verbindung der Filme zum Thema "Judenverfolgung und Auschwitz", ihre Eignung für Jugendliche ab vierzehn Jahren sowie die Verfügbarkeit der Medien für Lehrer, Erzieher und Dozenten der Erwachsenenbildung in mindestens einer der nachstehend genannten Institutionen:

- Landesbildstellen,
- Landesfilmdienste,
- evangelische und katholische Medienzentralen, (die in allen Bundesländern vertreten sind),
- Landeszentrale für politische Bildung NRW in Düsseldorf (4000 Düsseldorf 1, Neanderstraße 6),
- Aktion Sühnezeichen/Friedensdienste (Medienzentrale: Hauptstraße 2, 3308 Königslutter-Beienrode).

Wegen der Länge und der Art der Präsentation sollten einige der Filme nicht ohne besondere inhaltliche ("Erscheinungsform Mensch", "Völkermord") oder organisatorische ("Holocaust", "Shoah") Vorbereitung gezeigt werden. Wir sind generell der Meinung, daß besonders bei Jugendlichen der Zugang zum Thema am ehesten über den biographischen Ansatz führt. So wurde Wert auf die Darstellung des Lebensweges von Juden und anderen Verfolgten gelegt. Dahinter steht die Erwartung, daß beim Zuschauer durch die Konzentration auf das Schicksal der Opfer Betroffenheit, Nachdenklichkeit und Fragen ausgelöst werden, die zu politischem Bewußtsein und Handeln führen können. "Erziehung nach Auschwitz" darf sich jedoch nicht nur auf diesen Aspekt beschränken. Der Gesamtüberblick über das

"Dritte Reich" gehört ebenso zum Thema wie die Fragen "Wie konnte es dazu kommen?" und "Wie wurde der Völkermord in der Bundesrepublik bewältigt?" Der Gegenwartsbezug zielt auf die Frage: "Wie gehen wir heute mit Minderheiten um?"

Voraussetzung für eine erfolgreiche pädadogische Arbeit ist die Berücksichtigung des jeweiligen Rahmens, in dem der Film eingesetzt werden soll. Die Auswahl des Films richtet sich dabei nach den in der Gruppe vorhandenen Einstellungen und Kenntnissen. Zunächst muß also geklärt werden, welche Informationen über die Zeit von 1933 bis 1945 bereits vorliegen. Der daraufhin auszuwählende Film sollte eine ausführliche Beschäftigung mit der Nazi-Diktatur, aber auch eine Auseinandersetzung mit den gegenwärtigen faschistischen und antisemitischen Tendenzen ermöglichen.

Thematische Schwerpunkte

Um den Benutzern die Auswahl und den Überblick zu erleichtern, sind die Filme zu sieben thematischen Schwerpunkten zusammengefaßt:

1. NS-Terror gegen Juden 1933 bis 1945

- Gesamtdarstellungen
  - Endlösung (90 Min.)
  - Der gelbe Stern (11 Min.)
  - Der gewöhnliche Faschismus (140 Min.)
  - Die Mitläufer (95 Min.)
  - Nacht und Nebel (32 Min.)
  - Shoah (570 Min.)
  - Völkermord (45 Min.)
- Propaganda
  - 'Der Führer schenkt Juden eine Stadt' (22 Min.)
- Einzelschicksale
  - Dokumentationen
    - Charlotte Salomon (15 Min.)
    - Dr. Eduard Wirths (60 Min.)
    - Pater Maximilian Kolbe (27 Min.)
    - Die Stubenälteste von Block 7 (91 Min.)
    - Zuflucht (58 Min.)
  - Spielfilme
    - Holocaust (429 Min.)
    - Schlaf der Gerechten (111 Min.)
- Konzentrations- und Vernichtungslager
  - Gesamtdarstellungen
    - Nacht und Nebel (32 Min.)

- Auschwitz	- Archäologie (15 Min.) Aus einem deutschen Leben (140 Min.) - Auschwitz - Chronik über die Befreiung des Lagers Auschwitz (20 Min.) - Ausflug nach Auschwitz (38 Min.) - Dr. Eduard Wirths (60 Min.) - Es ging Tag und Nacht, liebes Kind (76 Min.) - Lagerstraße Auschwitz (60 Min.) - Pater Maximilian Kolbe (27 Min.) - Zeugen - Aussagen zum Mord am Volk (242 Min.)
- Bergen-Belsen	- Bergen-Belsen zum Beispiel (45 Min.)
- Buchenwald	- Buchenwald (25Min.)
- Dachau	- Jugend, Widerstand im Dritten Reich (45Min.) - KZ Dachau (21 Min.)
- Majdanek	- Der Prozeß (270 Min.)
- Ravensbrück	- Die Stubenälteste von Block 7 (91 Min.)
- Sachsenhausen	- "... entweder du wirst verrückt oder sachlich" (32 Min.) - KZ-Schergen (33 Min.)
- Theresienstadt	- Brundibar (67 Min.)

2. *Verfolgung anderer Gruppen*

- Buchenwald (25 Min.)
- "... entweder du wirst verrückt oder sachlich" (32 Min.)
- Es ging Tag und Nacht, liebes Kind (76 Min.)

3. *Täter*

- Aus einem deutschen Leben (140 Min.)
- Dr. Eduard Wirths (60 Min.)
- Erscheinungsform Mensch (107 Min.)
- KZ-Schergen (33 Min.)
- Lagerstraße Auschwitz (60 Min.)
- Mein Großvater (45 Min.)
- Der Prozeß (270 Min.)
- Shoah (570 Min.)

4. Widerstand

- Buchenwald (25 Min.)
- Jugend, Widerstand im Dritten Reich (45 Min.)
- Shoah (570 Min.)
- Die Stubenälteste von Block 7 (91 Min.)
- Zuflucht, Berliner Juden im Versteck (58 Min.)

5. Bewältigung und Verdrängung

- Prozesse
  - Erscheinungsform Mensch (107 Min.)
  - KZ-Schergen (33 Min.)
  - Der Prozeß (270 Min.)

- Überlebende und ihre Angehörigen berichten
  - Bergen-Belsen zum Beispiel (45 Min.)
  - Brundibar (67 Min.)
  - Leben nach dem Überleben (60 Min.)
  - Die Stubenälteste von Block 7 (91 Min.)
  - Zeugen - Aussagen zum Mord an einem Volk (242 Min.)
  - Zuflucht, Berliner Juden im Versteck (58 Min.)

- Juden in der Bundesrepublik Deutschland
  - Im Land meiner Eltern (86 Min.)

- Auseinandersetzung mit der NS-Zeit in der Bundesrepublik Deutschland
  - Ausflug nach Auschwitz (38 Min.)
  - Jetzt - nach so vielen Jahren (62 Min.)
  - Mein Großvater (45 Min.)
  - Die Mitläufer (95 Min.)

6. Neonazismus in der Bundesrepublik Deutschland

- Der Braun-Bericht (60 Min.)

7. Minderheiten in der Bundesrepublik Deutschland

- Ausländer raus? (63 Min.)

Filme in alphabetischer Titelfolge

Nicht alle Filme sind in allen Bundesländern verfügbar. Ein genauer Nachweis ist nicht möglich. In den meisten Fällen ist es sinnvoll, in den jeweiligen Landesbildstellen, Landesfilmdiensten oder kirchlichen Medienzentralen nachzufragen. Die Produktionen des FWU (Institut für Film und Bild in Wissenschaft und Unterricht) - erkennbar an einer einheitlichen Verleih-Nummer - sind in allen Landesbildstellen erhältlich. Die Filme der Bundeszentrale für politische Bildung werden ebenfalls an alle Landesbildstellen und Landesfilmdienste gegeben. Sie werden in der nachfolgenden Zusammenstellung gekennzeichnet mit *FWU* und *Verleih-Nummer* bzw. mit *BZ* = Bundeszentrale für politische Bildung.

Archäologie
16 mm, 15 min, sw
Regie: Andrzej Brzozowski
Produktion: Polnische Akademie der Wissenschaften, Lodz, Polen, 1967

Dokumentarfilm über Ausgrabungsfunde auf dem Gelände des KZ Auschwitz. Harmlos anmutende Bilder von den Ausgrabungsarbeiten wechseln ab mit Aufnahmen der Funde - Brillen, Kämme, Schuhe.

Aus einem deutschen Leben
16 mm, 140 min, f, Magnetton
Regie: Theodor Kotulla
Produktion: Iduna/WDR, BRD, 1976

Nach dem Roman "Der Tod war mein Freund" von Robert Merle. - Exemplarische Stationen des Lebensweges des Franz Lang (alias Rudolf Höß), der 1941 von Himmler auf Grund seiner 'Karriere' zum Kommandanten von Auschwitz ernannt wurde. Deutlich wird, wie ein völlig 'normaler' Mensch aus fanatischem Obrigkeitsglauben und absoluter Autoritätshörigkeit zum Massenmörder wird.

Auschwitz - Chronik über die Befreiung des Lagers Auschwitz (Oświecim)
16 mm, 20 min, sw
UdSSR, 1945

Ein sowjetisches Kamerateam filmte die Befreiung des Lagers Auschwitz 1945. Vor einer Ärztekammer geben ehemalige Häftlinge die nazistischen Verbrechen zu Protokoll.

Ausflug nach Auschwitz
16 mm, 38 min, sw
Regie: Ulrich Leinweber
Produktion: Alwin Meyer

Reaktionen bundesdeutscher Touristen im ehemaligen KZ Auschwitz. Dokumentiert wird eine erschreckende Geschichtslosigkeit quer durch alle Altersgruppen.

Ausländer raus? - Ein Ort in Deutschland
Video, 63 min, f
Regie: Yoash Tatari
BRD, 1982

Am Beispiel der westfälischen Stadt Rheda-Wiedenbrück wird die Situation ausländischer Arbeitnehmer in der Bundesrepublik Deutschland dokumentiert. Interviews mit Ausländern und Deutschen zeigen heutige Probleme und historische Entwicklungen.

Bergen-Belsen zum Beispiel
Video, 45 min, f und sw
Regie: Jürgen Corleis
Produktion: NDR, SFB
BRD, 1985

Die Befreiung des KZ Bergen-Belsen in Originalaufnahmen. Zeitzeugen berichten, u.a. ein Kommandant der britischen Truppen.

Der Braun-Bericht
16 mm, 60 min, sw
Regie: Ulrich Leinweber
BRD, 1977

Ein Bericht über rechtsradikale und neonazistische Gruppen in der Bundesrepublik Deutschland von 1976 bis 1977. Der Rechtsanwalt Manfred Roeder spricht vor Mitgliedern seiner 'Deutschen Bürgerinitiative' von der geschichtlichen Verleumdung Deutschlands und von der 'Auschwitz-Lüge'. Der Gründer und Vorsitzende der 'Deutschen Nationalzeitung' lobt im Münchner Bürgerbräu-Keller das erzieherische Vorbild des 'Kriegshelden' Oberst a.D. Rudel. Zum 'Gedenken' an die 1945 hingerichteten Hauptkriegsverbrecher legt Manfred Roeder einen Kranz nieder.

Brundibar - Die Kinderoper von Theresienstadt
FWU: 32 0890
16 mm, 49 min, sw
Regie: Walter Krüttner
Produktion: Cineropa-Film
BRD, 1965

Überlebende des KZ Theresienstadt und der seinerzeit in der Emigration lebende Librettist Zdenek Omest berichten über die Entstehung der Kinderoper und die denkwürdig gewordenen Aufführungen in den Jahren 1943 bis 1945. Die Augenzeugenberichte werden illustriert durch Aufnahmen von Theresienstadt aus dem Jahre 1965. Angeschlossen ist die Aufzeichnung einer Wiederaufführung des Werkes durch einen tschechischen Kinderchor in Prag 1965.

Buchenwald
16 mm, 25 min, f und sw
Regie: Jochen Bauer
Produktion: Chronos-Film
BRD, 1976

Dokumentation. Anwohner Weimars werden 1945 von US-Soldaten zwangsweise durch das KZ Buchenwald geführt. Aufnahmen über die Lebensbedingungen im KZ Buchenwald. Erwähnt wird die geheime Widerstandsorganisation der Häftlinge. Am Schluß des Films folgen Bilder der Verantwortlichen vor einem amerikanischen Militärgericht.

Charlotte Salomon - Ein Tagebuch in Bildern (1917-1943)
16 mm, 15 min, f
Regie: Curt Linda, Gerhard Schoenberner
Produktion: Linda-Film-Produktion
BRD, 1972

Notizen und Zeichnungen des jüdischen Mädchens Charlotte Salomon zwischen 1933 und 1943. Illustriert wird eine zunächst fröhliche, dann bedrückender werdende Jugendzeit in Deutschland, die von Angst und Sorge begleitete Flucht nach Frankreich und schließlich das bittere Ende in einem Vernichtungslager. - Das Private steht im Mittelpunkt der meisten Bilder, das zeitgeschichtliche Geschehen wird nur selten dokumentiert.

Dr. Eduard Wirths - Standortarzt von Auschwitz
16 mm, 60 min, f
Regie: Rolf Orthel
Produktion: Rolf Orthel für IKON-Fernsehen
Niederlande, 1975

Dr. Wirths soll dem nationalsozialistischen Vernichtungslager gegen seinen Willen gedient haben. Er beging 1945 Selbstmord. In Gesprächen mit ehemaligen Häftlingen des KZ Auschwitz sowie mit seinen Angehörigen wird der Frage nachgegangen, was für ein Mensch Dr. Wirths war und worin die Motive seines Handels lagen.

Endlösung - Judenverfolgung in Deutschland 1933-1945
BZ
16 mm, 90 min, f und sw
Regie: Paul Karalus
Produktion: WDR
BRD, 1978

Den Schwerpunkt dieser Dokumentation bilden filmische und wissenschaftliche Zeugnisse und Augenzeugenberichte von Überlebenden der Judenverfolgung. Im Mittelpunkt stehen: die sogenannte Reichskristallnacht, die Einsatzkommandos, Theresienstadt, der Aufstand im Warschauer Ghetto und Auschwitz.

"... entweder du wirst verrückt oder sachlich" - (Berichte aus dem KZ Sachsenhausen)
Video, 32 min, sw
Regie: Lutz Gregor
BRD, 1985

Persönliche Erlebnisberichte ehemaliger KZ-Insassen und historisches Film- und Fotomaterial geben am Beispiel des KZ Sachsenhausen Einblick in das Alltagsleben im KZ.

"Erscheinungsform Mensch": Adolf Eichmann
16 mm, 107 min, f
Regie: Rolf Defrank
Produktion: aurora-television
BRD, 1979

In Interviews äußern sich Israelis über den 1962 in Israel hingerichteten Leiter des Judenreferats beim Reichssicherheitshauptamt während der Nazi-Diktatur in Deutschland. Eichmanns Äußerungen, die bei der Vernehmung auf Tonband aufgenommen wurden, werden eingespielt. Betroffene Juden berichten von der Lagerhaft. - Der Film setzt einige Vorkenntnisse voraus.

Es ging Tag und Nacht, liebes Kind
Video, 76 min, f
Regie: Kathrin Seibold, M. Spitta
Produktion: Barfuss-Film
BRD, o.A.

Wanda Prenden, eine Sinteza, erzählt über den Abtransport und die Zustände in Auschwitz. Hans Braun, ein Überlebender, stellt Sintifamilien vor, die über ihre Leiden berichten. Eine Familie spricht nach einer gemeinsamen Reise nach Auschwitz mit den Kindern über den Lagerbesuch.

"Der Führer schenkt den Juden eine Stadt"
Bericht über einen Propagandafilm
FWU: 32 02240
16 mm, 22 min, sw
Regie: W. Bronkamp
Produktion: FWU
BRD, 1971

Film des Reichspropagandaministeriums über das Ghetto und Durchgangslager Theresienstadt aus dem Jahre 1944. Mit idyllischen Bildern sollte ein angenehmes Leben im Lager vorgetäuscht werden. In der FWU-Bearbeitung wird versucht, auch über das wahre Leben im KZ Theresienstadt 1944 zu berichten. Aufnahmen vom heutigen Theresienstadt ergänzen den Bericht.

Der gelbe Stern
BZ
16 mm, und Video, 11 min, sw
Regie: W. Klett
Produktion: Gerhard Schoenberner
BRD, 1981

Die Geschichte der Juden in Europa von 1933 bis 1945. Eine Fotomontage nach der gleichnamigen Buchvorlage von Gerhard Schoenberner.

Der gewöhnliche Faschismus
16 mm, 140 min, sw
Regie: Michail Romm
Produktion: Mosfilm
UdSSR, 1965

Engagierte Analyse des Faschismus aus sowjetischer Sicht. In sechzehn Kapiteln werden historische Filmmaterialien aus den Archiven des 'Dritten Reiches' sowie aus anderen Quellen zusammengestellt und mit einem teilweise ironisierenden Kommentar versehen. Schwerpunkt der Darstellung ist nicht die genaue Wiedergabe des historischen Verlaufs, sondern der Versuch, aus verschiedenen Blickwinkeln den Faschismus als ein Kollektivphänomen zu verstehen. Die Wurzeln des Faschismus sieht Romm in der Wechselwirkung von historischen, ökonomischen, sozialen und psychischen Faktoren.

Holocaust
Video, 429 min, f
Regie: Marvin Chomsky
Produktion: Worldvision Enterprises Inc.
USA, 1977

'Holocaust' (Massenvernichtung) erzählt die Geschichte der Mörder und ihrer Opfer am Beispiel des Nazi-Juristen Erik Dorf und anhand des Schicksals der jüdischen Familie Weiß. - Videofilm in der für Fernsehserien typischen Form.

Im Land meiner Eltern
Video, 86 min, f
Regie: Jeanine Meerapfel
Produktion: WDR
BRD, 1981

Die Autorin wurde als deutsch-jüdisches Kind in Argentinien geboren. Im Jahre 1964 kam sie in die Bundesrepublik Deutschland. Auf der Suche nach den Wurzeln ihrer jüdischen Identität wird sie konfrontiert mit der bundesdeutschen Realität. Im Film äußern sich mehrere prominente Juden über ihr Leben in der Bundesrepublik. Der Film versteht sich als Antwort auf Lea Fleischmann: 'Dies ist nicht mein Land.'

Jetzt - nach so viel Jahren
Ein Dorf mit zwei Gesichtern - Rhina
16 mm, 62 min, f
Regie: Harald Lüders, Pavel Schnabel
Produktion: Pavel Schnabel Filmproduktion
BRD, 1981

Bürger des nordhessischen Dorfes Rhina, das bis in die dreißiger Jahre zur Hälfte von Juden bewohnt wurde, werden nach den jüdischen Mitbewohnern von damals befragt. Anschließend werden einige von diesen, die seitdem in Amerika leben, interviewt. Zuletzt sieht man, wie die heutigen Bewohner von Rhina auf die Äußerungen ihrer ehemaligen Mitbürger reagieren.

Jugend - Widerstand im Dritten Reich
Es gab nicht nur den 20. Juli
16 mm, 45 min, f und sw
Regie: Paul Karalus
Produktion: Rhewes Produktion
BRD, 1978

Dritte Folge der vierteiligen Fernsehdokumentation 'Widerstand'. Eingangs berichtet der ehemalige Düsseldorfer Jugendkaplan Hermann Richarz vom Widerstand seiner Gemeindejugend. Richarz kam später ins KZ Dachau. Im weiteren wird über die Kölner 'Edelweißpiraten' berichtet.

KZ Dachau
16 mm, 21 min, sw
Regie und Produktion: Georg Schimanski
BRD, 1969

Bericht über das KZ Dachau von der Errichtung im Jahre 1933 bis zur Befreiung der Gefangenen durch die Amerikaner.

KZ-Schergen
Sorge-Schubert-Prozeß
BZ
16 mm, 33 min, sw
Produktion: WDR
BRD, 1958/59

Die ehemaligen SS-Aufseher im KZ Sachsenhausen Wilhelm Schubert und Gustav Sorge hatten sich von Oktober 1958 bis Februar 1959 vor dem Landgericht Bonn zu verantworten. - Filmaufnahmen vom Prozeß.

Lagerstraße Auschwitz
Video, 60 min, f
Regie: Ebbo Demant
Produktion: WDR
BRD, 1979

Drei Täter und zwei Opfer werden befragt: Die Täter sind die letzten 1979 noch lebenden Verurteilten des Frankfurter Auschwitz-Prozesses: Josef Erber, Unteroffizier bei der Lager-Gestapo; Josef Kehr, Sanitäter im Block 20, dem Häftlingskrankenhaus; Oswald Kaduk, Rapportführer. Bei den Opfern, die Auschwitz wie durch ein Wunder überlebten, handelt es sich um Dr. Stanislaw Klodzinski, damals Häftlingspfleger im Block 21 und um Mieczyslaw Kieta, Häftling Nr. 59590.

Leben nach dem Überleben: Jüdische Schicksale nach dem Holocaust
FWU: 42 00 397
Video, 60 min, f
Regie: Erwin Leiser, Vera Leiser
Produktion: ZDF
BRD, 1982

Der Fernsehfilm 'Holocaust' war für den Journalisten Kurt Kister aus Dachau der Anlaß, sich intensiver mit der Geschichte seiner Familie zu beschäftigen. Mit detektivischer Genauigkeit ging Kister den Spuren seines Großvaters nach, sammelte Zeugnisse und Zeugenaussagen, die ihm Aufschluß gaben über seinen Großvater, aber auch über den Ort, an dem dieser täglich 'zur Arbeit' ging - das KZ Dachau.

Die Mitläufer
BZ
FWU: 42 00 712
16 mm, 95 min, f
Regie: Eberhard Itzenplitz, Oliver Storz
Produktion: E.M.L.-Film- und Fernsehproduktion
BRD, 1984

In 10 Episoden werden Menschen gezeigt, die sich auf sehr unterschiedliche Art und Weise mit dem NS-Regime arrangierten. Dabei wird der Zuschauer angeregt, einzuschätzen, wie er sich damals verhalten hätte.

Nacht und Nebel
16 mm, 32 min, sw
Regie: Alain Resnais
Produktion: Como und Argos
Frankreich, 1956

Dokumentation der Greuel der nationalsozialistischen Konzentrationslager. Vermittelt wird dabei auch ein Eindruck vom Zustand der verlassenen Lager im Jahre 1956. Der Regisseur versucht, den Alltag im Lager vorstellbar zu machen.

Pater Maximilian Kolbe
16 mm, 27 min, sw
Regie: Pjotr Friedrich
Produktion: Polnisches Fernsehen
Polen, 1972

Dokumentation über Leben und Sterben des polnischen Franziskanerpaters Maximilian Kolbe, der im August 1941 im KZ Auschwitz für einen Mithäftling freiwillig in den Tod ging.

Der Prozeß -
Eine Darstellung des Majdanek-Verfahrens in Düsseldorf
FWU: 42 00 587, 42 00 588, 42 00 589
Video, 3 Teile, je 90 min
Regie: Eberhard Fechner
Produktion: NDR
BRD, 1983

Rekonstruiert wird der fast sechsjährige Prozeß gegen ehemalige Mitglieder der Kommandantur bzw. der Aufsicht im KZ Majdanek bei Lublin, die wegen Mordes angeklagt wurden. Anhand von Zeugenaussagen sowie mit Hilfe von Bild- und Filmdokumenten wird ein eindringliches Bild von den Vorgängen im Lager von 1941 bis 1944 gegeben.

Schlaf der Gerechten
16 mm, 111 min, sw
Regie: Rolf Hädrich
Produktion: Bavaria Atelier
BRD, 1962

Spielfilm nach Albrecht Goes' Novelle 'Das Brandopfer'. Die Inhaberin eines Metzgerladens wird von der Parteileitung dazu ausersehen, ihren Laden allen noch in der Kleinstadt verbleibenden Juden zu öffnen. Sie und ihr Mann gelten als zuverlässige Nationalsozialisten. Mit großem Unbehagen fügt sich die Frau der Anordnung. Sie hat noch nie in ihrem Leben etwas mit Juden zu tun gehabt und sich um Politik bisher nicht gekümmert. - Nach und nach beginnt sie, der jüdischen Bevölkerung aktiv zu helfen.

Shoah
BZ
Video, 570 min, f
Regie: Claude Lanzmann
Produktion: WDR
Frankreich, 1985

Shoah (hebräisch für 'großes Unheil') konfrontiert uns mit der Judenverfolgung, ohne auf historisches Filmmaterial zurückzugreifen. Lanzmann hat die Orte der Vernichtung besucht, Täter und Opfer aufgesucht. Die überlebenden Opfer werden von ihm bis an die Grenze des Erträglichen befragt: Er zwingt sie zu berichten, was sich in den Todesfabriken abspielte. Er bringt die Täter zum Sprechen, läßt sie minutiös vom technischen Ablauf des Mordens berichten. Historiker versuchen, die Mechanismen der Vernichtung zu erklären. Beteiligte schildern, wie der Versuch des Widerstandes organisiert wurde.

Die Stubenälteste von Block 7: Frauenkonzentrationslager Ravensbrück
FWU: 42 00 372
Video, 91 min, f
Regie: Norbert Scherdin
Produktion: CIKON Filmproduktion
BRD, 1983

Die Berlinerin Erna Lugebiel und ihre Tochter berichten über ihr Leben in der Weimarer Republik und in der NS-Zeit. Im Mittelpunkt der Schilderung ihrer Erlebnisse stehen ihr Widerstand und ihre Hilfe für Verfolgte sowie ihre spätere Inhaftierung im Frauenkonzentrationslager Ravensbrück.

Völkermord
FWU: 42 00 075
Video, 45 min, f
Regie: Michael Darlow
Produktion: Thames Television
Großbritannien, 1979

Die aus europäischen und amerikanischen Archiven zusammengestellte Dokumentation gibt einen umfassenden Überblick über die Judenverfolgung im Dritten Reich. - Vorkenntnisse sind erforderlich.

Zeugen - Aussagen zum Mord an einem Volk
Video, 242 min, f
Regie: Karl Fruchtmann
Produktion: Radio Bremen
BRD, 1981

Überlebende Juden schildern eindringlich ihre Erinnerungen an ihre Deportation sowie die Einlieferung in das KZ Auschwitz, das Leben im Lager, die Ermordung von Angehörigen und anderen Mithäftlingen. Abschließend sprechen sie von ihren Gefühlen heute, auch gegenüber Deutschen, und fragen nach Gott sowie nach ihrem Glauben an den Menschen.

Zuflucht - Berliner Juden im Versteck
Video, 58 min, f
Regie: Carl-Ludwig Paeschke, Heiko Roskamp
Produktion: ZDF
BRD, 1985

Nach beinahe 40 Jahren schildern Juden, die die nationalsozialistische Zeit in Berlin überleben konnten, vor der Kamera ihre heimliche Existenz. Noch einmal besuchen sie ihre Verstecke. Eindringlich beschreiben sie ihre Verzweiflung, aber auch ihre Hoffnung, die ihnen Tag für Tag den Willen zum Überleben gab.

Auschwitz 1940 bis 1945 - eine kommentierte Auswahlbibliographie

Jochen August

Diese Auswahlbibliographie stellt Veröffentlichungen über das Konzentrations- und Vernichtungslager Auschwitz-Birkenau vor, die einen Überblick über seine Geschichte, häufig angesprochene Einzelfragen und das Schicksal der in ihm inhaftierten Menschen geben. Dabei handelt es sich um Publikationen, die als einführende Literatur empfohlen werden können. Es geht hier nicht darum, die Forschungs- und Erinnerungsliteratur über das Konzentrations- und Vernichtungslager Auschwitz-Birkenau umfassend zu besprechen, sondern vor allem solche Arbeiten und Berichte aufzuführen, die - ganz oder in Auszügen - als Arbeitsmaterial und Lektüre für die Bildungsarbeit innerhalb und außerhalb der Schule geeignet sind. Die Auswahl beschränkt sich - von Ausnahmen abgesehen - auf deutschsprachige Bücher. Weitere Veröffentlichungen lassen sich über die am Schluß genannten Bibliographien ermitteln.

Bücher, die nach Einschätzung des Verfassers als Einführungen in das Thema vor allem interessierten Jugendlichen einen Zugang zum Schicksal der in Auschwitz inhaftierten und ermordeten Menschen eröffnen können, sind durch ein * hervorgehoben.

Bis heute unübertroffen sind zwei Bücher, die sowohl einen Überblick über die Geschichte des Konzentrationslagers Auschwitz als auch über die Lage der Häftlinge geben:

* **Auschwitz. Zeugnisse und Berichte.** Hrsg. von H[ans] G[ünther] Adler, Hermann Langbein, Ella Lingens-Reiner. Frankfurt am Main 1962 [gekürzte und ergänzte Neuausgaben: Köln und Frankfurt am Main 1979; Frankfurt am Main 1984].

Die Herausgeber - selbst ehemalige Häftlinge in Auschwitz und anderen Konzentrationslagern - haben Berichte von Häftlingen gesammelt. Durch ergänzende Dokumente und Anmerkungen, Zwischentexte zur Geschichte des Lagers und eine Zeittafel entsteht eine knappe, eindrucksvolle Darstellung.

* Hermann **Langbein:** Menschen in Auschwitz. Wien 1972

stellt einleitend die Geschichte des Lagers dar und widmet sich dann auf jeweils etwa 200 Seiten dem Schicksal der Häftlinge und ihren Peinigern, den SS-Männern und -Führern, die das KZ Auschwitz-Birkenau organisierten und bewachten. Der

Verfasser stützt sich dabei sowohl auf die Erfahrungen, die er als Häftling machen mußte als auch auf seine jahrzehntelange Auseinandersetzung mit dem Thema.

Als Einführung besonders zu empfehlen ist weiterhin das Buch von

* Christoph **Heubner**, Alwin **Meyer**, Jürgen **Pieplow**: Gesehen in Auschwitz: Lebenszeichen. Bornheim-Merten 1979.

Es enthält kurze Texte über den Lebensweg einzelner Häftlinge, knappe Informationen über die Geschichte des Lagers, Dokumente und Bilder, die Häftlinge in Auschwitz und nach ihrer Befreiung zeichneten, sowie Reflexionen aus der Gegenwart.

Eine umfassende Gesamtdarstellung des Konzentrationslagers Auschwitz, seiner Geschichte und des Schicksals seiner Häftlinge steht noch aus. Historikerinnen und Historiker aus der Gedenkstätte Auschwitz - Danuta Czech, Tadeusz Iwaszko, Barbara Jarosz, Franciszek Piper, Kazimierz Smoleń und Andrzej Strzelecki - haben 1977 zuerst in Polnisch eine Zwischenbilanz vorgelegt, die in sechs Kapiteln die Geschichte des Konzentrationslagers, die Lage der Häftlinge, die Massentötungen, die Menschenversuche der SS-Ärzte, die Widerstandstätigkeit der Häftlinge, die Befreiung des Lagers durch die Sowjetische Armee und schließlich die Strafverfahren gegen Angehörige der Lagerführung und der Wachmannschaft darstellt:

* **Auschwitz. Geschichte und Wirklichkeit des Vernichtungslagers.** Reinbek bei Hamburg 1980 (=rororo sachbuch 7330); textidentisch mit: Auschwitz. Faschistisches Vernichtungslager. 2. erw. und verb. Auflage, Warschau 1981.

Bereits zuvor erschien, auch in deutscher Sprache, ein knapper Überblick mit Aufsätzen von Kazimierz Smoleń, Danuta Czech, Franciszek Piper und Andrzej Strzelecki:

Kazimierz **Smoleń** (Red.): Ausgewählte Probleme aus der Geschichte des KL Auschwitz. Oświecim 1978.

Die seit 1957 erscheinende wissenschaftliche Publikationsreihe der Gedenkstätte Auschwitz "Zeszyty Oswiecimskie" (bis 1988 neunzehn Hefte und drei Sonderausgaben) wird seit 1959 auch in einer deutschsprachigen Ausgabe veröffentlicht: *"Hefte von Auschwitz"*. Diese Hefte enthalten grundlegende Forschungsarbeiten vor allem der wissenschaftlichen Mitarbeiter der Gedenkstätte Auschwitz über die Geschichte des Lagers und das Schicksal der Häftlinge, Darstellungen der 39 Nebenlager, Erinnerungsberichte sowie Quellenpublikationen - darunter auch Aufzeichnungen von Häftlingen aus dem Sonderkommando, das Tagebuch des SS-Arztes Johann Kremer und Erinnerungen des SS-Mannes Pery Broad.

Hefte von Auschwitz. Red.: Kazimierz Smolen [u.a.] H. 1-17, Sonderheft I., Oświecim 1959-1985.

Die grundlegenden Tatsachen über den Massenmord an Juden in Auschwitz und den anderen Tötungszentren sind knapp und gründlich dargestellt in:

Ino **Arndt**/Wolfgang **Scheffler**: Organisierter Massenmord an Juden in nationalsozialistischen Vernichtungslagern. Ein Beitrag zur Richtigstellung apologetischer Literatur. In: Vierteljahreshefte für Zeitgeschichte 24, 1976, S. 105-135; Wiederabdruck u.a. in: Nationalsozialistische Diktatur 1933-1945. Eine Bilanz. Bonn bzw. Düsseldorf 1983, S. 539-571.

Über den Ablauf des Massenmords in Auschwitz wird berichtet in:

Franciszek **Piper**: Ausrottung. In: Auschwitz. Geschichte und Wirklichkeit des Vernichtungslagers, a.a.O., S. 93-141 und **Nationalsozialistische Massentötungen durch Giftgas.** Eine Dokumentation. Hrsg. von Eugon Kogon, Hermann Langbein, Adalbert Rückerl [u.a.], Frankfurt am Main 1983 [Auschwitz: S. 194-239].

Die in den Nachkriegsjahren bei den Ruinen der Krematorien in Auschwitz-Birkenau gefundenen Aufzeichnungen von Mitgliedern des Häftlings-Sonderkommandos, das die Leichen der Ermordeten aus den Gaskammern holen und verbrennen mußte, sind erschütternde Augenzeugenberichte. Die Gedenkstätte Auschwitz hat sie, ergänzt durch die im April 1945 zu Protokoll gegebene Aussage eines überlebenden Angehörigen des Sonderkommandos, Anfang der siebziger Jahre auch in deutscher Sprache veröffentlicht:

"Inmitten des grauenvollen Verbrechens". Handschriften von Mitgliedern des Sonderkommandos. Oświecim 1972 (=Hefte von Auschwitz. Sonderheft I). [Eine weitere, 1970 aufgefundene Handschrift eines Häftlings aus dem Sonderkommando, von dem lediglich bekannt ist, daß er mit Vornamen Lejb hieß, wurde 1973 in "Hefte von Auschwitz" 14, S. 5-71, veröffentlicht.]

Eine Gruppe ehemaliger Häftlinge und Ärzte in Krakau, 60 km von Auschwitz entfernt, hat seit Ende der fünfziger Jahre Erinnerungen an Auschwitz zusammengetragen und Untersuchungen über Krankheiten im Lager, die gesundheitlichen Auswirkungen des KZ auf die Häftlinge und die Spätfolgen der KZ-Haft durchgeführt. Eine Auswahl dieser Berichte, z.B. über den Hunger im KZ, den sogenannten Krankenbau, das Frauenlager in Birkenau, über die Träume der Häftlinge im Lager und im Leben danach oder die Sprache im KZ sowie polnische Forschungen über die bis in die heutige Zeit reichenden Spätfolgen der KZ-Haft, ist jetzt ins Deutsche übersetzt worden:

Die Auschwitz-Hefte. Texte der polnischen Zeitschrift "Przeglad Lekarski" über historische, psychische und medizinische Aspekte des Lebens und Sterbens in Auschwitz, Bd. 1, 2, Weinheim, Basel 1987.

Darstellungen über die Geschichte des Konzentrationslagers Auschwitz entstanden auch im Zusammenhang mit der Berichterstattung über den *Frankfurter Auschwitz-Prozeß* (1963-1965) gegen ehemalige Angehörige der Führung und der Wachmannschaft des Lagers. Es muß betont werden, daß unser Wissen über Auschwitz und die anderen nationalsozialistischen Zentren der Vernichtung ohne die engagierte und kompetente Ermittlungsarbeit eines großen Teils der damit befaßten Untersuchungsrichter und Staatsanwälte, die sich eben nicht auf eine historische Grundlagenforschung stützen konnten, sehr viel geringer wäre. Zu nennen ist hier vor allem die zweibändige Dokumentation der Zeugenaussagen aus dem ersten Frankfurter Auschwitz-Prozeß:

Hermann **Langbein:** Der Auschwitz-Prozeß. Eine Dokumentation. Wien 1965.

Ergebnis kontinuierlicher journalistischer Berichterstattung, ebenfalls über den ersten Frankfurter Auschwitz-Prozeß, ist:

Bernd **Naumann:** Auschwitz. Bericht über die Strafsache gegen Mulka und andere vor dem Schwurgericht Frankfurt. Frankfurt am Main, Bonn 1965.

Das Urteil des Landgerichts Frankfurt am Main vom 19./20. August 1965 in der Strafsache gegen Robert Mulka und andere (*Erster Frankfurter Auschwitz-Prozeß*) selbst ist veröffentlicht in:

Justiz und NS-Verbrechen. Sammlung deutscher Strafurteile wegen nationalsozialistischer Tötungsverbrechen 1945-1966. Bd. XXI, Amsterdam 1979, S. 381-835; vgl. auch S. 838-887.

Veröffentlicht worden ist auch das Teilprotokoll des Prozesses gegen einen der Lagerärzte des Konzentrationslagers Auschwitz-Birkenau, der 1966 in Berlin durchgeführt wurden:

Schuldig im Sinne des Rechts und des Völkerrechts. Auszüge aus dem Protokoll des Prozesses gegen den KZ-Arzt [Horst] Fischer vor dem Obersten Gericht der DDR. Hrsg. von der Arbeitsgruppe der ehemaligen Häftlinge des Konzentrationslagers Auschwitz beim Komitee der Antifaschistischen Widerstandskämpfer in der Deutschen Demokratischen Republik und dem Nationalrat der Nationalen Front des demokratischen Deutschland, Berlin o.J. [1966].

Die einleitend genannten Publikationen enthalten autobiographische Materialien ehemaliger Häftlinge und sind gerade deshalb zu empfehlen; daneben soll aber noch auf weitere *Erinnerungsberichte* hingewiesen werden. Es ist nicht möglich, sich die etwa 405 000 im Konzentrationslager Auschwitz registrierten Häftlinge und die ungeheuerliche Zahl der Menschen vorzustellen, die sofort nach ihrer Ankuft im Lager, ohne erst eine Nummer bekommen zu haben, in den Gaskammern getötet wurden, als einzelne, als konkrete Männer, Frauen und Kinder. Dies unter anderem macht es auch so schwer, das Wissen über Auschwitz weiterzugeben. Für die SS-Leute waren die Häftlinge nach der Registrierung lediglich Nummern; in den Erinnerungen treten aus der großen Zahl der Häftlinge einzelne Menschen hervor, deren Berichte einen Zugang zu den Geschehnissen in Auschwitz eröffnen. So heißt ein polnischer Sammelband mit Erinnerungen, der nicht ins Deutsche übersetzt wurde, treffend: "Die Nummern sprechen." Heute ist nur noch ein kleiner Teil der 1945 befreiten ehemaligen Häftlinge am Leben, und Jahr für Jahr wird die Zahl derer kleiner, die über ihre Erlebnisse berichten können. Um so wichtiger ist es, daß aussagekräftige und eindrucksvolle Erinnerungsberichte zugänglich sind - auch in deutscher Sprache - und daß diese Erfahrungen für die Zukunft festgehalten werden. Neben dem bereits erwähnten Sammelband "Auschwitz. Zeugnisse und Berichte" wird besonders hingewiesen auf:

Erinnerungen Auschwitzer Häftlinge. Oświecim o.J. [um 1969] [Władysław Fejkiel, Jozef Kret, Zofia Posmysz, Gracjan Fijałkowski, Alfred Fiderkiewicz, Czesław Ostańkowicz, Maria Elzbieta Jezierska, Jan Maria Gisges].

Lucie **Adelsberger**: Auschwitz. Ein Tatsachenbericht. Das Vermächtnis der Opfer für uns Juden und für alle Menschen. Berlin 1956. [Die Verfasserin berichtet u.a. über das "Zigeunerlager" in Birkenau.]

Viktor E. **Frankl**: Ein Psychologe erlebt das Konzentrationslager. Wien 1946. [Neuausgabe: ... trotzdem Ja zum Leben sagen. München 1980.]

Doris **Fürstenberg** (Hrsg.): Jeden Moment war dieser Tod. Interviews mit jüdischen Frauen, die Auschwitz überlebten. Eine Dokumentation. Düsseldorf 1986.

Jörn-Erik **Gutheil** [u.a.] (Hrsg.): Einer muß überleben. Gespräche mit Auschwitz-Häftlingen. Düsseldorf 1984 [Hermann Langbein, Heinz Brandt, Hugo Franz, Willi Kessler, Otto Küsel, Abraham Matuszak, Hermann Reineck].

Benedikt **Kautsky**: Teufel und Verdammte. Erfahrungen und Erkenntnisse aus sieben Jahren in deutschen Konzentrationslagern. Zürich 1946.

Wiesław **Kielar**: Anus Mundi. Fünf Jahre Auschwitz. Frankfurt am Main 1979.

Hermann **Langbein**: Die Stärkeren. Ein Bericht aus Auschwitz und anderen Konzentrationslagern. Köln 1982 [zuerst Wien 1949].

Primo **Levi**: Ist das ein Mensch? Frankfurt am Main, Hamburg 1961.

Ella **Lingens-Reiner**: Eine Frau im Konzentrationslager. Wien 1966 (=Monographien zur Zeitgeschichte).

Filip **Müller**: Sonderbehandlung. Drei Jahre in den Krematorien und Gaskammern von Auschwitz. München 1979.

Ana **Novac**: Die schönen Tage meiner Jugend ... Reinbek bei Hamburg 1967.

Hermann **Sachnowitz**: Auschwitz. Ein norwegischer Jude überlebte. Von Arnold Jacoby aufgeschrieben. Frankfurt am Main, Wien, Zürich 1980.

Grete **Salus**: Eine Frau erzählt. Bonn 1958 (=Schriftenreihe der Bundeszentrale für Heimatdienst. H. 36).

Jenny **Spritzer**: Ich war Nr. 10291. Tatsachenbericht einer Schreiberin in der politischen Abteilung aus dem Konzentrationslager Auschwitz. Ergänzter, sonst unveränderter Nachdruck der 1. Aufl. 1946, Darmstadt 1980.

Rudolf **Vrba**, Alan **Bestic**: Ich kann nicht vergeben. München 1964. [Vrba floh mit Alfred Wetzler im April 1944 aus Birkenau. Beide verfaßten einen der Berichte über Auschwitz und die Massenvergasungen, die noch während des Krieges in die Schweiz und in die USA gelangten.]

Krystyna **Zywulska**: Wo vorher Birken waren. Überlebensbericht einer jungen Frau aus Auschwitz-Birkenau. München 1979.

Neben den Berichten sind *Fotografien* und *Zeichnungen* wichtige Dokumente, die einzelne Menschen in Auschwitz zeigen und deren Betrachtung einen Zugang zu dem Thema Auschwitz eröffnet. 1944 hat ein SS-Mann ein Fotoalbum zusammengestellt, das Juden aus einer ungarischen Stadt zeigt, die im Frühjahr 1944 nach Auschwitz deportiert wurden: die Ankunft an der Rampe in Birkenau; die Selektion; Häftlinge im Lager; Gruppen auf dem Weg zur Gaskammer; Kinder, Frauen und Männer, die in der Nähe der Gaskammern warten müssen und nicht wissen, daß sie noch am gleichen Tag getötet werden. Wer diese Bilder betrachtet, sieht einzelne Menschen, ihre Gesichter, ganze Familien, sieht sehr menschliche Szenen gegenseitiger Unterstützung und Umsorgung. Eine ungarische Jüdin, die heute in den USA lebt, hat das Album nach ihrer Befreiung gefunden und aufbewahrt und 1980 der Gedenkstätte Yad Vashem übergeben:

The Auschwitz Album. Lili Jacob's Album. Edited by Serge Klarsfeld. New York 1980 [bzw.]

L'Album d'Auschwitz. D'après un album par Lili Meier survivante du camp de concentration. Texte de Peter Hellman. Paris 1983.

Einen Teil dieser Fotografien sowie Reproduktionen von Dokumenten und Aufnahmen vom heutigen Zustand des ehemaligen Konzentrationslagers enthält auch der Anhang des einleitend erwähnten Sammelbandes "Auschwitz. Geschichte und Wirklichkeit des Vernichtungslagers". Darüber hinaus hat die Gedenkstätte Auschwitz mehrfach Bildbände veröffentlicht, zuletzt:

KL Auschwitz. Fotografie dokumentalne. Documentary photographs. Documents photographiques. Dokumentaraufnahmen. Dokumental'nye snimki [Auswahl und Konzeption: Renata Boguslawska-Swiebocka, Teresa Cegłowska]. Warschau 1980.

Kunst in Auschwitz - Kunst aus Auschwitz ist ein vielleicht überraschender Zugang zum Thema, aber - das eingangs genannte Buch "Lebenszeichen" zeigt es - auch Dokument und Ausdruck des Lebenswillens der Häftlinge. Zeichnen, Malen oder Schnitzen war, wenn es nicht für die SS geschah, verboten; wer die Realität des Lagers mit dem Zeichenstift festhielt, schuf ja ein Beweisstück über das Verbrechen. Alfred Kantor z.B. hat die Bilder aus Auschwitz und anderen Lagern, die er in seinem Gedächtnis aufbewahrt hat, nach seiner Befreiung 1945 aufgezeichnet. Andere konnten Zeichnungen - unter Lebensgefahr - retten.

[Alfred **Kantor**]: Das Buch des Alfred Kantor. Wien, München, Zürich 1972.

Marina **Stütz** (Red.): Überleben und widerstehen. Zeichnungen von Häftlingen des Konzentrationslagers Auschwitz 1940-1946, Köln 1980.

M[ieczyslaw] **Kościelniak.** Bilder von Auschwitz. Katalog zur Ausstellung im Dominikanerkloster Frankfurt vom 6.-24. November 1982, Frankfurt am Main o.J. [1982].

Janet **Blatter** und Sybil **Milton**: Art of the Holocaust, London 1982.

Den *Widerstand* von Häftlingen, ihre Versuche, die Ziele der SS zu durchkreuzen und sich gegenseitig zu unterstützen, beschreiben, neben Hermann Langbein in seinem eindrucksvollen Bericht "Die Stärkeren" (s.o.):

Kazimierz **Smoleń**: Das kämpfende Auschwitz. In: Ausgewählte Probleme aus der Geschichte des KL Auschwitz, a.a.O., S. 81-105.

Barbara **Jarosz**: Widerstandsbewegung im Lager und in der Umgebung. In: Auschwitz. Geschichte und Wirklichkeit des Vernichtungslagers, a.a.O., S. 143-168.

Józef **Garliński**: Fighting Auschwitz. The Resistance Movement in the Concentration Camp, London 1975.

Tomasz **Sobański**: Fluchtwege aus Auschwitz, Warschau 1980.

Hermann **Langbein**: Nicht wie die Schafe zur Schlachtbank. Widerstand in den nationalsozialistischen Konzentrationslagern 1938-1945, Frankfurt am Main 1980 [Auschwitz und andere Lager].

Über *Sinti* und *Roma* in Auschwitz ist bisher keine umfassende Darstellung geschrieben worden. Neben Lucie Adelsbergers Bericht "Auschwitz" (s.o.), S. 90-146, - sie beschreibt u.a. die letzte Nacht des "Zigeunerlagers", als die SS am 1. August 1944 die noch dort lebenden Männer, Frauen und Kinder in den Gaskammern tötete - kann empfohlen werden:

Jerzy **Ficowski**: Die Vernichtung. In: Tilman Zülch (Hrsg.): In Auschwitz vergast, bis heute verfolgt, Reinbek bei Hamburg 1979, S. 90-112 [Auschwitz: S. 103-112].

Materialien über die Lage und das Sterben der *sowjetischen Kriegsgefangenen* im Konzentrationslager Auschwitz enthalten:

Jerzy **Brandhuber**: Die sowjetischen Kriegsgefangenen im Konzentrationslager Auschwitz. In: Hefte von Auschwitz 4. Oświecim 1961, S. 5-62.

Stanislaw **Kłodzinski**: Die erste Vergasung von Häftlingen und Kriegsgefangenen im Konzentrationslager Auschwitz. In: Die Auschwitz-Hefte, a.a.O., Bd. 1, S. 261-275, und

Christian **Streit**: Keine Kameraden. Die Wehrmacht und die sowjetischen Kriegsgefangenen 1941-1945, Stuttgart 1978 [Auschwitz: S. 217-223].

Die Beteiligung der deutschen *Eisenbahnverwaltung* am Vernichtungsprozeß ist ein weiterer Aspekt, der in der vorliegenden Literatur behandelt wird; die Verantwortung hoher Reichsbahnbeamter für die Deportationen ist jedoch lediglich ein Beispiel dafür, daß der Massenmord nur unter Beteiligung vieler staatlicher und nichtstaatlicher Behörden und Einrichtungen möglich war:

Raul **Hilberg**: Sonderzüge nach Auschwitz, Mainz 1981 (=Dokumente zur Eisenbahngeschichte, Bd. 18).

Heiner **Lichtenstein**: Mit der Reichsbahn in den Tod. Massentransporte in den Holocaust 1941-1945, Köln 1985.

Äußerungen von Angehörigen der SS-Wachmannschaft, der anderen Seite in Auschwitz, sind in mehreren Büchern zugänglich; einige sind auch in "Auschwitz. Zeugnisse und Berichte" enthalten. Dabei handelt es sich zum Teil um eigenhändige Aufzeichnungen, zum Teil um Befragungen. Diese Texte sind nicht nur weitere Dokumente über die in Auschwitz begangenen Verbrechen, sondern Material für jeden, der sich mit den Tätern und mit der Frage befaßt, wie die Errichtung und das Funktionieren dieses Vernichtungsapparates möglich war.

Kommandant in Auschwitz. Autobiographische Aufzeichnungen von Rudolf Höß. Eingeleitet von Martin Broszat, Stuttgart 1958 (=Quellen und Darstellungen zur Zeitgeschichte, Bd. 5); spätere Ausgaben unter dem Titel: Rudolf Höß. Kommandant in Auschwitz [in den Jahren 1946 und 1947 während der Untersuchungshaft entstandene Aufzeichnungen].

KL Auschwitz in den Augen der SS. Höß, Broad, Kremer. Textauswahl und Bearbeitung der Anmerkungen: Jadwiga Bezwinska und Danuta Czech, Oswiecim 1973 [eine mit Erläuterungen versehene Auswahl aus den Aufzeichnungen von Höß sowie den 1945 in englischer Kriegsgefangenschaft niedergeschriebene Bericht des SS-Unterführers Pery Broad über Auschwitz und Auszüge aus dem Tagebuch des SS-Arztes Johann Kremer].

Friedrich Karl **Kaul**/Joachim **Noack** (Hrsg.): Angeklagter Nr. 6. Eine Auschwitz-Dokumentation, Berlin 1966 [Pery Broad].

Ebbo **Demant** (Hrsg.): Auschwitz - "Direkt von der Rampe weg ...". Kaduk, Erber, Klehr: Drei Täter geben zu Protokoll, Reinbek bei Hamburg 1979 [Interviews mit im ersten bzw. im zweiten Frankfurter Auschwitz-Prozeß verurteilten SS-Angehörigen].

Den sogenannten *ärztlichen Dienst* in Auschwitz und die Tätigkeit der SS-*Lagerärzte* beschreibt:

Friedrich Karl **Kaul** (mit Unterstützung von Winfried **Matthäus**): Ärzte in Auschwitz, Berlin 1968.

Wer sich mit den SS-Tätern befassen will und Material zur Frage des Befehlsnotstands sucht, wird mit Gewinn lesen:

Herbert **Jäger**: Verbrechen unter totalitärer Herrschaft. Studien zur nationalsozialistischen Gewaltkriminalität. Mit einem Nachwort zur Neuauflage von Adalbert Rückerl, Frankfurt am Main 1982 [zuerst 1967].

Einen Zugang zum Schicksal der Häftlinge in Auschwitz stellen neben historischen Arbeiten und Erinnerungsberichten auch *literarische Texte* dar. Zumindest zwei wegen ihrer literarischen Qualität und ihrer Aussage herausragende Beispiele sollen erwähnt werden.

Der polnische Schriftsteller Tadeusz *Borowski* (1922-1951), selbst ehemaliger Häftling von Auschwitz und anderen Konzentrationslagern und einer der bedeutendsten polnischen Autoren der Mitte des 20. Jahrhunderts, beschreibt Situationen, in die die Häftlinge gestellt waren, Beobachtungen aus der Haftzeit, einzelne Häftlingsgruppen im Lager. Als verdichtete Erfahrung sind seine Erzählungen ein Beitrag zu der Frage, wie Auschwitz möglich war und wie sich Menschen in dieser Situation verhalten konnten:

Tadeusz **Borowski**: Die steinerne Welt. Erzählungen. Deutsch von Vera Cerny, München 1963 [und andere Ausgaben].

Ein zweiter wichtiger literarischer Text zu Auschwitz ist das Stück "Die Ermittlung" von Peter *Weiss* - ein Extrakt aus den Aussagen im ersten Frankfurter Auschwitz-Prozeß. Weiss hat die Geschehnisse und Situationen in Auschwitz zu elf "Gesängen" verdichtet, so im "Gesang von der Rampe" (an der die Menschen die Todestransporte verlassen mußten), im "Gesang von der Möglichkeit des Überlebens" und im "Gesang vom Bunkerblock", und damit einen Zugang zu diesem Geschehen ermöglicht.

Peter **Weiss**: Die Ermittlung. Oratorium in elf Gesängen, Frankfurt am Main 1965 [und andere Ausgaben].

Das Konzentrationslager Auschwitz wurde im Januar 1945 befreit - viele ehemalige Häftlinge leiden aber bis zum heutigen Tage an den Folgen der Haft. Polnische Studien über den Gesundheitszustand ehemaliger KZ-Häftlinge und das KZ-Syndrom sind in Band 2 der bereits erwähnten Edition "Die Auschwitz-Hefte" zugänglich. Drei weitere Titel zu diesen Fragen sind:

Erwin **Leiser**: Leben nach dem Überleben. Dem Holocaust entronnen - Begegnungen und Schicksale, Königstein/Ts. 1982.

Paul **Matussek**: Die Konzentrationslagerhaft und ihre Folgen, Berlin 1971 [ein zusammenfassendes medizinisches Grundlagenwerk].

William G. **Niederland**: Folgen der Verfolgung: Das Überlebenden-Syndrom. Seelenmord, Frankfurt am Main 1980.

Diese Auswahl kann und will nicht jede Frage nach Veröffentlichungen über Auschwitz beantworten. Weitere Literaturhinweise, insbesondere auch in den Sprachen der Häftlinge, finden sich in der Bibliographie von Hermann Langbein "Menschen in Auschwitz" (s.o.), S. 580-593, bzw. in Spezialbibliographien:

Wanda **Kiedrzyńska**: Miedzynarodowa bibliografia hitlerowskich obozów koncentracyjnych 1933-1976 [Die internationale Bibliographie der Nazi-Konzentrationslager 1933-1976]. In: Biuletyn Glownej Komisji Badania Żbrodni Hitlerowskich w Polsce XXX, Warschau 1981, S. 9-240 [s. dort Register, S. 230 f.; die umfangreichste Bibliographie über die nationalsozialistischen Konzentrationslager].

Persecution and Resistance under the Nazis. Part I, II. London 1978 (=The Wiener Library. Catalogue Series No. 7), S. 152-155, 409-414.

Bibliographie zur Zeitgeschichte 1953-1980. Im Auftrag des Instituts für Zeitgeschichte München herausgegeben von Thilo Vogelsang und Hellmuth Auerbach unter Mitarbeit von Ursula van Laak, München 1982, Bd. II, S. 196-201 [fortgeführt in den Vierteljahresheften für Zeitgeschichte].

Didaktische Materialien

Hans-Jochen Markmann

a) Jugendbücher

Bayer, Ingeborg (Hrsg.): Ehe alles Legende wird - Das Dritte Reich in Erzählungen, Berichten, Dokumenten, Baden-Baden 1979; Lesealter: ab etwa 13 Jahre.

Mit teilweise bisher unveröffentlichten Bild- und Textmaterialien aus Archiven der Bundesrepublik Deutschland soll in dem Buch ein Bild der Zeit zwischen 1919 bis 1979 für Jugendliche skizziert werden. Schwerpunkte der Darstellung und Quellen bilden die NS-Rassenlehre, Judenverfolgung und "Endlösung", Aktionen der Einsatzgruppen, Widerstand und Neo-Nazismus.

Bruckner, Winfried: Die toten Engel - Das Schicksal jüdischer Kinder während des Zweiten Weltkrieges im Warschauer Getto, Ravensburg 1979; Lesealter: ab etwa 10 Jahre.

Ab 1940 lebten im Warschauer Getto fast eine halbe Million Juden, gepeinigt von Hunger, Krankheit, Tod und deutschem Terror. Bruckner läßt in seiner Erzählung Lolek, einen zwölfjährigen Jungen, eine Bande elternloser Kinder gründen, die unter Lebensgefahr nachts über die Getto-Mauer steigen, um Lebensmittel zu organisieren.

Green, Gerald: Holocaust - Endlösung. Roman, Bayreuth 1979; Lesealter: ab etwa 13 Jahre.

Green schildert in enger Anlehnung an historische Tatsachen und Dokumente den Weg zweier deutscher Familien in den Jahren 1935 bis 1945:

Familie Weiß, eine jüdische Arztfamilie, lebt in Berlin. Am Beispiel der einzelnen Familienmitglieder veranschaulicht der Autor die unterschiedlichen Phasen der Judenverfolgung und des Widerstands jüdischer Bürger. Der Sohn Karl wird mit seinen Eltern in Auschwitz ermordet. Dem Sohn Rudi gelingt die Flucht zu Partisanen.

Das Tagebuch des Dr. Erich Dorf berichtet von den Verbrechen, die er bei der Durchführung der "Endlösung" begangen hat. Der Roman diente als Grundlage für die gleichnamige mehrteilige Fernsehserie.

Hart, Kitty: Aber ich lebe, Hamburg 1961; Lesealter: ab etwa 12 Jahre.

Kitty Hart wurde als Jüdin mit 14 Jahren nach Auschwitz verschleppt. Sie überlebte das KZ, in das sie als polnisches Schulmädchen und Zwangsarbeiterin in Deutschland geraten war. Ihr Bericht, ohne Haß und Bitterkeit geschrieben, schließt mit der Frage: "Wie aber wäre es möglich, nicht zurückzublicken und sich zu erinnern?"

Innocenti, Roberto: Rosa Weiss. Bilderbuch, Frankfurt/M. 1986; Lesealter: ab etwa 9 Jahre.

Diese KZ-Geschichte, präzise gemalt von dem Italiener Roberto Innocenti, bricht ein Bilderbuch-Tabu. Das Mädchen Rosa, der Name erinnert an die "Weiße Rose", entdeckt ein KZ mit jüdischen Kindern. Rosa bringt den Kindern Brot. Bei einem neuerlichen Besuch stößt sie nur noch auf Reste des verlassenen Lagers.

Kantor, Alfred: Das Buch des Alfred Kantor, München 1972; Lesealter: ab etwa 9 Jahre.

Alfred Kantor zeichnete 127 Aquarelle, die seine Zeit als Häftling in Theresienstadt, Auschwitz und Schwarzheide vom Dezember 1941 bis zum Mai 1945 darstellen. Kantor, 1923 in Prag geboren, muß 1940 als Jude die Schule verlassen, 1941 wird er nach Theresienstadt verschickt. Ende 1943 geht er mit seiner Schwester Eva freiwillig nach Auschwitz, um nicht von ihr getrennt zu werden. 1944 wird er nach Schwarzheide deportiert. Im Juli 1945 zeichnet er in einem Lager für "Displaced Persons" (Bayern) seine Erlebnisse.

Merle, Robert: Der Tod ist mein Beruf. Roman, Berlin 1957; Lesealter: ab etwa 14 Jahre.

Der Roman des französischen Autors ist eine fiktive Autobiographie des Rudolf Lang - das historische Vorbild ist der Kommandant des Vernichtungslagers Auschwitz - Rudolf Höß (1900-1947) - und erzählt dessen Karriere vom Schüler bis zum Organisator der Ausrottung ganzer Völker. Der Roman ist kein Jugendbuch im engeren Sinne, eignet sich aber in der Art der Darstellung für Jugendliche.

Orlev, Uri: Die Insel in der Vogelstraße. Roman, Berlin 1986; Lesealter: ab etwa 9 Jahre.

Dieses Jugendbuch aus Israel, vielfach mit Literaturpreisen ausgezeichnet, ist eine moderne Robinsonade, die in Polen im Zweiten Weltkrieg spielt. Der Junge Alex, elf Jahre alt - seine Eltern wurden von den Deutschen verhaftet - überlebt in einem verlassenen Haus im Getto.

Phillips, Janine: Polen Mai 1939. Ein Tagebuch, Ravensburg 1983; Lesealter: ab etwa 9 Jahre.

Zu ihrem zehnten Geburtstag bekommt Janine ein Tagebuch geschenkt, das sie vom Mai 1939 bis zum Juni 1940 führt. Die Eintragungen des kleinen polnischen Mädchens sind ein Dokument über die letzten Monate des Friedens und das erste Kriegsjahr. Die Autorin, heute in England lebend, fand das Tagebuch durch Zufall in ihrer alten Heimat wieder.

Asscher-Pinkhof, Clara: Sternkinder, Hamburg 1977; Lesealter: ab etwa 9 Jahre.

Clara Asscher-Pinkhof, 1896 in Amsterdam geboren, Lehrerin, unterrichtete bis zur Deportation im Mai 1943 jüdische Kinder. In dieser Zeit entstanden die Geschichten, die die Leidensstationen der Kinder mit dem Judenstern unter der deutschen Besetzung in den Niederlanden und im Lager Bergen-Belsen beschreiben. Im Juli 1944 gelangte die Autorin durch einen Austausch nach Palästina.

Rubinowicz, Dawid: Das Tagebuch, Berlin (DDR) 1985; Lesealter: ab etwa 8 Jahre.

David Rubinowicz, 1927 in Polen geboren, beschreibt in seinem nach 1945 gefundenen Tagebuch sein Leben und das seiner Familie von 1940 bis 1942, das höchstwahrscheinlich am 22. September 1942 in Treblinka II in einer Gaskammer endete. In sauberer Kinderhandschrift spiegeln die 160 Notizen die Erlebnisse eines polnischen jüdischen Kindes unter dem deutschen Besatzungsregime. Die Eintragungen schildern den Alltag des Lebens auf dem Dorf, die Eskalation der Verfolgung und Demütigungen, die Razzien und Deportationen.

Richter, Hans Peter: Damals war es Friedrich. Roman, München 1979; Lesealter: ab etwa 10 Jahre.

Richters Roman erzählt die Geschichte einer Freundschaft zwischen zwei Jungen, von denen der eine Jude ist, in den Jahren von 1925 bis 1942.

Tetzner, Lisa: Erlebnisse und Abenteuer der Kinder aus Nummer 67. Die Odyssee einer Jugend. 9 Bände, Aarau 1956 (mehrere Neuauflagen); Lesealter: ab etwa 9 Jahre.

Die Odyssee der Kinder aus einem Berliner Mietshaus umfaßt die Zeit von der Weimarer Republik bis nach dem Zweiten Weltkrieg. Die Erzählung verbindet das politische Geschehen mit dem Alltagsleben der Kinder. Ein Mädchen ist jüdischer Herkunft, der Vater eines Jungen kommt ins KZ, andere emigrieren nach Amerika. Nach dem Krieg gründen die Überlebenden einen Friedensbund in der Schweiz.

b) Unterrichtsvorschläge

Böing, Axel: Auschwitz - Unterrichtseinheiten für den Schulgebrauch. Erprobt im Deutschunterricht einer 10. Hauptschulklasse, Frankfurt/M. 1976

Die Unterrichtseinheit "Auschwitz" (primär konzipiert für den Deutschunterricht) von Axel Böing, Mitglied des Vorstandes der "Aktion Sühnezeichen/Friedensdienste" (1976), ist bis heute der einzige umfangreichere Versuch geblieben, das Thema für den Unterricht zu bearbeiten. Fotos, Dokumente, Gedichte und Berichte sollen den "allseitigen Verwertungsprozeß des Menschen" im Vernichtungslager faßbar machen.

Burkert, Hans-Norbert/**Wunderlich**, Jürgen: Nazi-Diktatur - Neo-Nazismus. Begleitmaterial zur Wanderausstellung für die Berliner Schule. Pädagogisches Zentrum, Berlin 1980.

Das vorliegende Begleitheft bietet ergänzende Bild- und Textquellen zu einer Wanderausstellung, die vom Archiv zur Unterrichtsplanung im Pädagogischen

Zentrum ausgeliehen werden kann. Im Begleitheft sind sämtliche Tafeln der Ausstellung verkleinert abgebildet.

Markmann, Hans-Jochen: Zwei Kinderschicksale unter dem NS-Regime. Zwei Unterrichtseinheiten - I. Dawid Rubinowicz, II. Die "Edelweißpiraten". In: Der Nationalsozialismus als didaktisches Problem. Bundeszentrale für politische Bildung, Bonn 1980, S. 129-159.

Markmann, Hans-Jochen: Widerstand und Verfolgung von Jugendlichen und Kindern in der Zeit des Nationalsozialismus (1939-1945) im Unterricht. Pädagogisches Zentrum, Berlin 1979.

Wegen des Defizites an Vorschlägen für den Unterricht zum Thema Auschwitz werden ausnahmsweise zwei Broschüren genannt, die zur sogenannten "grauen Literatur" zählen. In der Publikation des Pädagogischen Zentrums ist neben den beiden oben genannten Unterrichtseinheiten noch eine dritte enthalten: "Kinder und Jugendliche in Auschwitz" (S. 21-31).

Naumann, Uwe (Hrsg.): Filme, Satiren, Jugendbücher im antifaschistischen Unterricht, Frankfurt/M. 1980.

In vier Aufsätzen geben die Autoren Bongartz, Joachim, Marsen und Naumann Anregungen für den antifaschistischen Unterricht mit Hilfe von Karikaturen, Gedichten, Satiren, Witzen, Filmen, Kinder- und Jugendbüchern. Die Autoren sind selbst Lehrer oder arbeiten in der Lehrerausbildung.

Norden, Günther van: Nationalsozialistische Judenverfolgung. Didaktische und methodische Überlegungen zu einem Unterrichtsproblem. In: Geschichte in Wissenschaft und Unterricht 1970, H. 11, S. 660-671.

Van Nordens Aufsatz ist eine der wenigen praxisnahen Überlegungen zum Thema "Nationalsozialistische Judenverfolgung". Grundlage seiner Betrachtungen ist das geistesgeschichtliche Phänomen des Antisemitismus. Im zweiten Teil der Ausführungen folgen Vorschläge zur methodischen Umsetzung. Geeignete Materialien sind angegeben.

Antisemitismus heute. Wochenschau für politische Erziehung, Sozial- und Gemeinschaftskunde Nr. 6, Ausgabe Sek. II, Frankfurt/M., 37. Jahrgang, November/Dezember 1986.

Das vorliegende Heft bietet vielfältige Materialien zum Thema "Antisemitismus heute". Karikaturen, Zeitschriftenartikel, Leserbriefe, Buchauszüge, Statistiken, Arbeitsvorschläge und kurze Kommentare zur historischen und politischen Bedeutung des Antisemitismus bieten dem Lehrer der Sekundarstufe II Hilfen für die Vorbereitung des Unterrichts.

Vietig, Jürgen/**Weber**, Norbert, H. (Hrsg.): Das deutsch-polnische Verhältnis in Geschichte und Gegenwart. Materialien für den Unterricht in den Klassen 9 und 10, Weinheim,Basel 1983.

Die Materialien zum deutsch-polnischen Verhältnis in der neueren Geschichte und zu den deutsch-polnischen Verträgen von 1970 und 1975 entstanden im Arbeitskreis "Nachbar Polen" bei der Evangelischen Akademie Berlin (West) im Jahr 1983. Die Unterrichtsvorschläge wurden im Rahmen von Lehrerfortbildungsveranstaltungen des Senators für Schulwesen eingehend diskutiert. Die Quellentexte, Karten, Arbeitsbögen, Tabellen, Statistiken, Gedichte und Zeitungsartikel vermitteln dem Lehrer zahlreiche Anregungen für den Unterricht.

Autorenverzeichnis

AUGUST, Jochen, Jg. 1954, Dipl.-Pol.; Erstes Staatsexamen für das Amt des Studienrats in den Fächern Sozialkunde und Russisch; Mitarbeiter der Aktion Sühnezeichen/Friedensdienste in Berlin; seit 1988 Studienleiter in der Internationalen Jugendbegegnungsstätte Auschwitz in Oświecim (Polen).

DISTEL, Barbara, Jg. 1943, Leiterin der KZ-Gedenkstätte Dachau (Museum - Archiv - Bibliothek).

DUDEK, Peter, Jg. 1949, Dr. phil. habil., Privatdozent am Fachbereich Erziehungswissenschaften der Johann-Wolfgang-Goethe-Universität Frankfurt; Oberstudienrat an einer hessischen Gesamtschule.

GAMM, Hans-Jochen, Jg. 1925, Dr. phil., Professor für Pädagogik an der Technischen Hochschule Darmstadt (Hessen).

HARDTMANN, Gertrud, Jg. 1932, Dr. med., Professorin für Sozialpädagogik am Fachbereich Erziehungs- und Unterrichtswissenschaften der Technischen Universität Berlin.

KREBS, Gisela, Jg. 1951; Lehrerin, z.Zt. Magisterstudium in Geschichte und Pädagogik an der Technischen Universität Berlin.

LAENGERER, Thomas, Jg. 1956, Dipl.-Sozialpädagoge (FH); Jugendbildungsreferent an der Jugendbildungsstätte Kaubstraße e.V., Berlin-Wilmersdorf.

MARKMANN, Hans-Jochen, Jg. 1930, Lehrer; z.Zt. wissenschaftlicher Oberrat am Pädagogischen Zentrum Berlin als Referent für Politische Bildung (Sekundarstufe II).

METTO, Michael, Jg. 1944, Referent für AV-Medien in der Politischen Bildung an der Landesbildstelle Berlin.

METZKE, Josef-Maria, Jg. 1947, Lehrer an einer Hauptschule in Berlin-Neukölln; Mitarbeiter der Vereinigung der Verfolgten des Naziregimes (VVN) Westberlin/Verband der Antifaschisten.

MUSZYŃSKI, Heliodor, Jg. 1931, Dr. phil., Professor für die Theorie der Erziehung am Institut für Pädagogik der Adam-Mickiewicz-Universität Poznań (VR Polen).

PREUSCHOFF, Axel, Jg. 1945, Dipl. Päd., Geschäftsführer der Vereinigung der Verfolgten des Naziregimes (VVN) Westberlin/Verband der Antifaschisten.

RATHENOW, Hanns-Fred, Jg. 1943, Professor für Didaktik der Sozialkunde am Fachbereich Erziehungs- und Unterrichtswissenschaften der Technischen Universität Berlin; 6 Jahre Tätigkeit als Lehrer. 1983 Gastprofessor am Richardson Institute for Peace Studies, Universität Lancaster/England.

REICH, Brigitte, Jg. 1947, Dr. phil., Dipl.-Päd.; wissenschaftliche Mitarbeiterin der Arbeitsgruppe und Dokumentationsstelle Friedenserziehung im Fachbereich Erziehungs- und Gesellschaftswissenschaften der Hochschule der Künste Berlin; Mitglied in der Deutschen UNESCO-Kommission.

RECK, Siegfried, Jg. 1938, Dr. phil., Professor für Soziologie/Sozialisationstheorie im Fachbereich Erziehungs- und Unterrichtswissenschaften an der Technischen Universität Berlin.

SACHS, Shimon, Jg. 1925, Dr. phil., Professor für Sonderschulpädagogik an der Fakultät für Geisteswissenschaften, Abt. Erziehungswissenschaften, der Universität Tel Aviv (Israel).

SCHEFFLER, Wolfgang, Jg. 1929, Dr. phil., Professor für Zeitgeschichte mit dem Schwerpunkt Antisemitismus an der Technischen Universität Berlin; langjährige Gutachter- und Sachverständigentätigkeit auf dem Gebiet der Aufklärung von NS-Verbrechen im In- und Ausland (u.a. im Treblinka- und Majdanek-Prozeß sowie im Demjanuk-Prozeß).

STAMMWITZ, Wolfang, Jg. 1951, Dipl.-Päd.; Erstes und Zweites Staatsexamen für das Amt des Lehrers mit zwei Fächern, z.Zt. wissenschaftlicher Mitarbeiter für Didaktik der Sozialkunde am Fachbereich Erziehungs- und Unterrichtswissenschaften der Technischen Universität Berlin.

SZYMAŃSKI, Tadeusz, Jg. 1917; als Leiter der Pfadfindergruppe von Lańcut (Landshut) von der Gestapo verhaftet und seit 12.08.1941 im KZ Auschwitz als Häftling Nr. 20034; seit 29.10.1944 in den KZ Groß-Rosen und Buchenwald, 9.4.1945 Flucht anläßlich eines Evakuierungstransportes (wahrscheinlich ins KZ Dachau); von 1946 bis 1977 Tätigkeit als Kustode des Staatlichen Museums in Oświecim - Gedenkstätte Auschwitz; 1986 in Stuttgart ausgezeichnet mit der Theodor-Heuss-Medaille für "Mut zur Erinnerung - Kraft zur Versöhnung".

UHLIG, Christa, Jg. 1947, Dr. päd., Professorin für Geschichte der Erziehung an der Akademie der Pädagogischen Wissenschaften der Deutschen Demokratischen Republik, Berlin.

WEBER, Dagmar, Jg. 1955, Lehrerin für Englisch und Geschichte in Berlin-Neukölln.

WEBER, Norbert H., Jg. 1941, Dr. phil., Professor für Erziehungswissenschaft/Allgemeine Didaktik an der Technischen Universität Berlin; Leiter des Arbeitskreises "Nachbar Polen" der Evangelischen Akademie Berlin (West).

WENZEL, Birgit, Jg. 1956, Lehrerin; seit Okt. 1986 wissenschaftliche Mitarbeiterin am Institut für Fachdidaktik Geschichte und Sozialwissenschaften an der TU Berlin.

GESCHICHTSDIDAKTIK

STUDIEN, MATERIALIEN. NEUE FOLGE
Hrsg. von K. Bergmann/B. v. Borries/H.-J. Pandel/J. Rüsen/G. Schneider

Geschichte sehen
Beiträge zur Ästhetik historischer Museen
Hrsg. von Jörn Rüsen, Wolfgang Ernst und Heinrich Theodor Grütter
1988. 171 Seiten, 34 einfarbige, 7 farbige Abbildungen., br., ISBN 3-89085-228-9, 38,- DM

Die Arbeitszeit!
Von der vorindustriellen Gesellschaft bis zur "Krise der Arbeitsgesellschaft"
Karl A. Otto
1989. 344 Seiten, zahlr. Abb. und Quellen, br., ISBN 3-89085-229-7, ca. 38,- DM

"Triviales" Geschichtsbewußtsein und verstehender Geschichtsunterricht
Volkhard Knigge
Mit einem Geleitwort von Horst Rumpf
1988. 138 Seiten, br., ISBN 3-89085-240-8, 28,- DM

Erziehung nach Auschwitz
Hrsg. von Norbert H. Weber und Hanns-Fred Rathenow
1989. 228 Seiten, zahlreiche Abbildungen, br., ISBN 3-89085-230-0, 38,- DM

Mensch und Umwelt in der Geschichte
Hrsg. von Jörg Calließ, Jörn Rüsen und Meinfried Striegnitz
1989. 386 Seiten, zahlreiche Abbildungen, br., ISBN 3-89085-283-1, 38,- DM

Revolutionen und Menschenrechte
Historische Interpretationen, didaktische Konzepte, Unterrichtsmaterialien
Hrsg. von Jörn Rüsen und Klaus Fröhlich
1989. Ca. 220 Seiten, zahlreiche Abbildungen, br., ISBN 3-89085-321-8, 34,- DM

Centaurus-Verlagsgesellschaft · Pfaffenweiler